Datenschutz-Berater

Datenschutz für Führungskräfte in Marketing, Sales und Vertrieb

Der kompakte Praxisleitfaden – mit Checklisten und Vorlagen für den Führungsalltag

von

Karlheinz Ferenz

Fachmedien Recht und Wirtschaft | dfv Mediengruppe | Frankfurt am Main

Alle im Buch verwendeten Begriffe verstehen sich geschlechterneutral. Aus Gründen der besseren Lesbarkeit wird auf eine geschlechtsspezifische Differenzierung verzichtet – entsprechende Begriffe gelten im Sinne der Gleichbehandlung grundsätzlich für alle Geschlechter. Die verkürzte Sprachform hat lediglich redaktionelle Gründe und beinhaltet keine Wertung.

Bibliografische Information der Deutschen Nationalbibliothek

Die Deutsche Nationalbibliothek verzeichnet diese Publikation in der Deutschen Nationalbibliografie; detaillierte bibliografische Daten sind im Internet über http://dnb.de abrufbar.

ISBN 978-3-8005-2001-5

dfv Mediengruppe

www.ruw.de

Satzkonvertierung: Lichtsatz Michael Glaese GmbH, 69502 Hemsbach

Druck und Verarbeitung: Beltz Bad Langensalza GmbH, 99947 Bad Langensalza

Vorwort

Datenschutz ist kein Blockierer, sondern ein starkes Profilierungsmerkmal. Im dynamischen Ringen um Marktanteile und Kundenaufmerksamkeit wird Vertrauen zur härtesten Währung. Während viele Marktteilnehmer Datenschutz primär als administrative Hürde wahrnehmen, integrieren vorausschauende Führungskräfte Datenschutz als festen Bestandteil ihrer Vertriebsstrategie – als Beleg für Verlässlichkeit, nicht als juristische Fußnote.

Kunden, die sich sicher fühlen, entscheiden schneller, binden sich länger und teilen bereitwilliger die Daten, die Sie wirklich brauchen. Die Intuition vieler Führungskräfte wird durch harte Fakten gedeckt: Datenschutz ist ein ökonomischer Beschleuniger. Die aktuelle Cisco 2025 Data Privacy Benchmark Study[1] zeigt, dass Unternehmen, die Datenschutz nicht als Compliance-Last, sondern als strategisches Asset begreifen, messbare Vorteile erzielen. 96 % der befragten Organisationen berichten, dass die Erträge ihrer Datenschutzinvestitionen die Kosten übersteigen – mit einem durchschnittlichen ROI-Faktor von 1,6.

Noch gravierender ist die Kehrseite: In einer Zeit, in der KI-gestützte Datenverarbeitung zum Standard wird, ist Vertrauen der zentrale Erfolgsfaktor. Die Studie belegt, dass 95 % der befragten Organisationen der Aussage zustimmen, dass Kunden einen Kaufprozess abbrechen würden, wenn sie Zweifel an der Sicherheit ihrer Daten haben. Datenschutz ist damit keine bloße Pflichtaufgabe mehr, sondern die Eintrittskarte für den Pitch. Wer hier patzt, verliert nicht nur Daten, sondern Deals.

Wer Datenschutz als gelebtes Qualitätsversprechen führt, sendet eine klare Botschaft: „Hier sind Sie in guten Händen. Hier behalten Sie die Kontrolle über Ihre Daten." In einer Zeit, in der Datenmissbrauch zum Markenschaden wird, avanciert Ihr Unternehmen zum vertrauenswürdigen Partner – und damit zur bevorzugten Wahl.

Dieses Buch richtet sich an Führungskräfte in Marketing, Sales und Vertrieb, die Verantwortung für Kundendaten tragen – ohne selbst Datenschutzjuristen oder IT-Sicherheitsprofis zu sein. Es übersetzt die Vorgaben der DSGVO und der ein-

---

1 Cisco Systems, Inc., 2025 Data Privacy Benchmark Study, „The Privacy Advantage: Building Trust in a Digital World", S. 4 ff.; die Studie analysiert Daten von über 2.600 Sicherheits- und Datenschutzexperten aus 12 Ländern und weist nach, dass Datenschutzinvestitionen den Verkaufszyklus glätten und operative Reibungsverluste minimieren, abrufbar unter: https://www.cisco.com/c/en/us/about/trust-center/data-privacy-benchmark-study.html, sowie https://blogs.cisco.com/security/unlocking-the-privacy-advantage-to-build-trust-in-the-age-of-ai, Stand 12/2025.

schlägigen Spezialgesetze in konkrete Entscheidungen, Prozesse und Checklisten für den Alltag: von Kampagnenplanung und CRM über Agentursteuerung bis hin zu internationalen Kooperationen.

Besonderes Herzstück ist das Kapitel „Incident in 60 Minuten". Es zeigt Schritt für Schritt, wie Sie bei einer Datenpanne in Ihrem Bereich innerhalb der ersten Stunde richtig reagieren – auch dann, wenn die Faktenlage unvollständig ist, der Druck hoch und die Geschäftsleitung schnelle Antworten erwartet. Alle übrigen Kapitel zahlen auf dieses zentrale Szenario ein: Sie helfen, typische Vorfälle zu vermeiden, Incidents professionell zu managen und aus ihnen zu lernen.

Sie müssen dieses Buch nicht von vorne bis hinten lesen. Viele Lesende werden mit dem Incident-Kapitel beginnen und erst danach die Grundlagen vertiefen. Andere steigen mit den Kapiteln zu Kampagnen, CRM oder internationalen Datentransfers ein. Die Struktur ist bewusst so gewählt, dass Sie entlang Ihrer aktuellen Herausforderungen navigieren können – und dennoch jederzeit den roten Faden behalten.

Ich wünsche Ihnen beim Lesen viele konkrete Aha-Momente – und vor allem die Sicherheit, in kritischen Situationen schnell, professionell und auditfest handeln zu können.

Wiesbaden, im Februar 2026 *Karlheinz Ferenz*

Inhaltsverzeichnis

TEIL III – Nach der Datenpanne: Verstetigung und Auditfestigkeit

Anhänge

Einleitung – Wie Sie dieses Buch nutzen

Ein falscher Verteiler, ein Screenshot im Chat, eine hastig freigegebene Kampagne – und plötzlich steht die Frage im Raum: „Ist das noch in Ordnung oder schon ein Datenschutzvorfall?“ Vermutlich hat Ihr Unternehmen bereits eine Datenschutzorganisation und ein Justiziariat etabliert, aber in diesem Moment sitzt niemand von ihnen mit am Tisch.

Die Entscheidung liegt bei Ihnen als Führungskraft.

Dieses Buch unterstützt Sie genau in solchen Situationen: kurz, klar und auditfest, damit Sie in heiklen Situationen nicht erst lange suchen müssen. Es ersetzt keine Rechtsabteilung, gibt Ihnen aber genug Orientierung, um in Marketing, Sales und Vertrieb zügig begründete Entscheidungen zu treffen – ohne Gutachten, mit tragfähigen Leitplanken.

Warum Datenschutz in Marketing, Sales und Vertrieb Chefsache ist

In Ihrem Bereich wird mit Kundendaten gearbeitet: Kampagnen, CRM, Portale, Loyalty-Programme, internationale Kooperationen. Hier entsteht Umsatz und – langfristig – Vertrauen. Umgekehrt gilt: Fehlender Datenschutz vernichtet Umsatzchancen, noch bevor sie entstehen. Aktuelle Erhebungen zeigen, dass bis zu 95 % der Kunden einen Kaufprozess abbrechen würden, wenn sie Zweifel an der Datensicherheit haben.[2] In der digitalen Ökonomie ist ein robustes Datenschutzkonzept somit die Eintrittskarte zum Pitch – ohne sie findet kein Geschäft statt. Ein verantwortungsvoller Umgang mit Kundendaten ist folglich die Grundlage für deren Loyalität und für Ihre Marktposition.

Als Führungskraft kommt es vor allem auf drei Punkte an:

- Sie müssen Risiken erkennen, bevor sie zu handfesten Problemen werden.
- Sie müssen im Incident-Fall handlungsfähig bleiben – gerade dann, wenn wenig Zeit bleibt.
- Sie müssen gegenüber Ihren Kunden, der Geschäftsleitung und der Datenschutzaufsicht nachweisen, dass Ihr Bereich verlässlich organisiert ist.

2 Vgl. Fn. 1, 2025 Cisco Privacy Benchmark Study, Infographic „The Privacy Advantage“; 95 % der Konsumenten stimmen der Aussage zu: „Customers won’t buy if data isn’t protected“. Datenschutz avanciert damit zum Hygienefaktor für den Marktzugang.

Dieses Buch will Ihnen dafür ein praktisches Grundverständnis geben – nicht jedes Detail der DSGVO, aber das, was Sie für sichere Entscheidungen im Alltag brauchen.

Abbildung 1: Warum DS in MSV Chefsache ist

Drei Perspektiven dieses Buches

Das Buch ist aus drei Blickwinkeln aufgebaut, die sich durch alle Teile ziehen:

- Prävention – Wie organisieren Sie Kampagnen, Vertrieb, Tools und Dienstleister so, dass typische Fehler gar nicht erst passieren?
- Incident – Was tun Sie, wenn doch einmal etwas schiefgeht? Insbesondere im zentralen Kapitel „Incident in 60 Minuten“.
- Lernen und Audit – Wie ziehen Sie aus Vorfällen die richtigen Konsequenzen – und wie stellen Sie sicher, dass Ihr Bereich prüffest organisiert ist?

Zu jedem dieser Blickwinkel finden Sie klare Regeln, eine Risikoindikator-Logik, Checklisten und kurze Mustertexte.

Wie die Teile und Kapitel zusammenhängen

TEIL I (Kapitel 1–9) kartographiert das Terrain: Ihre Rolle als Führungskraft, die wichtigsten Rechtsgrundlagen in verständlicher Sprache, typische Prozesse in Marketing und Vertrieb, Zusammenarbeit mit Dienstleistern, Umgang mit Beschäftigtendaten, Geräten, KI und Kommunikation. Ziel: Eine stabile Basis schaffen und Incidents vermeiden.

TEIL II (Kapitel 10) sichert die Notfallrouten: „Incident in 60 Minuten". Hier finden Sie Schritt-für-Schritt-Anleitungen für die erste Stunde nach einer Datenpanne, mit Risikoindikator-Logiken, Fragenlisten und Textbausteinen – so, dass Sie auch unter Zeitdruck strukturiert und sicher navigieren können.

TEIL III (Kapitel 11–14) ebnet den Weg nach vorn: Verbesserung von Kampagnen und CRM, pragmatische Bearbeitung von Betroffenenrechten, Umgang mit internationalen Konstellationen, ein einfacher 30-Tage-Plan und ein kompaktes Selbst-Audit für Ihren Bereich. Die Anhänge enthalten Checklisten, Musterformulare, kurze Protokollvorlagen und ein Glossar – als Routenplaner für den Alltag.

Lese- und Arbeitsempfehlung

Sie müssen dieses Buch nicht linear lesen. Nutzen Sie es situationsbezogen:

- Wenn Sie Ihre Organisation verbessern wollen: beginnen Sie mit TEIL I und springen Sie danach in TEIL III.
- Wenn gerade etwas passiert ist oder Sie einen Fall nachbesprechen möchten: gehen Sie direkt zu Kapitel 10.
- Wenn Sie eine Prüfung oder ein kritisches Managementgespräch erwarten: Nutzen Sie TEIL III und die Anhänge.

In diesem Buch finden Sie zahlreiche Handlungsempfehlungen, Entscheidungsbäume und Checklisten mit Risikoindikator-Codes:

Form-Code	**Bedeutung**	**Praxisbedeutung**
STOP ⛔	Hohes Risiko, zum Beispiel unzulässige Datenübermittlung	Vorgang sofort stoppen.
PRÜFEN ▽	Klärungsbedarf	Prüfen, Rückfrage einholen.
OK ☑	Standardfall	Vorgehen zulässig, übliche Dokumentation.

Arbeiten Sie mit diesem Buch wie mit einem praktischen Handbuch: Kapitel nach Bedarf aufschlagen, Checkliste durchgehen, Kernaussagen markieren, die vorgeschlagenen Dokumentationspunkte übernehmen. So bauen Sie Schritt für Schritt ein robustes, nachvollziehbares Datenschutz-Niveau in Ihrem Verantwortungsbereich auf – ohne den Anspruch, selbst Jurist oder Datenschutzberater sein zu müssen.

Kompass: Datenschutz ist mehr als Compliance – er ist der Schutzraum der Freiheit

Wie im Vorwort postuliert, ist Datenschutz der Schlüssel zu echten Kundenbeziehungen. Doch warum ist das so? Die Antwort liefert nicht die Betriebswirtschaftslehre, sondern das Verfassungsrecht.

Das Bundesverfassungsgericht hat diesen Mechanismus bereits im visionären Volkszählungsurteil von 1983 definiert. Es warnte vor einer Gesellschaft, in der Menschen ihr Verhalten vorsorglich anpassen, weil sie sich überwacht fühlen. Wer nicht weiß, ob seine Neugier registriert und bewertet wird, verzichtet auf Abweichung und Innovation – er konsumiert „sicher", statt frei. Das Gericht formulierte dazu eine Kernaussage, die heute für jede Marke überlebenswichtig ist:

„Mit dem Recht auf informationelle Selbstbestimmung wären eine Gesellschaftsordnung [...] nicht vereinbar, in der Bürger nicht mehr wissen können, wer was wann und bei welcher Gelegenheit über sie weiß."[3]

Für Ihr Marketing bedeutet das: Tracking ohne Transparenz erzeugt Misstrauen. Ein Kunde, der sich im „digitalen Panoptikum" wähnt, verhält sich defensiv. Er nutzt Adblocker, gibt falsche Daten an oder bricht den Kauf ab – ein ökonomischer „Chilling Effect", der Umsätze einfriert. Datenschutz durchbricht diesen Zirkel. Er schafft den „Right to be let alone" – jenes „Recht, in Ruhe gelassen zu werden", das der US-Richter *Louis Brandeis* schon 1890 als das „umfassendste Recht zivilisierter Menschen" bezeichnete.[4] Es ist das Recht auf einen inneren Freiraum, ohne den der Mensch zum bloßen Objekt von Profiling und Steuerung degradiert wird.

Indem Sie als Führungskraft Datenschutz proaktiv als Qualitätsmerkmal leben, signalisieren Sie: „Hier bist du sicher. Hier darfst du dich frei entscheiden." Sie verwandeln die gesetzliche Pflicht in einen Vertrauensfaktor, der nachweislich Verkaufszyklen verkürzt und Kundenloyalität stärkt. In einer Ära, in der Daten

3 BVerfG, Urt. v. 15.12.1983 – 1 BvR 209/83 („Volkszählung"), BVerfGE 65, 1 ff., insb. Leitsatz 2 und Rn. 148. Die Aussage begründet das Verbot eines diffusen Überwachungsgefühls, das zu konformistischem und defensivem Kundenverhalten führt.

4 *Louis Brandeis*, Dissens in Olmstead v. United States, 277 U.S. 438 (1928). Marketing-Übersetzung: Respektieren Sie die Privatsphäre als den „inneren Freiraum". Nur wer sich unbeobachtet fühlt, entwickelt echte Bedürfnisse jenseits der Norm.

als „toxisch“ gelten können, wenn sie missbraucht werden, wird Ihre Marke zum sicheren Hafen. *Michel Foucault* warnte: „Sichtbarkeit ist eine Falle“.[5] Befreien Sie Ihre Kunden aus dieser Falle durch Transparenz.

Datenschutz ist damit die Bremse am Rennwagen: Sie existiert nicht, damit Sie langsam fahren, sondern damit Sie sicher Höchstgeschwindigkeit erreichen können, ohne aus der Kurve zu fliegen.

Der „Schutzraum der Freiheit“ ist somit nicht nur ein verfassungsrechtliches Ideal, sondern der marktwirtschaftliche Marktplatz der Zukunft. Wer diesen Schutzraum garantiert, sichert sich den Zugang zum wertvollsten Gut der digitalen Ökonomie: dem echten, unmanipulierten Vertrauen des Kunden.

Abbildung 2: Kompass DS ist mehr als Compliance

5 *Michel Foucault*, Überwachen und Strafen. Die Geburt des Gefängnisses, aus dem Französischen von Walter Seitter, Frankfurt a. M.: Suhrkamp 1976, S. 257 (Kapitel „Der Panoptismus“): „Die Sichtbarkeit ist eine Falle.“ (Das ist der Mechanismus, vor dem das BVerfG praktisch warnt: Wenn Beobachtung möglich scheint, wird Verhalten vorsorglich angepasst).

TEIL I – Vor der Datenpanne: Alltag der Führungskraft

1. Rolle der Führungskraft im Datenschutz

Bevor eine Datenpanne auf Ihrem Tisch landet, entscheidet etwas anderes über Ihr Risiko: Wie klar Ihre Rolle und die Rollen um Sie herum geregelt sind. In Marketing, Sales und Vertrieb werden täglich Entscheidungen über Kundendaten getroffen – oft unter Zeitdruck, mit vielen Beteiligten, über mehrere Gesellschaften und Dienstleister hinweg. Wer hier „irgendwie mit zuständig" ist, ist im Zweifel der organisatorischen Verantwortungskette zugeordnet. Wer seine Zuständigkeit klar geregelt und dokumentiert hat, ist im Zweifel geschützter.

Dieses Kapitel ist der Auftakt von TEIL I „Vor der Datenpanne: Alltag der Führungskraft". Es legt die Grundlage für alles Weitere: Ihre Verantwortung, die sinnvolle Delegation, die Abgrenzung zu Datenschutzbeauftragten, IT, HR und Legal, Ihr persönliches Haftungsrisiko – und typische Denkfehler, die in der Praxis immer wieder zu Problemen führen.

► Sie können Aufgaben delegieren – nicht aber Ihre Verantwortung.

Praxisfall – „Delegiert – und trotzdem verantwortlich"

Eine Bereichsleiterin lässt eine neue Kampagne „einfach mal laufen". Das Team nutzt eine Agentur-Liste, die Sperrvermerke sind nicht vollständig synchronisiert. Zwei Tage später kommt eine Beschwerde: „Ich habe widersprochen – warum schreiben Sie mich an?" Intern beginnt die Suche nach Zuständigkeiten: Wer hat freigegeben, wer hat geprüft, wer hat dokumentiert? Am Ende ist nicht der einzelne Fehler das Problem, sondern dass niemand den Prozess erklären und belegen kann.

1.1 Verantwortung, Delegation und Rechenschaftspflicht

Stellen Sie sich drei Begriffe wie drei Ebenen eines Turms vor: oben die Verantwortung, in der Mitte die Delegation, unten die Rechenschaftspflicht.

Verantwortung heißt: Ihr Bereich entscheidet oder entscheidet mit über Zwecke und Mittel der Datenverarbeitung. Damit ist Ihre Organisationseinheit Teil des „Verantwortlichen“ im Sinne der DSGVO (Art. 4 Nr. 7, Art. 24, Art. 26 DSGVO).

Delegation heißt: Sie dürfen Aufgaben und Entscheidungen auf Teamleitungen, Product Owner, Projektleiter oder Key Account Manager übertragen – mit klar umrissenen Befugnissen, Grenzen und Vertretungsregeln.

Rechenschaftspflicht heißt: Sie müssen nachweisen können, dass Ihr Bereich Datenschutz ernst nimmt und angemessen organisiert (Art. 5 Abs. 2 DSGVO).

Die Geschäftsleitung bleibt insgesamt für die Einhaltung des Datenschutzrechts verantwortlich. Sie erwartet aber, dass Sie in Ihrem Bereich eine tragfähige „Mikro-Organisation“ schaffen: Zuständigkeiten, Meldewege, Freigabeprozesse, Schulungen, Dokumentation. Genau hier entscheidet sich, ob ein Incident später als einmalige Panne oder als Organisationsversagen bewertet wird.

Was bedeutet das konkret?

Sie benennen für jede wesentliche Verarbeitung in Marketing, Sales und Vertrieb einen fachlich verantwortlichen Owner (zum Beispiel für Kampagnen, CRM, Portale, Loyalty-Programme, Agentursteuerung).

Sie legen fest, welche Entscheidungen bei Ihnen bleiben (zum Beispiel Freigabe von Kampagnen, Budget, Auswahl strategischer Dienstleister) und was Sie delegieren (zum Beispiel operative Kampagnenanlage im Tool, Pflege von Zielgruppenlisten, Abstimmung mit Agenturen).

Sie sorgen dafür, dass eine Delegation schriftlich und nachvollziehbar erfolgt: kurze Rollenbeschreibungen, Delegationsmatrix, klare Vertretungsregelungen.

Sie etablieren einen einfachen Dokumentationsstandard: „Was war das Ziel? Wer hat entschieden? Welche Risiken wurden gesehen – und wie reduziert?“

Wichtig: Eine Delegation entlastet Sie nur dann, wenn sie klar, angemessen und überwacht erfolgt. Eine E-Mail: „Bitte Datenschutz mitmachen, danke“ genügt nicht.

▶ Rechenschaftspflicht heißt nicht, alles selbst zu wissen – sondern alles erklären und belegen zu können.

Eine kompakte Checkliste zur Rolle der Führungskraft im Datenschutz finden Sie im Anhang 1 (A1.1).

1.2 Abgrenzung zu Datenschutzbeauftragten, IT, HR, Legal

In einem Konzernumfeld ist schnell die Versuchung groß, Verantwortung nach oben oder zur Seite zu schieben: „Das muss doch der Datenschutzbeauftragte entscheiden", „Die IT gibt das Tool frei", „Legal hat den Vertrag geprüft". Diese Sätze sind in der Praxis verständlich – rechtlich aber gefährlich, wenn sie als Entlastung gemeint sind.

Die Rollen lassen sich grob so beschreiben:

Datenschutzbeauftragter (DSB): ist unabhängiger Berater und Überwacher, unterstützt Sie unter anderem bei der Bewertung von Risiken, Rechtsgrundlagen, Meldepflichten, TOM (technische und organisatorische Maßnahmen zum Schutz personenbezogener Daten) Datenschutzhinweisen und von Verträgen. Er trifft aber keine Geschäftsentscheidungen und übernimmt nicht die Verantwortung für Ihren Bereich.

IT/Informationssicherheit: sorgt für Systemauswahl, Betrieb, Berechtigungen, technische Sicherheit und entscheidet, welche Tools technisch möglich sind – aber nicht, ob eine bestimmte Marketing- oder Sales-Maßnahme rechtlich und fachlich sinnvoll ist.

HR: verantwortet Beschäftigtendaten, Schulungen, arbeitsrechtliche Richtlinien, teilweise mit Betriebsratsabstimmung. HR ist Partner, wenn es um Rollenprofile, Schulungspflichten und disziplinarische Konsequenzen geht.

Legal/Rechtsabteilung: prüft und gestaltet Verträge, Klauseln, AGB, Stellungnahmen, rechtliche Einschätzungen, ersetzt aber nicht die Führungsentscheidung, ob ein bestimmtes Risiko geschäftlich getragen oder eine Kampagne gestoppt werden soll.

Ihre Rolle als Führungskraft ist eine andere:

Sie stoßen Themen an (zum Beispiel ein neues CRM-Feature, neue Loyalty-Kampagne, neue Datenkooperation) und holen frühzeitig DSB, IT, Legal, HR ins Boot. Sie moderieren zwischen diesen Funktionen, wenn unterschiedliche Einschätzungen bestehen. Sie entscheiden im Rahmen Ihres Budgets und Mandats, welches Risiko tragbar ist – und wie Sie es absichern, reduzieren oder ablehnen. Sie stellen sicher, dass Beschlüsse in Ihrem Bereich verstanden, umgesetzt und dokumentiert werden.

► Experten beraten, Tools unterstützen – verantwortlich bleibt die Führungskraft.

Einen sofort nutzbaren Mustertext für ein Bereichs-Memo zu Zuständigkeiten und Meldewegen im Datenschutz finden Sie in Anhang 2 (A2.1).

1.3 Persönliche Haftung vs. Unternehmensrisiko

Die DSGVO kennt als „Verantwortlichen" in der Regel das Unternehmen, nicht die einzelne Führungskraft. Bußgelder nach Art. 83 DSGVO richten sich typischerweise gegen die Organisation, Schadenersatzansprüche nach Art. 82 DSGVO ebenfalls. Ein Bußgeld kann gegen das Unternehmen auch dann verhängt werden, wenn nicht vorher ein „individueller Schuldiger" als natürliche Person identifiziert wird. Entscheidend ist, ob der Verstoß dem Verantwortlichen (Organisations- und Steuerungsebene) vorsätzlich oder fahrlässig zuzurechnen ist.[6] Trotzdem ist es für Sie wichtig zu verstehen, wo Ihr persönliches Risiko liegt:

1.3.1 Externes Risiko – gegenüber Aufsicht und Betroffenen

Die Aufsichtsbehörde kann Maßnahmen verhängen, die Ihren Bereich unmittelbar treffen: Verbote, Auflagen, Löschanordnungen, Bußgelder.

In seltenen Fällen können nationale Vorschriften auch eine persönliche Strafbarkeit vorsehen (in Deutschland zum Beispiel vorsätzliche Zweckentfremdung von Daten, § 42 BDSG). Das ist typischerweise nur bei gravierendem Fehlverhalten ein Thema.

1.3.2 Internes Risiko – gegenüber Ihrem Arbeitgeber

Als Führungskraft tragen Sie eine organisatorische Verantwortung. Sie müssen sicherstellen, dass in Ihrem Bereich angemessene Strukturen, Prozesse und Kontrollen existieren. Tun Sie das grob fahrlässig oder vorsätzlich nicht, kann das arbeitsrechtliche Folgen haben: Abmahnung, Versetzung, Bonuskürzung, in Extremfällen auch Kündigung oder Regressforderungen.

Im Rahmen der Arbeitnehmerhaftung sind „normale" Fehler, solche, die jedem einmal unterlaufen können, in der Regel geschützt. Kritisch wird es, wenn klare Vorgaben ignoriert oder Risiken bewusst ausgeblendet werden. Die gute Nachricht: Maßstab ist nicht Perfektion, sondern angemessene Organisation. Niemand erwartet, dass in Ihrem Bereich nie eine Datenpanne passiert. Erwartet wird, dass:

---

6 EuGH, Urt. v. 5.12.2023 – C-807/21 (Deutsche Wohnen), ECLI:EU:C:2023:950.

- Sie Risiken grundsätzlich erkennen (zum Beispiel bei neuen Tools, großen Kampagnen, sensiblen Kooperationen, KI-Nutzung, Fristen bei Datenschutzpannen),
- Sie rechtzeitig Experten einbinden (DSB, IT, Legal, HR),
- Sie entscheidungsfähig bleiben (kein Aufschieben „bis alles 100 % sicher ist") und
- Sie Ihre Entscheidungen nachvollziehbar dokumentieren.

▶ Nicht die Existenz eines Vorfalls entscheidet über Ihr persönliches Risiko – sondern, wie gut Sie Organisation, Entscheidung und Dokumentation im Griff haben.

Was Sie für eine prüffeste Dokumentation in Ihrer Bereichsakte bereithalten sollten, zeigt die Checkliste im Anhang 1 (A1.2).

1.4 Typische Fehlannahmen von Führungskräften

In Gesprächen mit Führungskräften aus Marketing, Sales und Vertrieb tauchen immer wieder ähnliche Sätze auf. Viele sind verständlich – aber juristisch heikel. Einige Beispiele:

„Datenschutz macht der DSB, das ist doch sein Job": Der DSB berät und überwacht (nur). Die Verantwortung für Kampagnen, CRM, Tools und Dienstleister bleibt indes bei der Geschäftsleitung und den zuständigen Bereichen. Wer eine Kampagne verantwortet, verantwortet auch deren Datenschutz-Risiken.

„Wir verarbeiten doch nur B2B-Daten, das ist doch nicht personenbezogen": E-Mail-Adressen und Kontaktdaten von Ansprechpartnern in Unternehmen sind in der Regel personenbezogene Daten. „info@firma.de" kann unkritisch sein. „vorname.nachname@firma.de" ist personenbezogen – auch im B2B-Kontext.

„Im Tool liegt eine Einwilligung, also ist alles in Ordnung": Ein Häkchen im System sagt noch nichts über rechtliche Wirksamkeit der Einwilligung (Transparenz, Koppelungsverbot, Widerrufbarkeit). Es braucht saubere Inhalte, Protokolle und Suppression-Listen, nicht nur ein Feld „Consent = ja".

„Solange sich niemand beschwert, haben wir kein Problem": Viele Verstöße bleiben lange unentdeckt. Aufsichtsbehörden prüfen zunehmend proaktiv, zum Beispiel bei großen Kooperationen, Data Clean Rooms oder neuen Werbeformaten, inzwischen auch mit Hilfe von KI-Tools. Beschwerden kommen oft erst nach Jahren – dann ist es zu spät, die Organisation schnell nachzubessern.

„Ich entscheide nur fachlich – rechtliche Verantwortung trägt jemand anders“: Fachliche Entscheidungen über Zielgruppen, Kanäle, Datenquellen, Partner und Tools sind gleichzeitig rechtlich relevante Entscheidungen. Wer fachlich mit über „Mittel und Zwecke“ entscheidet, steht rechtlich im Fokus, wenn etwas schiefgeht.

„Datenschutz bremst unser Geschäft – wir können nicht auf jeden Paragrafen Rücksicht nehmen“: Gute Organisation bremst selten, schlechte Organisation fast immer. Klar geregelte Prozesse, Freigaben und Checklisten beschleunigen Entscheidungen, weil sie Diskussionen verkürzen und Rückfragen vermeiden. Der Datenschutz als Hindernis ist fast immer die Ausrede für mangelnde IT-Innovationsfreude.

Exkurs: Datenschutz als Umsatz- und Effizienzhebel für Marketing und Vertrieb

Dass Datenschutz ein Profilierungsmerkmal ist, ist keine bloße Behauptung. Wer Compliance so gestaltet, dass sie den Vertrieb beschleunigt statt bremst – verwandelt Datenschutz von einer Kostenstelle in einen Umsatztreiber. Die wirtschaftliche Wirkung lässt sich heute belastbar mit Marktstudien unterlegen. Die zentrale Botschaft für Führungskräfte lautet: Datenschutz wirkt messbar entlang zentraler Kennzahlen wie Sales-Zyklen und Abschlusswahrscheinlichkeit.

(1) Datenschutz als „Sales Accelerator“ (weniger Reibung, kürzere Zyklen)

Im B2B-Vertrieb sind Datenschutz- und Security-Fragen längst Teil des Standardprozesses: Security-/Privacy-Fragebögen, Anforderungen an Datenflüsse, Nachweise zu TOMs, Löschkonzepten, Subprozessoren, Audit-Rechten, Transfermechanismen usw. Unternehmen, die hier strukturiert liefern können (Policy-Set, TOMs, klare Rollen, belastbare Nachweise), verkürzen erfahrungsgemäß den Weg von „Interesse“ zu „Unterschrift“.

Die Cisco 2025 Data Privacy Benchmark Study (weltweite Befragung von über 2.600 Privacy-/Security-Fachleuten in zwölf Ländern)[7] zeigt, dass Datenschutzinvestitionen aus Sicht der Unternehmen konkret zu weniger vertriebsbedingten

7 Cisco Systems, The Privacy Advantage: Building Trust in a Digital World – Cisco 2025 Data Privacy Benchmark Study, Methodology: „2600+ respondents in 12 countries“, Survey im Herbst 2024, 2025, S. 3, online verfügbar unter: https://www.cisco.com/c/dam/en_us/about/doing_business/trust-center/docs/cisco-privacy-benchmark-study-2025.pdf, abgerufen am 30.12.2025.

Verzögerungen führen. Fast 80 % der Befragten berichten von „reduced sales delays“ als signifikantem Nutzen ihrer Datenschutzinvestitionen.[8] Dieser Effekt ist ökonomisch plausibel: Standardisierte Datenschutzbausteine, belastbare Nachweise (zum Beispiel DPIA-Methodik, ROPA, Vendor-Management) und klare Governance senken Transaktionskosten und erhöhen die „Deal Velocity“.

Ein zweiter, häufig unterschätzter Hebel sind Vendor- und Zertifizierungsanforderungen. Nahezu alle befragten Organisationen gewichten externe Datenschutz-/Privacy-Zertifizierungen bei der Lieferantenauswahl als wichtig.[9] Das wirkt unmittelbar in Vertrieb und Marketing: Wer als Anbieter (oder als Plattform) nachvollziehbar datenschutzkonform aufgestellt ist, reduziert Einwände und Prüfaufwand bei potenziellen Kunden, Partnern und Ausschreibungen (siehe Abb. 3).

Praxisbox 1: Das „Privacy Pack“ für den Vertrieb

Halten Sie für Ausschreibungen und Partneranfragen ein kurzes, konsistentes Paket bereit:

- One-Pager „How we protect data“ (Zwecke, Rollen, Kern-TOMs, Löschkonzept in Stichpunkten),
- Vendor-/Tool-Übersicht (wer ist Auftragsverarbeiter, wer eigenständig, welche Zertifikate/Nachweise).
- Standardantworten zu Betroffenenrechten, Incident-Prozess, Datenübermittlungen, Subprozessoren, Nachweise (zum Beispiel Auditberichte/Zertifizierungen soweit vorhanden).
- „Red Flags“-Katalog für Vertrieb (was darf ich zusagen, was muss zu Legal/DSB). Dass Privacy-Investments unter anderem Sales Delays reduzieren, wird in Cisco 2025 explizit als signifikanter Nutzen berichtet.

Der wirtschaftliche Effekt ist spürbar: weniger Rückfragen, weniger Schleifen, weniger „Stop-and-go“ in der Verhandlung.

8 Cisco Systems, Cisco 2025 Data Privacy Benchmark Study, Figure 11: „Reducing sales delays“ als signifikanter Benefit von Privacy-Investitionen (2024: 78 %); zudem Benefits unter anderem „Mitigating security losses“, „Operational efficiency“, „Loyalty and trust“, 2025, S. 13, abrufbar unter: https://www.cisco.com/c/dam/en_us/about/doing_business/trust-center/docs/cisco-privacy-benchmark-study-2025.pdf, abgerufen am 30.12.2025.

9 Cisco Systems, Cisco 2025 Data Privacy Benchmark Study, Figure 12: „External privacy certifications are important when choosing a vendor“ (2024: 99 %), 2025, S. 14, abrufbar unter: https://www.cisco.com/c/dam/en_us/about/doing_business/trust-center/docs/cisco-privacy-benchmark-study-2025.pdf, Stand 12/2025.

Abbildung 3: Bedeutung der Privatsphäre
Quelle: Cisco Systems, 2025 Data Privacy Benchmark Study

(2) Vertrauen als kaufentscheidender Faktor (Marke, Abschlussquote, Retention)

Datenschutz ist im Kern Vertrauensrecht. Vertrauen ist im Markt kein „soft factor“, sondern beeinflusst Kaufentscheidungen. Cisco bringt dies in einer Kennzahl auf den Punkt: Ein sehr großer Anteil der Organisationen stimmt der Aussage zu, Kunden würden nicht kaufen, wenn ihre Daten nicht angemessen geschützt sind.[10] Diese Wahrnehmung ist für Marketing und Vertrieb zentral, weil sie die ökonomische Logik von Datenschutz erklärt: Datenschutz wirkt wie eine Eintrittskarte in datengetriebene Geschäftsmodelle – ohne ihn drohen Abwanderung, geringere Konversionsraten und Reputationsschäden.

In der gleichen Studie geben Unternehmen an, dass Datenschutzinvestitionen signifikant zur Kundenloyalität und zum Vertrauen beitragen.[11] Für Marketing bedeutet das: Datenschutz ist nicht nur „Risikovermeidung“, sondern Bestandteil der Markenleistung („Wir gehen mit Daten respektvoll um“). Für den Vertrieb bedeutet es: Datenschutz ist ein argumentationsfähiger Qualitätsnachweis – vergleichbar mit Informationssicherheit oder Compliance.

(3) Datenschutz als Marketing-Performance-Faktor: bessere Daten statt „mehr Daten“

Der wichtigste Umbruch im Marketing ist nicht der nächste Kanal, sondern die Qualität und Rechtssicherheit der Datengrundlage. Privacy-First/Privacy-Led-Marketing verlagert den Fokus weg von undurchsichtigen Third-Party-Mechanismen hin zu First-Party- und Zero-Party-Daten (Daten, die Kunden bewusst und direkt teilen). *Usercentrics* formuliert das als strategische Antwort auf veränderte Erwartungen, Cookie-Erosion und regulatorische Anforderungen: Datenschutzkonforme Datenerhebung und -nutzung sei nicht nur Pflicht, sondern diene Vertrauen, Engagement und Markenreputation; GDPR-Compliance im Marketing könne zudem den Absatz fördern.[12]

Ökonomisch ist das schlüssig: Saubere Einwilligungs- und Präferenzsignale erhöhen die Validität von Attributions- und Zielgruppenlogiken. *Cookie Information* hebt in diesem Zusammenhang hervor, dass „smart consent management“ (zum Beispiel klare Banner und wirksame Einwilligungsverwaltung) zu verlässlicheren First-Party-Daten führt – mit Effekten auf Targeting, Analytics und

10 Cisco Systems, Cisco 2025 Data Privacy Benchmark Study, Figure 12: „Our customers won’t buy from us if their data is not properly protected“ (2024: 95 %), S. 14, abrufbar unter: https://www.cisco.com/c/dam/en_us/about/doing_business/trust-center/docs/cisco-privacy-benchmark-study-2025.pdf, Stand 12/2025.

11 Cisco Systems, Cisco 2025 Data Privacy Benchmark Study, Figure 11: „Loyalty and trust“ als signifikanter Benefit von Privacy-Investitionen (2024: 79 %), S. 13, abrufbar unter: https://www.cisco.com/c/dam/en_us/about/doing_business/trust-center/docs/cisco-privacy-benchmark-study-2025.pdf, Stand 12/2025.

12 Usercentrics, Navigating GDPR and Marketing: Guide for 2025, 1.9.2024, Aussage unter anderem: GDPR-Compliance im Marketing kann Sales erhöhen und ist zentral für Trust/Beziehungen, abrufbar unter: https://usercentrics.com/guides/privacy-led-marketing/gdpr-and-marketing/, Stand 12/2025.

ROI.[13] Man kann es juristisch nüchtern formulieren: Rechtskonforme Datenerhebung ist eine Qualitätskontrolle. Unklare Rechtsgrundlagen, ungepflegte Consent-Historien oder ungeordnete Datenflüsse sind nicht nur ein Compliance-Problem, sondern erzeugen Messfehler und Ineffizienzen im Marketingbetrieb.

Usercentrics beschreibt Privacy-First-Marketing ausdrücklich als Ansatz, der höherwertige Daten begünstigt und gleichzeitig die Beziehungsebene stärkt: weniger Datenmenge, aber mehr Aussagekraft und nachhaltigere Kundenbeziehungen.[14] Für das Management ist das eine wichtige Umkehr: Datenschutz „limitiert" Marketing nicht – er zwingt zu besserer Datendisziplin und damit häufig zu besserer Steuerungsfähigkeit.

Praxisbox 2: Cookie-Consent als wirtschaftlicher Faktor (nicht als Formalie)

- Auslöser: Die Kampagnenperformance schwankt; Daten sind „schmutzig"; Abmeldungen und Beschwerden steigen.
- Risiko aus der Praxis: Eine PoPETS-Studie (2025) fand unter anderem, dass 57,5 % der untersuchten Websites Cookies nach Widerruf nicht löschen; zudem werden Widerrufe teils erschwert oder nicht an Dritte kommuniziert.[15]
- Wirtschaftlicher Effekt: Kurzfristig „mehr Daten", mittel- und langfristig aber ein höheres Beschwerde- und Sanktionsrisiko, Nacharbeit, Kampagnenstopps und Vertrauensverlust.
- Konkrete, nachweisbare Konsequenz: Die französische CNIL hat 2025 unter anderem wegen Cookie-/Consent-Verstößen rekordhohe Bußgelder gegen Google (325 Mio. EUR) und SHEIN (150 Mio. EUR) verhängt.[16]

---

13 Cookie Information (Oliver Fich), Privacy pays off: The ROI of smart privacy investments, 2.7.2025, insb. zu „smart consent management" → verlässlichere First-Party-Daten, bessere Targeting-/Analytics-Grundlage und ROI, abrufbar unter:, https://cookieinformation.com/resources/blog/smart-privacy-investments-pay-off/, Stand 12/2025.

14 Usercentrics, Comprehensive Guide to Privacy-First Marketing, 1.9.2024, Definition/Ansatz: Fokus auf Zero-/First-Party-Daten und (wo erforderlich) explizite Einwilligung; strategische Ausrichtung auf Datenqualität/Vertrauen, abrufbar unter: https://usercentrics.com/guides/privacy-led-marketing/privacy-first-marketing/, Stand 12/2025.

15 *Kancherla/Bielova/Santos/Bichhawat*, Measuring Compliance of Consent Revocation on the Web („Johnny Can't Revoke Consent Either"), PoPETS 2025, Befund unter anderem: 57,5 % der untersuchten Websites löschen Cookies nach Widerruf nicht; außerdem Defizite bei Widerruf/Kommunikation, abrufbar unter: https://petsymposium.org/popets/2025/popets-2025-0133.pdf, Stand 12/2025.

16 CNIL, Cookie regulation: the CNIL is continuing the action plan initiated in 2019 and has imposed two fines on SHEIN and GOOGLE, 3.9.2025 (Google: 325 Mio. EUR, SHEIN: 150 Mio. EUR), abrufbar unter: https://www.cnil.fr/en/cookie-regulation-cnil-continuing-action-plan-initiated-2019-and-has-imposed-two-fines-shein-and, Stand 12/2025.

- Best-Practice-Umsetzung: „Ablehnen“ gleichwertig sichtbar, Widerruf in 1–2 Klicks, saubere Signalweitergabe an Partner/Tags und Audit-Log der Consent-Events.

Aus der Praxis der Gerichte: „Tracking-Tool haftet mit“

Eine Nutzerin besucht verschiedene Websites. Dort werden zu Werbezwecken Cookies gesetzt – ohne Einwilligung. Sie klagt nicht (nur) gegen den Websitebetreiber, sondern gegen den Anbieter der Tracking-Technologie. Das OLG Frankfurt bejahte einen Unterlassungsanspruch wegen einwilligungsfreier Cookie-Speicherung/Auslese (maßgeblich § 25 TTDSG, heute § 25 TDDDG). Kernpunkt: Wer die Technologie „in die Welt setzt“, trägt Mitverantwortung für den Einwilligungs-Nachweis.[17]

► Consent ist nicht nur Banner-Design. Consent ist Beweisführung – entlang der gesamten Vendor-Kette.

2026-Ausblick: Weniger Cookie-Banner – aber nicht „weniger Datenschutz“

Die EU diskutiert im Rahmen eines „Digital-Omnibus“ Erleichterungen, unter anderem um Cookie-Banner zu reduzieren und die Datenverwendung für KI klarer zu regeln. Das kann mittelfristig zu einer nutzerfreundlicheren Gestaltung beitragen – ändert aber heute nichts an Ihrer Pflicht, Tracking sauber zu legitimieren, transparent zu informieren und Einwilligungen wirksam zu gestalten. Bis zur tatsächlichen Gesetzesänderung gilt: nicht „hoffen“, sondern sauber dokumentieren.

(4) Datenschutzinvestitionen rechnen sich: ROI, Effizienz, Schadensvermeidung

Ein verbreitetes Missverständnis lautet: Datenschutz sei eine „Kostenstelle ohne Rendite“. Die Cisco-Daten widersprechen dem: 96 % der befragten Organisationen geben an, der Nutzen von Datenschutzinvestitionen überwiege die Kosten. Zudem wird ein positiver ROI berichtet (Median ca. 1,6x; ein relevanter Anteil mit höheren ROI-Spannen).[18] Für Vertrieb und Marketing ist wichtig, woher diese

17 OLG Frankfurt a. M., Beschl. v. 27.6.2024 – 6 U 192/23 (Microsoft haftet für einwilligungsfreie Cookie-Speicherung über Webseiten Dritter), Pressemitteilung der hessischen Justiz, abrufbar unter: https://ordentliche-gerichtsbarkeit.hessen.de/presse/microsoft-haftet-fuer-einwilligungsfreie-cookie-speicherung-ueber-webseiten-dritter, Stand 02/2026.

18 Cisco Systems, Cisco 2025 Data Privacy Benchmark Study, „Benefits outweigh costs“ (96 %, Figure 8) sowie „Estimated ROI … (1.6x median)“ (Figure 10), 2025, S. 10–12, abrufbar unter: https://www.cisco.com/c/dam/en_us/about/doing_business/trust-center/docs/cisco-privacy-benchmark-study-2025.pdf, Stand 12/2025.

Rendite kommt: nicht nur aus vermiedenen Bußgeldern, sondern aus betriebswirtschaftlichen Treibern wie operativer Effizienz, Agilität und Innovation, geringeren Security-Losses und höherer Attraktivität als Anbieter.

Gerade die Kategorie „mitigating security losses" ist für Marketing/Vertrieb mehr als ein Security-Thema: Datenpannen verursachen regelmäßig Kampagnenstopps, Tool-Abschaltungen, Kundenanfragenwellen, Vertragskündigungen und führen zu einem Vertrauensverlust, der akquisitorisch teuer ist. Ein reifer Datenschutzrahmen senkt nicht jede Panne – aber er reduziert erfahrungsgemäß Eintrittswahrscheinlichkeit, Ausmaß und Folgekosten.

(5) Die Kosten der Nicht-Compliance: Bußgelder, Nacharbeiten, Reputationsschäden

Wer Datenschutz im Marketing und Vertrieb nur „formal" denkt, zahlt häufig doppelt: erst für Kampagnen, dann für Korrekturen, Stopps, Nachverhandlungen und – im Worst Case – Sanktionen. Zwei Praxisbeobachtungen sind für Führungskräfte besonders lehrreich:

Consent-Mechaniken sind nicht nur ein Banner-Thema, sondern technisch und prozessual fehleranfällig. Empirische Untersuchungen zeigen, dass der Widerruf von Einwilligungen auf Websites häufig nicht ordnungsgemäß umgesetzt wird (bis hin zu fortgesetzter Datenverarbeitung).[19]

Aufsichtliche Sanktionen im Tracking- und Cookie-Kontext können existenzielle Größenordnungen erreichen. Die französische Aufsichtsbehörde hat im Rahmen ihrer Cookie-Durchsetzung unter anderem sehr hohe Bußgelder gegen große Anbieter verhängt.[20] Das ist keine „Theorie" – das ist das reale Kostenrisiko unzureichender Governance im datengetriebenen Marketing.

(6) Praktische Auswirkung auf Governance und Beweisfähigkeit

Datenschutz wirkt wirtschaftlich als Stabilitätsfaktor der Geschäftsorganisation: Wer Prozesse, Datenflüsse und Verantwortlichkeiten sauber dokumentiert, kann gegenüber Kunden, Partnern und Aufsichten schneller reagieren – und gegenüber Betroffenenrechten beweisfähig bleiben. In der Praxis kann fehlende Transparenz und unklare Datengrundlagen zu Konflikten führen, die sich bis zu gerichtlichen Verfahren zuspitzen.

19 Vgl. Fn. 15.
20 Vgl. Fn. 16.

Für B2B-Teams kommt hinzu: Auch Geschäftskontakte sind keine „datenschutzfreien Zonen“. Die Verarbeitung im Sales-Funnel braucht belastbare Rechtsgrundlagen und klare Informationslogik – sonst entstehen operative Reibungen (Widersprüche, Sperrlisten, Eskalationen) und vermeidbare Risiken.

(7) Fazit

Aus juristischer Sicht ist Datenschutz zunächst eine Pflicht zur rechtskonformen Verarbeitung. Aus betriebswirtschaftlicher Sicht ist er – bei professioneller Umsetzung – ein Wettbewerbsfaktor: Er reduziert Sales-Reibung, stabilisiert Vertrauen, verbessert Datenqualität und mindert Incident-Folgen. Entscheidend ist die Management-Perspektive: Datenschutz nicht als „Bremse“, sondern als Standardisierung von Datenprozessen und als Voraussetzung für skalierbares, auditfestes Wachstum zu führen. Dann wird aus Compliance ein wirtschaftlicher Vorteil – gerade in Marketing und Vertrieb, wo Vertrauen, Geschwindigkeit und Datenqualität über Erfolg oder Misserfolg entscheiden.

1.5 Praxisfall mit Risikoindikator-Logik – „Die Fanpage macht doch Facebook“

Ein Konzern betreibt seit Jahren eine große Social-Media-Fanpage. Inhaltlich steuert das Marketing, technisch wird vieles von einer Agentur erledigt. Tracking, Targeting, Insights – „das macht die Plattform“. Eines Tages ordnet die Datenschutzaufsicht an, den Betrieb der Fanpage einzustellen, beziehungsweise deutlich anzupassen: Die Verantwortlichkeit für die Datenverarbeitung liegt nicht nur bei der Plattform, sondern auch beim Seitenbetreiber. Die Marketing-Leitung ist überrascht: „Wir haben doch keinen direkten Zugriff auf die Daten, das läuft alles über Facebook.“

Der Europäische Gerichtshof hat in einem solchen Fall entschieden, dass der Betreiber einer Fanpage als gemeinsam Verantwortlicher gilt, weil er mit über Zwecke und Mittel der Verarbeitung entscheidet – etwa durch die Auswahl von Zielgruppen und Auswertungsoptionen.[21] Wichtig für die Praxis: „Mitverantwortung“ bedeutet nicht „Sie haften für alles, was die Plattform später macht“. Ihre Verantwortung ist funktional begrenzt: Sie betrifft die Verarbeitungsschritte, die Sie durch Einbindung und Parameterwahl mitbestimmen (zum Beispiel Erhebung/Übermittlung, Insight-Konfiguration, Pixel/Tag-Einbindung).

21 EuGH, Urt. v. 5.6.2018 – C-210/16, (Unabhängiges Landeszentrum für Datenschutz SH ./. Wirtschaftsakademie SH), ECLI:EU:C:2018:388 (Fanpage-Betreiber als (Mit-)Verantwortlicher durch Parameter-/Zweckmitbestimmung).

Ähnlich wurde dies für Webseiten mit eingebundenen Social-Media-Plugins und Tracking-Pixeln bestätigt.[22] Die Botschaft: Wer im Marketing oder Vertrieb digitale Kanäle gestaltet, kann sich nicht darauf berufen, nur „Nutzer“ fremder Technik zu sein.

Risikoindikator-Logik für Ihre Organisation

OK ☑ – Gut organisiert (Standardfall)

Sie wissen, welche Kanäle, Tools und Plattformen Ihr Bereich nutzt. Es gibt einen benannten fachlichen Verantwortlichen pro Kanal (Website, Newsletter, Social Media). Die Rolle des Unternehmens (Verantwortlicher, gemeinsam Verantwortlicher, Auftragsverarbeiter) pro Kanal ist geklärt und dokumentiert. DSB, IT und Legal waren bei der Konzeption beteiligt.

PRÜFEN ∇ – Risikozone (Mittleres Risiko, fehlende Maßnahme)

Sie nutzen diverse Tools, Plattformen und Agenturen, aber Rolle und Verantwortlichkeit sind nur punktuell dokumentiert. Abhängigkeit von Standard-Setups („so macht es der Anbieter halt“), ohne eigene Bewertung. Der DSB wird erst eingebunden, wenn es Probleme gibt.

STOP ⛔ – Hohes Risiko (zum Beispiel unzulässige Datenübermittlung)

Niemand weiß genau, wer fachlich für welchen Kanal verantwortlich ist. Es existiert kein Überblick über laufende Tools und Datenströme. Auf konkrete Fragen der Aufsicht („Wer hat entschieden?“, „Welche Rechtsgrundlage?“, „Welche Vereinbarungen mit Dienstleistern?“) könnten Sie heute keine belastbare Antwort geben.

► Wo Sie als Führungskraft Kanäle und Kampagnen steuern, sehen Behörden Sie als Teil des Verantwortlichen – unabhängig von Agenturen und Plattformen.

1.6 Fallakte: „Leadlisten, Callcenter, Vertrieb – und am Ende 79 Millionen“

Ein italienischer Energieversorger nutzte ein weit verzweigtes Netzwerk von Partneragenturen und Callcenter für das Telemarketing. Diese Agenturen – und deren Sub-Dienstleister – speisten massenhaft Kontaktlisten in das CRM des Un-

22 EuGH, Urt. v. 29.7.2019 – C-40/17, (Fashion ID ./. Verbraucherzentrale NRW), ECLI:EU:C:2019:629.

ternehmens ein, um Provisionen zu generieren. Am Anfang wirkt es wie klassisches Sales-Outsourcing – „die Agentur macht das schon". Dann kommen Beschwerden: Personen werden angerufen, obwohl sie nie eingewilligt haben oder längst widersprochen haben. Parallel entstehen Verträge auf Basis von Datensätzen, deren Herkunft (Einwilligung) oft nicht nachweisbar war; es handelte sich um illegale „Schatten-Leads".

Die italienische Datenschutzbehörde (Garante) verhängte im Februar 2024 ein Bußgeld von 79,1 Millionen EUR – das bis dato höchste in Italien.[23]

Die Begründung: Das Unternehmen profitierte wirtschaftlich von den abgeschlossenen Verträgen, hatte aber seine „Hausaufgaben" bei der Kontrolle nicht gemacht. Die Behörde rügte explizit, dass der Versorger keine ausreichenden technischen Barrieren (zum Beispiel Sperrlisten-Abgleich, Herkunftsnachweis im System) installiert hatte, um zu verhindern, dass unsaubere Daten in die Systeme gelangten. Das Argument, die Agenturen hätten eigenmächtig und gegen vertragliche Vorgaben gehandelt, ließ die Datenschutzbehörde nicht gelten. Das Urteil etabliert den Grundsatz: Wer das wirtschaftliche Ziel vorgibt (Umsatz durch Leads), haftet für die Integrität des Weges (Datenherkunft). Eine „Blindheit" gegenüber den Methoden der Vertriebspartner schützt nicht vor Strafe.

Bemerkenswert daran ist:

Es beginnt wie eine normale Vertriebsmaßnahme („Sales-Netzwerk skalieren") – und endet als Governance-Versagen („Niemand konnte nachweisen, dass nur rechtmäßig kontaktiert und sauber aktiviert wird"). Dass „fremde" Vertriebspartner dabei Zugangspfade in Systeme finden und im Vorfeld auf Hinweise der Behörden nicht reagiert wurde, wirkte sich sehr ungünstig auf das verhängte Bußgeld aus.

Für Führungskräfte ist das ein Lehrstück in Verantwortung trotz Delegation:

- (zu 1.1 Verantwortung): „Wir waren's nicht" zieht nicht, wenn Ihr Geschäftsmodell systematisch Fehlkontakte produziert – Verantwortung folgt der Steuerung und dem Nutzen, nicht dem Ausreden-Potenzial.

23 Garante per la protezione dei dati personali (Italien), Mitteilung „Telemarketing: il Garante privacy sanziona Enel Energia" (29.2.2024; Rekordsanktion > 79 Mio. EUR, unter anderem Hinweis auf ca. 9.300 betroffene Verträge). Die Behörde stützte das Bußgeld auf Verstöße gegen die Rechenschaftspflicht (Art. 5 Abs. 2 DSGVO) und die Sicherheit der Verarbeitung (Art. 32 DSGVO), da das CRM-System keine adäquaten Mechanismen zur Erkennung irregulärer Datenflüsse aufwies, abrufbar unter: https://www.garantepriva cy.it/home/docweb/-/docweb-display/docweb/9988921, Stand 12/2025.

- (zu 1.2 Delegationsmatrix): Delegieren Sie Call-Out und Leadbearbeitung, brauchen Sie eine Delegationsmatrix-Zeile, die ausdrücklich regelt: Leadquelle/Filter, Sperrlisten, Toolzugriffe, Freigaben, Kontrollen, Stop-Kriterien.
- (zu 1.3 Eskalationswege): Telemarketing ist nur dann „beherrscht“, wenn es einen echten Stop-the-line-Weg gibt – mit Verantwortlichem, Frist, und der Befugnis, Kampagnen sofort zu pausieren.
- (zu 1.4 Nachweise): Direktwerbung ist nur so gut wie Ihre Beweisfähigkeit: Opt-out/Sperrlisten, Consent- beziehungsweise Widerspruchslogik, Synchronisation, Beschwerden, Maßnahmen – auffindbar, versioniert, prüfbar.

Was bedeutet das konkret für Sie als Führungskraft?

Vertriebskette = Verarbeitungskette. Sie steuern nicht nur Preise und Skripte, sondern auch Datenherkunft, Rechtsgrundlage, Sperrlisten, Systemzugänge und Nachweisführung.

Kontrolle schlägt Vertrag. Eine Vertragsklausel ersetzt keine Stichproben, kein Call-Monitoring, keine KPI „Beschwerden pro 10.000 Kontakte“, keinen harten „Kill Switch“.

„Stop the line“ definieren. Legen Sie vorab fest, wann Kampagnen sofort pausieren: Beschwerde-Cluster, unklare Leadquelle, Sperrlisten-Mismatch, Auffälligkeiten in Aktivierungsquoten oder Zugriffsmustern.

Wenn Sie das in der Akte gehabt hätten ...

- Delegationsmatrix-Zeile „Outbound/Leads“ inklusive Pflichtenheft: Leadquelle, Sperrlisten, Toolzugänge, Freigaben, Kontrollen, Stop-Kriterien.
- Vendor-Governance: Auswahlprotokoll, Audit-/Kontrollrechte, Unterauftragnehmer-Freigaben, Sanktionsmechanik, Exit-Regeln.
- Monitoring: Beschwerdeberichte, Trefferquote Sperrliste, Qualitätsstichproben, Abbruchquoten, Re-Enable-Freigabe nach Pausierung.
- Incident-/Beschwerdeprozess: Eskalation, Pausierung, Ursachenanalyse, Korrekturmaßnahmen, Nachweisablage.

2. Rechtsgrundlagen in 20 Minuten

Die Verarbeitung personenbezogener Daten ist grundsätzlich nicht erlaubt, es sei denn, eine Rechtsgrundlage gestattet sie ausdrücklich. Sie brauchen also immer eine tragfähige Rechtsgrundlage – die sich meist in der DSGVO, im BDSG oder in Spezialgesetzen findet.

In Kapitel 1 haben Sie gesehen, warum Datenschutz für Sie Chefsache ist. Dieses Kapitel soll Ihnen in kurzer Zeit ein Gefühl dafür geben,

- was unter einer „Rechtsgrundlage" zu verstehen ist,
- welche Rechtsgrundlagen im Marketing und Vertrieb typischerweise relevant sind
- und wo die Grenzen insbesondere für Kampagnen, CRM und Tracking verlaufen.

Sie sollen danach kein Datenschutz-Profi sein – aber erkennen, welche Rechtsgrundlage zu welcher Maßnahme passt und wo zusätzliche Spezialregeln wie § 7 UWG und § 25 TDDDG[24] mitreden.

Praxisfall – „Nur ein kurzer Reminder"

Eine Vertriebsleiterin möchte an Geschäftskunden einen „kurzen Reminder" für ein neues Partnerprogramm schicken. Die Adressen stammen aus Visitenkarten von Messen, LinkedIn-Kontakten und alten Projekten. Das Team ist überzeugt: „Alles B2B, also unproblematisch. Wir haben doch dafür ein berechtigtes Interesse."

Kurz nach dem Versand beschwert sich ein Empfänger bei dem DSB und bei der Aufsichtsbehörde. Er habe nie eingewilligt, erhalte solche E-Mails regelmäßig und sehe darin unzulässige Werbung.

Im Fachbereich herrscht Ratlosigkeit. Wir arbeiten „seit Jahren so", eine saubere Zuordnung der Rechtsgrundlagen existiert jedoch nicht.

Im Marketing und Vertrieb brauchen Sie meist eine Kombination aus:

- DSGVO-Rechtsgrundlage für die Datenverarbeitung, (Art. 6 DSGVO; zum Beispiel Vertrag, berechtigtes Interesse, Einwilligung).
- UWG – ob Werbung per E-Mail, SMS oder Telefon zulässig ist (§ 7 UWG).

---

24 § 25 TDDDG setzt Art. 5 Abs. 3 ePrivacy-Richtlinie um und verlangt grundsätzlich eine Einwilligung für das Speichern und Auslesen von Informationen auf Endeinrichtungen, soweit diese nicht technisch unbedingt erforderlich sind.

- Telekommunikations-Datenschutzrecht (TDDDG) – was auf dem Endgerät passieren darf (Cookies, Tracking, Pixel; § 25 TDDDG).

Und: Das Ganze muss sich kurz dokumentieren lassen.

2.1 DSGVO-/BDSG-Basics – in der Sprache von Marketing und Vertrieb

Stellen Sie sich die DSGVO als die „Spielregeln“ für sämtliche Kundendaten vor. Das BDSG ergänzt diese Regeln, vor allem bei Beschäftigtendaten (§ 26 BDSG)[25] und in einigen Sonderfällen.

Was sind personenbezogene Daten in Ihrem Geschäftsalltag?

Personenbezogene Daten sind alle Informationen, die sich auf eine identifizierte oder identifizierbare natürliche Person beziehen, etwa Name, E-Mail-Adresse, Telefonnummer, Kunden-ID, Buchungen, Nutzerprofil. Auch „vorname.nachname@firma.de“ und alle dazugehörigen CRM-Infos sind personenbezogene Daten. Identifizierbar ist eine Person also nicht erst, wenn ihr Name danebensteht. Es reicht, wenn Sie (oder ein Dritter im Ökosystem) die Person mit Zusatzwissen bestimmen können – etwa über Kunden-ID, Cookie-ID, IP-Adresse, Consent-Strings, oder eine Kombination von Merkmalen.[26] Maßstab ist der relative Test: Berücksichtigt werden Mittel, die der Verantwortliche oder eine andere Person nach allgemeinem Ermessen wahrscheinlich einsetzen wird.

▶ Wenn Sie in Ihrem Ökosystem die Person mit vertretbarem Aufwand bestimmen können, sind es personenbezogene Daten.

Auch „Sachdaten“ sind damit nicht automatisch DSGVO-frei. Eine Kampagnen-ID, Geräte-ID oder Referenznummer wirkt sachlich – wird aber personenbezogen, sobald sie einem Kunden/Account zugeordnet werden kann oder durch Dritte zugeordnet wird.

Bevor Sie über Einwilligung, Vertrag oder berechtigtes Interesse nachdenken, sollten Sie sich fünf Fragen stellen:

---

25 § 26 BDSG (Datenverarbeitung für Zwecke des Beschäftigungsverhältnisses) als nationale Konkretisierung der DSGVO im Beschäftigungskontext.

26 Vgl. EuGH, Urt. v. 7.3.2024 – C-604/22, (IAB Europe), ECLI:EU:C:2024:214: Ein alphanumerischer Consent-String kann personenbezogen sein, wenn er mit angemessenen Mitteln mit einer IP-Adresse oder anderen Identifikatoren verknüpft werden kann; Erwägungsgrund 26 DSGVO.

- Wofür nutzen wir die Daten? Für Kampagnen, CRM-Pflege, Reporting, Trakking, Service-Info? (Zweck)
- Dürfen wir das? Welche Rechtsgrundlage nach DSGVO oder welches Spezialgesetz trägt diese Nutzung? (Erlaubnis)
- Welche Daten brauchen wir wirklich? Können wir auf Daten verzichten oder Daten anonymisieren, ohne das Ziel zu gefährden? (Datenminimierung)
- Verstehen die Kunden, was mit ihren Daten passiert? (Transparenz)
- Wie lange brauchen wir sie? Gibt es eine klare Lösch- oder Anonymisierungslogik? (Löschkonzept)

Wenn Sie diese Fragen im Team nicht beantworten können, ist das ein Warnsignal – spätestens dann sollten DSB oder Legal eingebunden werden.[27]

2.2 Typische Rechtsgrundlagen im Geschäftsalltag (Vertrag, berechtigtes Interesse, Einwilligung, § 7 UWG, § 25 TDDDG)

Für jede Datenverarbeitung brauchen Sie eine Rechtsgrundlage. Im Marketing- und Vertriebskontext sind es im Kern:

2.2.1 Vertrag – alles, was zur Leistung gehört (Art. 6 Abs. 1 lit. b DSGVO)

Beispiele: Die Buchung eines Fluges oder einer Dienstleistung, Buchungsbestätigung, Vertragsverwaltung, Stornierung, Rechnungsversand. Hier dürfen Sie verarbeiten, was zur Erfüllung des Vertrages oder zur Anbahnung eines Vertrages objektiv unverzichtbar für einen wesentlichen Vertragszweck notwendig ist.[28] Nicht mehr. Nicht automatisch vom Vertrag gedeckt sind Newsletter, Cross-Selling-Angebote, allgemeine Kampagnen-Mails, Partnerangebote. Diese brauchen separate Werbungserlaubnisse (UWG) und meist eine Einwilligung oder das Bestandskundenprivileg.

2.2.2 Rechtliche Pflicht (Art. 6 Abs. 1 lit. c DSGVO)

Hier geht es um Vorgaben, die Sie rechtlich erfüllen müssen. Beispiele: Steuer- und handelsrechtliche Aufbewahrungspflichten, Aufbewahrung von Belegen,

27 Art. 5 Abs. 1 DSGVO, Grundsätze der Zweckbindung, Datenminimierung, Transparenz, Speicherbegrenzung, Integrität und Vertraulichkeit als allgemeine Leitplanken jeder Verarbeitung.

28 EuGH, unter anderem Urt. v. 12.9.2024 – C-17/22 und C-18/22 (HTB Neunte Immobilien Portfolio), ECLI:EU:C:2024:738: „Erforderlich für die Vertragserfüllung“ ist eine Verarbeitung nur, wenn sie objektiv unverzichtbar für einen Zweck ist, der integraler Bestandteil der vertraglichen Verpflichtung gegenüber der betroffenen Person ist.

Abrechnungsdaten, Nachweisen. Interessant für Marketing und Vertrieb ist das meist nur am Rand: Daten dürfen dann nicht sofort gelöscht werden, obwohl der eigentliche Kampagnenzweck erledigt ist.

2.2.3 Berechtigtes Interesse – der flexible Standard (Art. 6 Abs. 1 lit. f DSGVO)

Beispiele: Postalische Werbung an Bestands- und potenzielle Geschäftskunden. Pflege und Segmentierung des CRM (zum Beispiel nach Branche, Unternehmensgröße). B2B-Kommunikation an namentliche Ansprechpartner, wenn die Art, der Inhalt und die Frequenz passen. Voraussetzungen: Ein legitimer Zweck liegt vor (zum Beispiel Direktwerbung, IT-Sicherheit, interne Verwaltung). Die Verarbeitung ist erforderlich – es gibt also kein ebenso wirksames, aber weniger eingriffsintensives Mittel. Die Interessen der betroffenen Personen überwiegen nicht.

Der EuGH betont: Die Erforderlichkeit und die Abwägung müssen konkret durchdacht und dokumentiert werden. Ein rein kommerzielles Interesse kann ein berechtigtes Interesse sein, erfordert aber eine echte Interessenabwägung und Beachtung aller DSGVO-Grundsätze.[29]

2.2.4 Einwilligung – wenn Sie eindeutig werben oder tracken (Art. 6 Abs. 1 lit. a DSGVO)

Eine Einwilligung des Kunden ist der Standard für:

- Newsletter, regelmäßige Kampagnen-Mails, personalisierte Angebote,
- Profiling zu Marketingzwecken, Custom Audiences,
- Marketing-Tracking und Remarketing, wenn Personen eindeutig erkennbar sind.

Damit eine Einwilligung trägt, muss sie informiert (klarer Text, verständliche Beschreibung der Zwecke), freiwillig (keine unangemessene Kopplung an andere Leistungen) und jederzeit widerrufbar sein (Abmeldelink) sowie durch eine aktive Handlung erteilt (zum Beispiel Checkbox, Double-Opt-in) und nachweisbar protokolliert werden.[30]

---

29 EuGH, Urt. v. 4.10.2024 – C-621/22, (Koninklijke Nederlandse Lawn Tennisbond), ECLI:EU:C:2024:858: Auch ein rein kommerzielles Interesse kann ein „berechtigtes Interesse" i. S. d. Art. 6 Abs. 1 lit. f DSGVO sein, setzt aber eine dokumentierte Interessenabwägung und die Einhaltung der Grundsätze des Art. 5 DSGVO voraus.

30 Art. 7 DSGVO (Bedingungen für die Einwilligung) und Erwägungsgrund 32: Einwilligung setzt eine informierte, freiwillige und eindeutige bestätigende Handlung voraus; bloßes Schweigen oder vorangekreuzte Kästchen genügen nicht.

▶ Ohne Nachweis im System (zum Beispiel nur „Consent = ja“ ohne Kontext) ist eine Einwilligung im Streitfall kaum belastbar.

2.2.5 Zusatzebene: § 25 TDDDG (Endgerätezugriff) – Cookies, Pixel, SDKs

Bevor Sie über Art. 6 DSGVO sprechen, prüfen Sie bei Tracking-Technologien immer zuerst § 25 TDDDG: Die Speicherung von Informationen auf dem Endgerät oder der Zugriff auf dort gespeicherte Informationen ist grundsätzlich nur mit Einwilligung zulässig – außer, die Technologie ist unbedingt erforderlich, um einen vom Nutzer ausdrücklich gewünschten Dienst bereitzustellen.[31]

Wichtig für die Praxis: § 25 TDDDG (Endgerät) und DSGVO (personenbezogene Daten) sind formal zwei Prüfungen. In einem Consent-Banner holen Sie beides oft „in einem Rutsch“ ein – in Ihrer Argumentation und Dokumentation müssen Sie es aber trennen:

- TDDDG-Frage: Darf ich überhaupt auf das Endgerät zugreifen?
- DSGVO-Frage: Wenn dabei personenbezogene Daten verarbeitet werden: Welche Rechtsgrundlage gilt (meist Einwilligung oder – selten – berechtigtes Interesse)?

Das OLG Frankfurt hat in einem Verfahren zu „Microsoft Advertising“ einen Unterlassungsanspruch auch gegen den Anbieter der Tracking-Technologie bejaht – nicht nur gegen den Websitebetreiber. Für Sie heißt das: Vendor- oder Agentur-Sätze wie „der Kunde holt die Einwilligung ein“ sind kein Schutzschild, wenn der Nachweis und die Steuerung fehlen.[32]

2.2.6 § 7 UWG – wann Werbung „zumutbar“ ist

§ 7 UWG regelt, wann Werbung eine „unzumutbare Belästigung“ ist.[33] Er setzt unter anderem Art. 13 der ePrivacy-Richtlinie um und wirkt hier als Spezialregel neben der DSGVO. Hier ein kurzer Überblick über die Norm:

- E-Mail-/SMS-Werbung: grundsätzlich nur mit Einwilligung.
- Telefonwerbung B2C: nur mit ausdrücklicher Einwilligung.

31 § 25 TDDDG (Einwilligung für Speicherung/Zugriff auf Informationen in Endeinrichtungen; Ausnahme „unbedingt erforderlich“), Gesetzestext abrufbar über „Gesetze im Internet“.

32 Vgl. Fn. 17.

33 § 7 UWG setzt Art. 13 der ePrivacy-Richtlinie (Richtlinie 2002/58/EG) in deutsches Recht um und regelt unter anderem die Zulässigkeit unerbetener Werbung per Telefon, E-Mail oder SMS (inklusive Bestandskundenprivileg in § 7 Abs. 3 UWG).

- Telefonwerbung B2B: nur bei „mutmaßlicher Einwilligung“ – enger Rahmen, sachlicher Bezug erforderlich. Auch im B2B-Bereich ist der Anwendungsbereich der mutmaßlichen Einwilligung eng: Es braucht einen konkreten fachlichen Bezug und eine realistische Erwartung, dass die angesprochene Person mit der Kontaktaufnahme rechnen durfte.
- Bestandskundenprivileg (§ 7 Abs. 3 UWG): E-Mail-Werbung ohne gesonderte Einwilligung ist ausnahmsweise zulässig, wenn die Adresse im Zusammenhang mit einem Verkauf erhoben wurde, für eigene ähnliche Waren oder Dienstleistungen geworben wird, kein Widerspruch vorliegt und bei Erhebung und jeder Nutzung auf die Widerspruchsmöglichkeit hingewiesen wird.

▶ Keine E-Mail-Werbung ohne Einwilligung – außer im engen Korridor des Bestandskundenprivilegs.

2.3 Praktische Beispiele für zulässige und unzulässige Verarbeitung

2.3.1 Beispiel 1 – Transaktionsmail vs. versteckte Werbung

Nach einer Flugbuchung erhält der Kunde

1. eine Buchungsbestätigung mit Buchungscode, Reisedaten, Pflichtinformationen,
2. eine E-Mail „Wichtige Infos zu Ihrem Flug“, die zu 80% aus Werbung für Mietwagen, Hotels und Versicherungen besteht.

Bewertung:

Mail 1: Vertragsabwicklung → Art. 6 Abs. 1 lit. b DSGVO, in der Regel unproblematisch.

Mail 2: Schwerpunkt Werbung → es braucht eine Einwilligung des Kunden oder es werden die engen Voraussetzungen von § 7 Abs. 3 UWG erfüllt.

▶ Das Umetikettieren („Service-Mail“) ändert nichts. Entscheidend ist der Inhalt.

2.3.2 Beispiel 2 – Newsletter an Messe- und LinkedIn-Kontakte

Sie sammeln auf einer Messe Visitenkarten und vernetzen sich mit Personen über LinkedIn. Danach sollen alle in einen Standard-Newsletter.

Bewertung:

- Einzelfallmail mit Bezug zum Gespräch („Danke für Ihren Besuch an unserem Stand…"), ohne automatische Aufnahme in einen Newsletter? – vertretbar unter engen Bedingungen. In dieser E-Mail aktiv um Einwilligung bitten („Dürfen wir Sie künftig per E-Mail informieren?").
- Eine automatische Aufnahme aller Messekontakte in einen regelmäßigen Newsletter ohne dokumentierte Einwilligung? – risikoreich bis unzulässig.

▶ Ein persönlicher Kontakt ist noch keine Newsletter-Einwilligung.

2.3.3 Beispiel 3 – Bestandskundenwerbung per E-Mail

Eine Kundin hat bereits einen Flug gebucht. Nun möchten Sie ihr per E-Mail ähnliche eigene Angebote machen (zum Beispiel Lounge, Sitzplatz, Zusatzgepäck).

Bewertung:

- Das ist dann zulässig, wenn alle Voraussetzungen von § 7 Abs. 3 UWG erfüllt sind, also die E-Mail-Adresse im Zusammenhang mit einem Kauf erhoben wurde, die Werbung eigene, ähnliche Leistungen betrifft, kein Widerspruch erfolgte und die Widerspruchsmöglichkeit klar kommuniziert wurde.

Risikoindikator-Logik: Marketing-Maßnahmen auf einen Blick

OK ☑ – meist zügig umsetzbar.

- Transaktionsmails im engen Vertragszusammenhang.
- Postalische Werbung mit Widerspruchsmöglichkeit.
- Website mit nur technisch notwendigen Cookies.

PRÜFEN ▽ – nur nach Kurzcheck DSB/Legal einbinden.

- E-Mail-Bestandskundenwerbung nach § 7 Abs. 3 UWG.
- CRM-Profiling für Upselling/Cross-Selling.
- Nutzung von Daten aus Partnerprogrammen oder Datenkooperationen.

STOP ⛔ – Halt, bevor Sie weitermachen.

- E-Mail-/SMS-Kaltakquise an Privatpersonen.
- Massentracking ohne Einwilligung.
- Marketing mit sensiblen Daten ohne ausdrückliche Einwilligung.

2.4 Faustregeln für die tägliche Praxis

Sie müssen nicht jede Norm zitieren können. Entscheidend ist, dass Sie in einem Satz sagen können, wofür Sie Daten nutzen, dass Sie wissen, auf welcher Rechtsgrundlage (DSGVO, § 7 UWG, § 25 TDDDG) Sie das tun und es mit wenigen, gut auffindbaren Dokumenten belegen können. Wenn diese drei Punkte sitzen, sind Sie als Führungskraft im Marketing und Vertrieb datenschutzfest unterwegs – und können gelassen entscheiden, wo Sie selbst handeln und wo Sie DSB oder Legal hinzuziehen.

Die in diesem Kapitel beschriebenen Grundentscheidungen lassen sich mit wenigen Standardbausteinen im Alltag absichern:

- einen Kurzvermerk zur Rechtsgrundlage für eine kurz beschriebene Kampagne,
- einen klaren Einwilligungstext für Newsletter und
- eine Checkliste „Was gehört in die Akte?“.

Fertige, anpassbare Muster und Checklisten finden Sie im Anhang 1 (A1.2 und A1.3) sowie im Anhang 2 (A2.2 und A2.3).

Rechtsvorschau 2026 – Was zusätzlich auf Sie zukommt (ohne dass die DSGVO verschwindet)

2026 ist weniger das Jahr „neuer“ Gesetze – sondern das Jahr, in dem mehrere EU-Regime spürbar in Ihren Alltag hineinwirken.[34] Für Führungskräfte im Marketing und Vertrieb heißt das: Sie brauchen ein zweites Radar neben der DSGVO.

- EU-KI-Verordnung (AI Act): Viele Pflichten greifen stufenweise – der Kern wird 2026 praktisch relevant. Entscheidend ist nicht, ob Ihr Team „KI nutzt“, sondern wofür: Kundensegmentierung, Scoring, personalisierte Angebote, Chatbots, Lead-Qualifizierung. Das verlangt Use-Case-Register, Rollenklärung, Qualitätskontrollen und „AI Literacy“.
- Data Act: Seit 12.9.2025 anwendbar; 2026 werden Datenzugang und Portabilität (insbesondere bei vernetzten Produkten/Services) und Cloud-Wechsel strategischer (neue Erleichterungen für ein reibungsloses „Switching“). Für Sie wird das ein Vertrags- und Architekturthema: Exit-Regeln, Exportfähigkeit, Schnittstellen, Verantwortlichkeiten.
- Incident Reporting wird mehrspurig: Neben Art. 33, 34 DSGVO können – je nach Branche und Setup – zusätzliche Meldewege und kürzere Taktungen gel-

34 Verordnung (EU) 2024/1689 (AI Act); Verordnung (EU) 2023/2854 (Data Act); Richtlinie (EU) 2022/2555 (NIS2); Verordnung (EU) 2024/2847 (Cyber Resilience Act); Verordnung (EU) 2022/2065 (DSA); Verordnung (EU) 2022/1925 (DMA).

ten (zum Beispiel NIS2; parallel nimmt Produktsicherheit im Cyberbereich zu). Das muss im Krisenplan als „Regime-Check“ vorkommen.

- Plattformregeln (DSA/DMA): Auch wenn Sie nicht eine „Plattform“ sind, ändern sich Werbe- und Transparenzpraktiken auf großen Plattformen – was in Kampagnen, Audits und Vendor-Steuerung zurückschlägt.

▶ Die DSGVO bleibt Ihr Fundament – aber 2026 entscheidet sich, ob Sie die angrenzenden Regime ebenfalls organisatorisch beherrschen.

2.5 Fallakte: „Werbung wie eine E-Mail – und am Ende 325 Millionen“

Google blendete im „Promotions“-Tab seines E-Mail-Dienstes Gmail Werbeanzeigen ein. Diese waren zwar als „Anzeige“ gekennzeichnet, ähnelten in ihrer Aufmachung (Betreffzeile, Teaser, Platzierung im Posteingang) jedoch regulären E-Mails so stark, dass Nutzer sie als solche wahrnahmen. Das wirkt – die Sichtbarkeit steigt, die Klickzahlen auch. Parallel läuft beim Account-Anlegen ein Consent-Flow, der eher Richtung „Zustimmen“ schiebt, während „Ablehnen“ schwerer fällt oder unklar bleibt, welche Folgen es hat.

Die französische Aufsichtsbehörde CNIL verhängte am 1.9.2025 ein Gesamtbußgeld von 325 Millionen EUR sowie eine Umsetzungsanordnung und Zwangsgeld-Drohung pro Verzugstag.[35] Der Kernvorwurf: Diese „Inbox Ads“ gelten rechtlich als Direktwerbung per elektronischer Post. Sie erfordern daher eine aktive, vorherige Einwilligung (Opt-in) des Nutzers.

Die Lehre: Die bloße Duldung durch Nutzung eines kostenlosen Dienstes reicht als Rechtsgrundlage für derart invasive Werbung nicht aus. Für Sie als Führungskraft heißt das: Die Form bestimmt die Regel. Wenn Ihre Marketingmaßnahme beim Kunden wie eine persönliche Nachricht ankommt, müssen Sie die strengen Maßstäbe des E-Mail-Marketings (Einwilligungsvorbehalt) anlegen, selbst wenn Sie technisch eine Anzeigenplattform nutzen.

35 CNIL (Aufsichtsbehörde Frankreich), „Cookies and advertisements inserted between emails: Google fined 325 million euros“ (200 Mio. EUR gegen Google LLC; 125 Mio. EUR gegen Google Ireland Ltd.) und Umsetzungsanordnung, 3.9.2025; Deliberation SAN-2025-004 vom 1.9.2025, Sanktion wegen Verstößen gegen Art. L.34-5 CPCE (französische Umsetzung der ePrivacy-Richtlinie zur Direktwerbung) sowie Art. 82 des französischen Datenschutzgesetzes (Cookies/Consent ohne valide Grundlage), abrufbar unter: https://www.cnil.fr/en/cookies-and-advertisements-inserted-between-emails-google-fined-325-million-euros-cnil, Stand 12/2025.

Bemerkenswert daran ist:

Der Trick ist psychologisch banal: „Wenn es wie eine E-Mail aussieht, wird es wie eine E-Mail wahrgenommen." Genau das macht es rechtlich brisant – weil das Recht nicht fragt, wie es intern genannt wird, sondern wie es beim Nutzer ankommt.

Rechtskern:

Spezialrecht schlägt Bauchgefühl: Für Inbox-/E-Mail-Werbung und Tracking greifen in Europa regelmäßig ePrivacy-Regeln (national umgesetzt) – nicht nur „irgendeine" DSGVO-Rechtsgrundlage.

Direktwerbung per E-Mail benötigt grundsätzlich eine vorherige Einwilligung (Opt-in). Wer Werbe-Kommunikation im E-Mail-Postfach platziert, kann sich nicht mit dem Argument retten, dass es „nur Anzeigen" seien – wenn es wie eine E-Mail erscheint, ist es rechtlich sehr schnell E-Mail-Marketing.

Consent muss „frei und informiert" sein: „Ablehnen" darf nicht versteckt, erschwert oder folgenlos-unklar sein – sonst kippt der Nachweis.

Was bedeutet das konkret für Sie als Führungskraft?

Rechtsgrundlage ist ein Produkt-Feature. Behandeln Sie Consent-Flows wie Pricing: mit klarer Ownership, QA und Abnahme – nicht als „Legal-Sticker" kurz vor Go-Live.

UI-Design ist Compliance-Design. Lassen Sie sich Screenshots der Banner-/Consent-Strecke geben (Accept/Reject-Symmetrie, Klartexte, Folgenhinweise).

Werbewirkung ohne Werbenachweis ist teuer. Wenn Ihr Team nicht in Minuten erklären und belegen kann, warum die Maßnahme rechtmäßig ist, ist sie es in der Praxis oft nicht.

Wenn Sie das in der Akte gehabt hätten …

- User-Journey-Doku (Account-Erstellung und Consent-Banner): Versionen, Screenshots, Datum, verantwortliche Person.
- Entscheidungsvermerk Rechtsgrundlage (inklusive Abgrenzung: Vertrag/Service vs. Werbung; ePrivacy-Einwilligung erforderlich ja/nein).
- Nachweis Consent-Mechanik: „Ablehnen so leicht wie Akzeptieren", klare Folgenhinweise, Logging/Consent-Receipt.
- Go-Live-Freigabeprotokoll: DSB/Legal-Sign-off und „Stop-Button"-Kriterien (wann muss bei Beschwerden oder Abweichungen pausiert werden).

3. Datenlandkarte Marketing, Sales und Vertrieb

Bevor Sie eine Datenpanne managen können, müssen Sie wissen, wo in Ihrem Bereich welche Daten fließen. Kapitel 2 hat Ihnen die Rechtsgrundlagen gezeigt. Dieses Kapitel beantwortet die praktische Folgefrage: Wo liegen die Daten, für die ich verantwortlich bin – und wer greift darauf zu?

Ohne eine aktuelle Datenlandkarte bleiben viele Diskussionen abstrakt. Im Alltag von Marketing, Sales und Vertrieb arbeiten Sie mit Kampagnen, CRM, Portalen, Loyalty-Programmen, Agenturen und B2B-Verträgen. Jede dieser Welten erzeugt eigene Datenströme – oft mit mehreren Gesellschaften und Dienstleistern.

Dieses Kapitel hilft Ihnen, die wichtigsten Prozesse und Datenflüsse im Bereich zu erfassen – so, dass Sie im Incident-Fall in Minuten statt in Tagen wissen, wo Sie hinsehen müssen.

> ▶ Ohne Datenlandkarte können Sie Ihrer Rechenschaftspflicht nicht nachkommen.

Praxisfall – „Wo liegen die Daten eigentlich?“

Nach einem Fehlversand im Newsletter (er ging an die falsche Empfängergruppe und enthielt Informationen, aus denen sich vertrauliche Hintergründe der Reise erkennen ließen) fordert die Aufsichtsbehörde Auskunft: Welche Systeme waren beteiligt? Welche Datenkategorien sind betroffen? Welche Dienstleister hatten Zugriff? Wie wurde die Zielgruppe gebildet?

Im Fachbereich bricht Hektik aus. Das CRM-Team verweist auf das Kampagnentool, das Kampagnenteam auf die Agentur, die Agentur auf die „Standard-Setups“ der Plattform. Niemand kann in kurzer Zeit sagen, wo genau die relevanten Daten liegen, welche Daten geflossen sind und wer was entschieden hat. Die Aufsicht wertet das nicht nur als Einzelfehler, sondern als strukturelles Organisationsdefizit.

Die Folge: Das Unternehmen muss seine gesamte Marketing- und CRM-Landschaft unter Zeitdruck dokumentieren, zusätzliche Nachfragen beantworten und Maßnahmenpläne vorlegen – parallel zum Incident-Management.

> ▶ Fehlende Transparenz über Systeme und Datenströme wird selbst zum Risiko – unabhängig von der eigentlichen Panne.

3.1 Typische Prozesse: Kampagnen, CRM, Portale, Lead-Management, Loyalty, B2B-Verträge

Eine Datenlandkarte beginnt nicht mit Tools, sondern mit Prozessen. Erst danach ordnen Sie Tools und Daten zu.

3.1.1 Prozess: Kampagnen (E-Mail, Social Media, Direct Mail, Online-Anzeigen)

Typischer Ablauf: Briefing → Zielgruppe → Inhalte → Setup im Tool → Versand → Reporting.

An jedem Punkt verarbeitet ihr Team Daten:

- Zielgruppenlisten (Bestandskunden, Leads, B2B-Kontakte).
- Kampagnenparameter (Kanal, Inhalt, Zeitpunkt, Angebot).
- Reaktionsdaten (Öffnungen, Klicks, Bounces, Conversions).
- Suppression- und Sperrlisten (Opt-outs, Hard-Bounces).

Besonders relevant: Schnittstellen zwischen CRM, Kampagnentool und Agentur.

3.1.2 Prozess: CRM (Customer Relationship Management)

Hier laufen die Fäden zusammen:

- Stammdaten (Name, Kontaktdaten, Firmenzugehörigkeit).
- Vertrags- und Transaktionsdaten (zum Beispiel Käufe, Buchungen, Bestellungen).
- Kommunikationshistorie (E-Mails, Calls, Meetings, Beschwerden).
- Segmentierungen und Scores (zum Beispiel Status, Umsatzklassen, Affinitäten).
- Merklisten, „Opportunities", Cases.

Das CRM ist meist der Kernknoten Ihrer Datenlandkarte im Bereich Marketing, Sales und Vertrieb.

3.1.3 Prozess: Portale (B2B- und Self-Service-Portale)

Beispiele: Kundenportale, Partnerportale, Business-Portale für Firmenkunden, Serviceportale für Händler oder Distributoren.

Typische Daten:

- Registrierungsdaten (Name, Unternehmen, Funktion, Kontakt).
- Nutzerrollen und Berechtigungen.

- Nutzungsdaten (Login, Buchungen, Bestellungen, Administrationshandlungen).
- Konfigurationsdaten (Kostenstellen, Mandanten, Zugriffsrechte).

Besonders heikel: Admin-Rollen, die viele personenbezogene Daten anderer Personen sehen und ändern können.

3.1.4 Prozess: Lead-Management (Online und Offline)

Quellen:

- Webformulare, Landingpages, Whitepaper-Downloads.
- Messen, Veranstaltungen, Webinare.
- Empfehlungen, Partnerprogramme.
- Telefonische Anfragen, Chat, Social-Media-Leads.

Typische Schritte:

1. Erfassung (Formular, Scan-App, Excel-Liste).
2. Qualifizierung (Scoring, Zuordnung zu Vertrieb).
3. Übergabe an Sales (CRM-Eintrag, Opportunity).
4. Nurturing-Kampagnen (E-Mail, Anrufe, Meetings).

Jeder dieser Schritte erzeugt eigene Datenpunkte und häufig zusätzliche Listen oder Exporte.

3.1.5 Prozess: Loyalty-Programme (B2B und B2C)

Loyalty bedeutet meist:

- Registrierung mit Stammdaten (Name, Kontakt, gegebenenfalls Unternehmenszugehörigkeit).
- Sammeltransaktionen (Käufe, Buchungen, Umsätze, Bonus- oder Statuspunkte).
- Einlösungen (Prämien, Rabatte, Upgrades, exklusive Services).
- Zielgruppenaktionen für bestimmte Statusgruppen, Kundensegmente oder Umsatzklassen.

Besonders sensibel sind:

- Verknüpfungen mit Nutzungs- und Bewegungsdaten (zum Beispiel Kaufhistorie, Buchungshistorie, Filial- oder Standortbesuche, Online-Nutzungsverhalten).
- Haushalts- oder Firmenverknüpfungen (Familien- oder Haushaltskonten, Mitarbeiterpools, Sammelkonten für Unternehmen).
- Übertragungen an Partnerprogramme (zum Beispiel Handel, Banken, Versicherungen, Mobilitätspartner, Reise- oder Servicepartner).

3.1.6 Prozess: B2B-Verträge und Key-Account-Steuerung

Hier geht es um:

- Ansprechpersonen im Unternehmen (Einkauf, Fachbereiche, Travel-/Mobility-Management, Vertrieb, Finance, Management).
- Vertragsdaten (Laufzeiten, Volumen, Konditionen, Rabatte, Incentives).
- Reportingdaten (Umsätze, Produkt- und Leistungsnutzung, Einhaltung von Zielvereinbarungen, Nutzung von Benefits oder Sonderkonditionen).
- Governance-Daten (Protokolle aus Jour Fixes, Eskalationen, Maßnahmenpläne, Compliance- und Audit-Themen).

Wichtig: Die Daten von Kontaktpersonen (B2B-Kontakte) sind regelmäßig personenbezogene Daten – auch wenn sie für ein Unternehmen handeln.

> ▶ Starten Sie Ihre Datenlandkarte mit 5–7 Kernprozessen – nicht mit 50 Kleinst-Tools.

3.2 Welche Daten wo entstehen (Bestandskunden, Leads, Tracking-Daten, B2B-Kontakte)

Um eine Datenlandkarte handhabbar zu machen, hilft eine Kategorisierung der betroffenen Personen und Datenarten.

3.2.1 Personengruppen

Bestandskunden:

- Personen, die bereits Produkte oder Dienstleistungen gekauft, gebucht oder genutzt haben.
- In B2B-Konstellationen: Mitarbeitende, die im Namen ihres Unternehmens bestellen, buchen oder Verträge nutzen.

Typische Daten:

- Vertrags-, Buchungs- und Bestelldaten.
- Kommunikationsdaten (Service-Mails, Informationen, Werbung im Rahmen der rechtlichen Vorgabe).
- Servicefälle, Reklamationen, Beschwerden.

Leads/Interessenten:

- Noch keine Bestellung oder Buchung, aber bereits Kontakt (zum Beispiel durch Downloads, Newsletter-Anmeldungen, Anfragen, Messekontakte).

- Daten sind oft verstreut: Eventtools, Formulare, CRM, Excel-Listen, Vertriebsnotizen, LinkedIn-Exports.

Risiko: „ewige Leads“ ohne klare Löschfristen oder ohne dokumentierte Rechtsgrundlage.

3.2.2 Tracking- und Profildaten

- zum Beispiel Cookies, Device-IDs, Logins, IP-Adressen, Klickpfade, Kampagnen-IDs.
- Nutzungsdaten aus Apps, Portalen und Online-Services.
- Verknüpfungen mit CRM- oder Loyalty-Daten (zum Beispiel bei Login oder eingeloggter Bestellung).

Sobald Tracking-Daten mit identifizierten Personen verknüpft werden, desto eher sind sie personenbezogen und müssen in die Landkarte aufgenommen werden.

3.2.3 B2B-Kontakte

- Ansprechpersonen bei Geschäftskunden, Lieferanten, Vertriebspartnern oder Agenturen.
- Typische Rollen: Einkauf, Fachbereiche, Travel-/Mobility-Management, Vertrieb, Finance, Management.
- Daten stammen aus Verträgen, Meetings, Portalen, E-Mail-Verläufen, CRM.

Typische Stolperfallen:

- Mischungen von beruflicher und privater Kontaktadresse.
- private Mobilfunknummern in B2B-Konstellationen.
- Einsatz von Messenger-Diensten außerhalb definierter Kanäle.

3.2.4 Datenarten

Eine robuste Datenlandkarte arbeitet mit klaren Datenkategorien, nicht mit Hunderten Einzelfeldern.

Bewährt haben sich zum Beispiel:

- Stammdaten (Name, Kontaktdaten, Firmenzugehörigkeit).
- Vertrags-, Buchungs- und Bestelldaten.
- Kommunikationsdaten (E-Mails, Anrufe, Chat, Kampagnen-Historie).
- Nutzungs- und Trackingdaten (Portalnutzung, App-Nutzung, Webtracking).
- Profil- und Segmentdaten (Status, Scores, Vorlieben, Kundensegmente).
- Sperr- und Suppressionsdaten (Opt-out, Blacklists, Beschwerdefälle).

▶ Je klarer Ihre Datenkategorien, desto einfacher ist die Handhabung von Rechtsgrundlagen, Löschkonzepten und Incidents.

3.3 Datenquellen, Schnittstellen und „blinde Flecken"

Eine Datenlandkarte ist mehr als eine Systemliste. Entscheidend sind die Verbindungen – und die blinden Flecken.

3.3.1 Typische Datenquellen und Schnittstellen

- Website/Portale → CRM: Formulare schreiben Daten in ein Lead- oder CRM-System.
- CRM → Kampagnentool: Zielgruppen werden exportiert oder per Schnittstelle übertragen.
- Kampagnentool → Plattformen: zum Beispiel Custom Audiences bei Social-Media- und Werbeplattformen.
- Loyalty- oder Bonus-System → CRM/BI: Status, Punkte und Historie fließen in Kampagnen und Reports.
- B2B-Vertragsdaten → Reporting: Exporte in BI-Tools, Excel-Reports oder Portale für Geschäftskunden.
- Agenturen/Dienstleister: erhalten Exporte (CSV, Excel) oder direkte Zugänge zu Tools.

Jede Schnittstelle sollte in Ihrer Datenlandkarte auftauchen: Wer sendet was, in welches System, zu welchem Zweck?

3.3.2 Typische „blinde Flecken"

1. Excel- und Schattenlisten

- Manuelle Listen aus Projekten, Kampagnen, Events.
- Downloads aus CRM oder Portalen „für eine Analyse", die Mitarbeitende oft nicht löschen.
- Persönliche Ablagen in Mailboxen oder Dateiordnern.

2. Historische Tools und Alt-Systeme

- Abgelöste Kampagnentools, alte Portale, frühere Reporting- oder Loyalty-Systeme.
- Daten wurden migriert – aber das Altsystem läuft „nur noch lesend" weiter.
- Zugänge sind noch aktiv, aber ohne klare Verantwortlichkeit.

3. Agentur- und Dienstleisterumgebungen

- Tools, die bei Agenturen oder externen Dienstleistern laufen (Reporting, Planung, Adserver, Analyse).
- Daten werden dort gespiegelt oder weiterverarbeitet.
- Unklarheit, ob Löschfristen, Zugriffe und Zweckbindung abgestimmt sind.

4. Test- und Sandbox-Umgebungen

- Tests mit Echtdaten in Staging- oder Testsystemen.
- Freigaben für externe Entwickler oder Integrationspartner.
- Fehlende Bereinigung nach Projektende.

5. Informelle Kanäle

- Messenger-Gruppen mit Screenshots aus Portalen oder Systemen.
- Weiterleitungen von Reports an private Postfächer.
- Ad-hoc-Dateifreigaben über Cloud-Dienste außerhalb der offiziellen Vorgaben.

▶ Blinde Flecken sind fast immer außerhalb der „offiziellen Systeme“ zu finden.

3.4 Warum eine aktuelle Landkarte im Incident-Fall entscheidend ist

Im Incident-Fall zählt jede Minute. Kapitel 10 zeigt Ihnen den 60-Minuten-Rahmen für Datenpannen. Ohne Datenlandkarte verlieren Sie wertvolle Zeit mit Grundsatzfragen:

- Welche Systeme könnten betroffen sein?
- Welche Personengruppen werden in diesem System verarbeitet?
- Welche Dienstleister müssen einbezogen werden?
- Wo finden sich die relevanten Verträge und Protokolle?

Mit einer aktuellen Landkarte können Sie in den ersten Minuten

- die betroffenen Systeme eingrenzen, statt „alles“ prüfen zu müssen,
- die relevanten Owner und Dienstleister direkt ansprechen,
- schnell erkennen, ob hochsensible Daten oder eher Randdaten betroffen sind und
- eine belastbare erste Schwereeinschätzung treffen.

Auch im Nachgang hilft die Landkarte:

- bei Betroffenenanfragen („Waren meine Daten betroffen?"),
- bei Aufsichtsverfahren (Nachweise zu Art. 30 und Art. 32 DSGVO) und
- bei internen Lessons-Learned und Prozessverbesserungen.

▶ Eine gute Datenlandkarte spart im Incident-Fall nicht Stunden, sondern oft ganze Tage.

3.5 Risikoindikator-Logik: Reifegrad Ihrer Datenlandkarte

Nutzen Sie die folgende Risikoindikator-Logik als Schnell-Check für Ihren Bereich.

OK ☑ – belastbare Datenlandkarte

- Es gibt eine aktualisierte Übersicht aller relevanten Prozesse und Systeme im Bereich.
- Zu jedem System ist dokumentiert:
  - wofür es genutzt wird,
  - welche Personengruppen und Datenkategorien verarbeitet werden,
  - wer fachlich verantwortlich ist,
  - welche Dienstleister angebunden sind.
- Schnittstellen zwischen Systemen sind grob dokumentiert (zum Beispiel einfache Grafik).
- Die Landkarte wird mindestens jährlich und bei größeren Änderungen aktualisiert.

PRÜFEN ∇ – teilweise Transparenz

- Es existieren Listen von Systemen und Dienstleistern, aber ohne klare Zuordnung zu Prozessen.
- Schnittstellen sind nur in Köpfen einzelner Teammitglieder bekannt.
- Es gibt keine einheitliche Darstellung für den gesamten Bereich.
- Blinde Flecken (Excel-Listen, Alt-Systeme, Agenturtools) sind nicht systematisch erfasst.

STOP ⛔ – akute Risiken

- Niemand kann auf Anhieb sagen, welche Systeme im Bereich mit personenbezogenen Daten arbeiten.

- Verantwortlichkeiten für Tools und Daten sind unklar oder gar nicht dokumentiert.
- Es gibt keine Übersicht zu Exporten und Schattenlisten.
- Dienstleisterzugänge sind historisch gewachsen und werden nicht regelmäßig überprüft.

> ▶ Ziel ist nicht die Perfektion, sondern: von STOP ⛔ nach PRÜFEN ▽, von PRÜFEN ▽ nach OK ☑. Schritt für Schritt.

In den Anhängen: Checkliste A1.4, 1.5. Mustertexte/Formulare A2.4.

3.6 Fallakte: „Loyalty, Online-Shop, Pass-Karte – und plötzlich sind 5–10 Jahre ‚inaktiv' ein Problem"

Ein Handelsunternehmen will Kundennähe: Loyalty-Programm, Online-Shop, personalisierte Coupons und dazu eine „Pass"-Karte mit Zahlungsfunktion. Für Marketing klingt das nach sauberer Omnichannel-Logik – ein Kundenkonto, viele Touchpoints, bessere Conversion. Im Alltag entstehen aber mehrere Datenströme: Web-Accounts, Loyalty-Daten, Pass-Kartendaten, Kampagnenlisten, Exporte. Irgendwann häufen sich Beschwerden und Betroffenenanfragen: „Welche Daten haben Sie über mich?" – „Bitte löschen." – „Keine Werbung mehr." Das Unternehmen reagiert teilweise zu langsam und verlangt mitunter pauschal Ausweiskopien. Gleichzeitig liegen große Datenbestände sehr lange herum: Millionen „inaktive" Datensätze bleiben fünf bis zehn Jahre gespeichert.

Die Aufsicht bewertet das als Governance- und Grundsatzproblem: Information, Speicherbegrenzung, Rechte-Handling und Werbewiderspruch müssen auch im Massengeschäft praktisch funktionieren – nicht nur auf dem Papier. Ergebnis: Bußgelder in Millionenhöhe gegen zwei Konzerngesellschaften; eine Anordnung zur sofortigen Abstellung unterbleibt nur, weil die Unternehmen im Verfahren nachbessern.[36]

Bemerkenswert daran ist:

Meist kippt nicht der „große Hackerangriff" das Modell, sondern Alltagsdinge: zu lange Aufbewahrung, zu viele Systeme, zu schwer auffindbare Informationen – und ein Rechteprozess, der im Massengeschäft schlicht nicht skaliert.

36 CNIL, Mitteilung v. 26.11.2020, „CNIL fines Carrefour France 2.25 million € and Carrefour Banque 800,000 €"; inklusive Verweis auf die Entscheidungen SAN-2020-008 und SAN-2020-009 (jeweils 18.11.2020, veröffentlicht auf Légifrance).

Rechtskern:

Eine Datenlandkarte ist kein Selbstzweck. Ohne Überblick über Systeme, Exporte und Altbestände verlieren Sie die Kontrolle über Speicherfristen und Betroffenenrechte.

Transparenz muss bedienbar sein (auffindbar und verständlich). Datenschutzinformationen dürfen nicht „versteckt“ oder unverständlich sein; außerdem müssen Speicherfristen nachvollziehbar beschrieben werden.

Werbung scheitert an der Suppression (Sperrlogik). Ein Widerspruch ist nur so wirksam wie die technische Verarbeitung in allen beteiligten Systemen.

Was bedeutet das konkret für Sie als Führungskraft?

Machen Sie die „inaktiven Schatten“ sichtbar. Fragen Sie nicht „Haben wir ein CRM?“, sondern: Wo liegen Altexporte, historische Konten, Dubletten, Kampagnenlisten?

Bauen Sie Rechte-Prozesse auf die Realität. Keine Heldenprozesse, die nur bei zehn Anfragen im Monat funktionieren. Sie brauchen Zuständigkeiten, Fristensteuerung und eine Datenlandkarte, die das Auffinden ermöglicht.

Suppression ist Chefsache. Ein Widerspruch darf nicht an Schnittstellen sterben. Definieren Sie: Quelle → Zielsysteme → Synchronisationszeit → Kontrollpunkt.

Wenn Sie das in der Akte gehabt hätten …

- Versionierte Datenlandkarte (Systeme, Schnittstellen, Exporte, Schattenlisten) und benannte fachliche Owner.
- Lösch- und Aufbewahrungskonzept je System (inklusive Altbestände/Backups in verständlicher Kurzform).
- Betroffenenrechte-Runbook: Zuständigkeiten, Ablauf, Textbausteine, SLA/Fristen, Nachweisablage.
- Suppression- und Widerspruchs-Flow inklusive technischer Tests (Stichproben: „Widerspruch rein“ → „keine Werbung raus“).

Exkurs: Social Selling und Datenanreicherung – Chancen, Grenzen, Abmahnrisiken

Ein Top-Performer im Vertrieb nutzt ein Browser-Plugin („LeadHunter Pro“), das ihm zu LinkedIn-Profilen die privaten Handynummern und E-Mail-Adressen anzeigt, auch wenn diese gar nicht öffentlich im Profil stehen. Das Tool zieht diese Daten aus „anderen Quellen“ (Datenlecks, Scraping). Er ruft den CEO eines potenziellen Neukunden auf dessen privatem Handy an. Der CEO ist genervt: „Woher haben Sie diese Nummer? Ich habe die nie veröffentlicht.“ Er beschwert sich bei der Geschäftsführung und droht mit Meldung an die Aufsichtsbehörde wegen unzulässiger Datenverarbeitung und Belästigung. Der Vertriebler verteidigt sich: „Aber die Daten waren doch im Tool öffentlich sichtbar!“

(1) Die Analyse

„Öffentlich verfügbar“ (zum Beispiel im Internet auffindbar) ist nicht gleichbedeutend mit „darf vertrieblich genutzt werden“.

Scraping and Enrichment: Tools, die Profile aus verschiedenen Quellen zusammenführen (Enrichment), bewegen sich in einer hochriskanten Grauzone. Wenn das Tool Daten nutzt, die die betroffene Person nicht für diesen Zweck (B2B-Kontakt) freigegeben hat, ist die Nutzung rechtswidrig (Verstoß gegen Art. 6 DSGVO und Art. 14 Informationspflichten).

Für Enrichment-Vorhaben gilt das Datenminimierungsprinzip: Sie sollten personenbezogene Daten für zielgerichtete Werbung nicht zeitlich und inhaltlich unbegrenzt sammeln,[37] zusammenführen und auswerten. Und: Aus öffentlichen Äußerungen einer Person folgt kein Freifahrtschein, um daraus (oder aus Partnerdaten) sensible Profile abzuleiten.[38] Für Ihre Praxis bedeutet das: Definieren Sie vor dem Go-Live Datenkatalog, Retention, zulässige Quellen und rote Linien (insbesondere Art. 9-Nähe) – und lassen Sie das als „Enrichment-Spielregeln“ abzeichnen.

▶ Enrichment ohne Datenkatalog ist kein Growth-Hack. Es ist ein Haftungsprogramm.

UWG (Wettbewerbsrecht): Ein Anruf auf einer Privatnummer (ohne Einwilligung) ist im B2B-Kontext fast immer „unzumutbare Belästigung“ (§ 7 UWG), auch wenn die Nummer „irgendwo“ stand.

Ihre Führungsaufgabe: Sie haften für die Tools Ihrer Mitarbeitenden. Wenn Ihr Team Tools nutzt, die gegen Plattform-AGB (zum Beispiel von LinkedIn) verstoßen oder illegale Datenbanken nutzen, fällt das auf das Unternehmen zurück.

37 EuGH, Urt. v. 4.10.2024 – C-446/21, *Schrems/Meta Platforms Ireland*, ECLI:EU:C:2024:834 (Zweckbindung/Datenminimierung bei personalisierter Werbung).

38 EuGH, Urt. v. 4.10.2024 – C-446/21, *Schrems/Meta Platforms Ireland*, ECLI:EU:C:2024:834 (Art. 9 DSGVO; „öffentlich gemacht“ ist eng zu verstehen, kein Profiling-Freifahrtschein).

(2) Quick-Box: Social Selling (Do's und Don'ts)

Do's (zulässig und praxistauglich):

- Nutzen Sie nur Kontaktdaten, die die Person Ihnen im beruflichen Kontext selbst gegeben hat oder die Sie nachweisbar rechtmäßig erhoben haben.
- Dokumentieren Sie bei Übernahme ins CRM kurz: Quelle, Zweck, Rechtsgrundlage, Widerspruchsmöglichkeit.
- Prüfen Sie vor dem Erstkontakt: B2B oder privat? (Privatnummer ≠ Freigabe für Vertrieb.)
- Legen Sie fest, welche Tools im Vertrieb freigegeben sind (Tool-Whitelist).

Don'ts (typische Abmahn- und DSGVO-Risiken):

- Keine automatisierte Kontaktanreicherung („Enrichment") mit Privatnummern/E-Mails ohne saubere Rechtsgrundlage und Information.
- Kein „Scraping" von Profilen in großem Umfang ohne Datenkatalog und Transparenzkonzept.
- Keine Übernahme von LinkedIn-/Messe-Listen ins CRM als „Dauerbestand" ohne Löschlogik.

Was gehört in die Akte:

Freigabe der Tool-Whitelist, Datenkatalog der genutzten Quellen, kurzer Entscheidungsvermerk zur Rechtsgrundlage (inkl. UWG-Check).

4. Kommunikation und Kampagnenorganisation

Damit Kampagnen wirken, müssen sie zur richtigen Zeit die richtigen Menschen erreichen. Genau dort passieren die klassischen Datenschutzpannen: falsche Zielgruppe, veraltete Verteiler, offenes CC statt BCC, Tests mit Echtdaten, hektische Freigaben kurz vor dem Versand. In diesem Kapitel geht es nicht um die Rechtsgrundlagen – die kennen Sie aus Kapitel 2 – sondern um Organisation und Kommunikation: Wie Sie Ihren E-Mail- und Kampagnenalltag so aufsetzen, dass Fehler seltener passieren und im Ernstfall nicht als Organisationsversagen gewertet werden.

▶ Viele Datenschutzpannen im Marketing sind keine IT-Probleme, sondern Organisationsfehler.

Praxisfall – „Nur ein interner Test"

In einem internationalen Konzern soll ein neuer Newsletter getestet werden. Die Kampagne wird von einer Agentur vorbereitet, das Kampagnentool von der IT betrieben, die Zielgruppenliste kommt aus dem CRM. Kurz vor Feierabend bittet die Projektleitung: „Schick doch bitte mal einen Test an den Verteiler, der im Tool hinterlegt ist – ist nur intern."

Was niemand mehr prüft: Im Tool ist noch der Live-Verteiler der letzten Kampagne hinterlegt. Statt an zwölf interne Tester geht der „Test" an 18.000 externe Kunden – einige davon haben der Werbung widersprochen oder den Newsletter längst abbestellt. Zudem sind im Text interne Formulierungen und Platzhalter („XY-Rabatt für Problemkunden") sichtbar.

Die Aufsichtsbehörde bewertet den Vorfall nicht als einmaligen Flüchtigkeitsfehler, sondern als Folge mangelnder Organisation: kein sauberer Testverteiler, keine Freigabeprozesse, keine klaren Regeln für CC/BCC und Zielgruppen. Der Bereich muss nicht nur den Vorfall, sondern seine gesamte Kampagnenorganisation nachschärfen.

4.1 E-Mail, Newsletter, CC/BCC, Verteiler, Zielgruppen

E-Mail ist im Geschäftsalltag der wichtigste Kommunikationskanal – und zugleich einer der häufigsten Auslöser für Datenpannen. Das gilt für klassische Massenmailings ebenso wie für „nur kurz" zusammengestellte Verteiler im Team.

4.1.1 Was technisch simpel wirkt – und rechtlich heikel ist

Einige typische Konstellationen aus dem Alltag von Marketing, Sales und Vertrieb:

- Offene Verteiler: Adressen im „An“- oder „CC“-Feld statt im „BCC“-Feld; alle Empfänger sehen alle anderen E-Mail-Adressen.
- Veraltete Verteiler: Excel-Listen oder Tool-Listen mit Personen, die längst kein Kunde, Partner oder Mitarbeitender mehr sind oder die Werbung abbestellt haben.
- Mischverteiler: interne und externe Adressen, verschiedene Zielgruppen oder Gesellschaften in einem Verteiler.
- „Sammelpostfächer“: Adressen wie „sales@…“, hinter denen mehrere Personen oder externe Dienstleister stehen, ohne klare Steuerung.
- „Private“ Verteiler von Mitarbeitenden: persönlich geführte Kontaktlisten, die an der offiziellen CRM-Logik vorbeigehen.

Rechtlich berühren Sie damit vor allem Art. 5 DSGVO – insbesondere die Datenminimierung und Vertraulichkeit, Art. 32 DSGVO (Sicherheit der Verarbeitung) – angemessene technische und organisatorische Maßnahmen, § 7 UWG und § 25 TDDDG – ob und wie Sie überhaupt Werbung per E-Mail versenden dürfen (vgl. Kapitel 2.2 und 2.3).

▶ Ein offener CC-Verteiler bei externen Empfängern ist keine Kleinigkeit, sondern eine Verletzung von Vertraulichkeit und Datensicherheit.

4.1.2 CC, BCC und Verteiler – einfache Regeln

Als Führungskraft müssen Sie die technischen Details nicht selbst konfigurieren, aber Sie sollten einige Regeln setzen:

- BCC ist für Rundmails an externe Empfänger Pflicht. Für Kampagnen sind professionelle Tools mit Einzelversand zwingend.
- CC mit Augenmaß: CC sollte nur genutzt werden, wenn die Empfänger gegenseitig sichtbar sein sollen und dies sachlich gerechtfertigt ist (zum Beispiel kleines Projektteam, alle intern, keine sensiblen Daten).
- Keine „manuell gepflegten Mega-Verteiler“ in Outlook und Co. für Kampagnen – dafür sind dedizierte Tools mit sauberer Zielgruppenlogik und Sperrlisten vorgesehen.
- Newsletter und Kampagnenmails laufen über definierte Systeme, nicht über individuelle Postfächer.

- Zielgruppen gehören ins CRM, nicht in lose Excel-Listen auf Laufwerken oder in Agenturordnern.

Was bedeutet das konkret für Sie?

Sie machen in Ihrem Bereich klar: Massenmailings über persönliche Postfächer sind unzulässig. Sie sorgen dafür, dass Newsletter und Serienmailings nur über freigegebene Tools laufen (zum Beispiel Kampagnentool, CRM-Modul). Sie lassen sich erklären, wie Sperrlisten (Opt-out) technisch berücksichtigt werden – und lassen das stichprobenartig prüfen. Sie machen „BCC statt CC" für externe Verteiler zur verbindlichen Teamregel.

4.1.3 Zielgruppen und Segmentierung – weniger ist oft sicherer

Zielgruppen sind der Kern jeder Kampagne – und häufig Quelle von Fehlern:

- Zu breite Zielgruppen: „Alle, die wir haben", ohne Rücksicht auf Einwilligungen, Widersprüche oder Produktrelevanz.
- Fehlende Aktualität: Abmeldungen, Bounce-Adressen und Widersprüche werden nicht konsequent ausgesteuert.
- „Kreative" Segmente: Zielgruppen werden nach Kriterien gebildet, die sensibel sein können (zum Beispiel Gesundheitsstatus, Ethnie, sexuelle Orientierung, politische Einstellung, Religionszugehörigkeit) – oft ohne Bewusstsein dafür, dass damit besondere Kategorien personenbezogener Daten (Art. 9 DSGVO) berührt werden können.
- Der EuGH hat 2024 den Begriff „Gesundheitsdaten" bewusst weit gezogen: Schon ein Kontext, der typischerweise Rückschlüsse auf den Gesundheitszustand zulässt, kann Art. 9 DSGVO auslösen.[39] Für das Marketing heißt das: Segmentierungen wie „Assistenzbedarf", „medizinische Sonderwünsche", „besondere Betreuung", oder ähnliche Proxy-Merkmale sind rechtlich kein „kreatives Targeting", sondern potenziell besondere Kategorien – mit erheblich höherem Risiko.

Ihre Leitfragen als Führungskraft: Worauf beruht diese Zielgruppe? (Kaufhistorie, Einwilligung, Bestandskundenprivileg, Interessenprofil?). Wie wird sichergestellt, dass Abmeldungen und Widersprüche automatisch berücksichtigt werden? Gibt es Segmente, die faktisch Rückschlüsse auf besonders sensible Merkmale ermöglichen?

> ▶ Je konkreter und nachvollziehbarer die Zielgruppendefinition, desto leichter können Sie sie im Incident-Fall erklären und verteidigen.

39 EuGH, Urt. v. 4.10.2024 – C-21/23, *ND/DR (Lindenapotheke)*, ECLI:EU:C:2024:846.

4.2 Kampagnen-Workflows: Briefing, Freigaben, Tests, Go-Live

Technik, Agentur, Fachbereich, CRM – ohne klare Kampagnenorganisation droht Chaos. Ein strukturierter Workflow reduziert nicht nur operative Fehler, sondern ist auch eine „Technisch-Organisatorische Maßnahme" im Sinne des Art. 32 DSGVO.

4.2.1 Der Kampagnen-Workflow in vier Phasen

1. Briefing

Hier werden die Weichen gestellt. Ein gutes Briefing enthält mindestens:

- Den Zweck der Kampagne (Absicht, Zielgrößen).
- Eine Zielgruppenbeschreibung (inklusive Herkunft der Daten, Einwilligungs-/ Rechtsgrundlage, Länder/Regionen).
- Die Kanäle (E-Mail, SMS, App, Portal, Social Media, Offline).
- Die Inhalte (Angebote, Tonalität, besondere Hinweise).
- Die beteiligten Systeme und Dienstleister (Kampagnentool, CRM, Agentur, Plattformen).

Verweis: Die rechtlichen Grundlagen hierzu finden Sie in Kapitel 2; für die Dokumentation siehe Checkliste zu Rechtsgrundlagen im Anhang 1 (A1.3).

2. Setup und Tests

In dieser Phase wird es häufig kritisch:

- Verwendung von Testdaten: wenn möglich synthetische Testdaten oder belastbar anonymisierte Daten. Wenn das nicht möglich ist: pseudonymisierte Testkopien (Minimalfelder!), enges Berechtigungskonzept, kurze Speicherdauer, Logging; Echtdaten nur, wenn das zwingend erforderlich ist und mit klaren Schutzmaßnahmen.
- Testzielgruppen: Nutzung eines klar abgegrenzten Testverteilers (zum Beispiel interne Adressen, Testkunden), niemals „versehentlich" der Live-Verteiler einer früheren Kampagne.
- Mehr-Augen-Prinzip: mindestens ein zweites Paar Augen prüft Betreff, Inhalt, Zielgruppe, Abmeldeinformationen und Links.

3. Freigaben

Vor dem Go-Live sollte ein transparenter Freigabepunkt stehen:

- Fachliche Freigabe durch die verantwortliche Führungskraft oder Kampagnenverantwortliche.

- Datenschutz-/Legal-Freigabeempfehlung bei besonderen Risiken (neue Datenquelle, neue Zielgruppe, neue Partner, sensible Inhalte).
- Dokumentation: Wer hat wann was freigegeben? (kurzer Eintrag im Kampagnensteckbrief oder Tool.)

4. Go-Live und Monitoring

Nach dem Versand ist vor der Auswertung:

- Monitoring der ersten Reaktionen (Bounces, Beschwerden, Abmeldungen).
- Schnelle Stop-Möglichkeit („Kill Switch“ – Not-Aus/Sofort-Stopp-Regel) bei erkannten Fehlern.
- Kurzer Nachbericht mit Lessons Learned – insbesondere, wenn es Auffälligkeiten oder Incidents gab.

▶ Ein klarer Kampagnen-Workflow ist Ihre wichtigste „Versicherung“ gegen den Vorwurf, Sie hätten Organisation und Kontrolle vernachlässigt.

4.2.2 Rolle der Führungskraft im Workflow

Sie müssen nicht jeden Newsletter selbst freigeben. Ihre Aufgabe ist es, den Rahmen zu setzen: Sie entscheiden, ab welcher Größenordnung oder Risikoqualität (zum Beispiel neue Datenquellen, sensible Zielgruppe, internationale Partner) eine explizite Führungskräftefreigabe erforderlich ist.

Sie benennen Kampagnenverantwortliche („Campaign Leads“) und legen fest, welche Freigaben diese selbst erteilen dürfen und wo sie eskalieren müssen.

Sie sorgen dafür, dass der Kampagnen-Workflow dokumentiert und kommuniziert ist (zum Beispiel in einem Bereichsleitfaden oder Intranet-Artikel).

Sie verknüpfen den Workflow mit dem Incident-Prozess in Teil II (Kapitel 10): Wer informiert wen, wenn trotz aller Vorsicht etwas schiefgeht?

4.3 Wo und wie aus organisatorischen Fehlern Datenpannen werden

Nicht jede Panne ist ein Zeichen schlechter Organisation. Wiederholte oder strukturelle Fehler dagegen schon. Aus Sicht von Aufsichtsbehörden zählen vor allem folgende Muster:

4.3.1 Fehlende oder lückenhafte Prozesse

Es gibt keinen definierten Kampagnen-Workflow, keine klaren Verantwortlichkeiten, keine Checklisten. Test- und Live-Verteiler werden nicht getrennt, Abmeldungen nicht konsequent berücksichtigt.

4.3.2 Key-Person-Risiko: Abhängigkeit von Einzelpersonen

Wissen steckt in Köpfen einzelner Mitarbeitender („Frau X weiß das alles"). Fällt diese Person aus, bricht die Kontrolle zusammen.

4.3.3 Dauerhafte Workarounds und Schattenprozesse

Agenturen pflegen eigene Verteiler, die nicht mit dem CRM synchronisiert werden. Teams arbeiten mit Excel-Exporte „auf Zuruf", ohne Löschkonzept (vgl. Kapitel 3).

4.3.4 Keine oder unzureichende Schulung

Neue Mitarbeitende im Campaign-Team oder in Agenturen erhalten keine Einweisung in CC/BCC-Regeln, Meldewege und Sperrlisten.

4.3.5 Ungenutzte Alarmzeichen

Beschwerden von Kunden („Ich bekomme Ihre E-Mails trotz Abmeldung") werden als Einzelfälle abgetan. Bounce-Raten oder hohe Abmelderaten werden nicht als Hinweis auf strukturelle Probleme verstanden.

Im Ergebnis bewerten Aufsichtsbehörden solche Konstellationen als Verstoß gegen die Pflicht, geeignete technische und organisatorische Maßnahmen zum Schutz personenbezogener Daten zu ergreifen (Art. 24, 32 DSGVO). Gerade fehlende oder lückenhafte Prozesse im Kampagnen-Setup werden dabei als Organisationsmangel gewertet.

Was bedeutet das konkret für Sie?

Sie sollten nicht nur einzelne Fehler korrigieren, sondern immer fragen: „Was sagt uns das über unseren Prozess?" Sie nutzen Incidents als Anlass, den Kampagnen-Workflow, die Rollen und die Checklisten zu schärfen – und dokumentieren das. Sie verankern im Team die Kultur: Fehler werden früh und offen gemeldet, nicht versteckt oder „still korrigiert".

4.4 Einfache Regeln, um klassische Pannen zu vermeiden

Zum Schluss dieses Kapitels geht es um handfeste Orientierung: Wo können Sie gelassen sein, wo vorsichtig, wo müssen Sie Stopp sagen?

4.4.1 Risikoindikator-Logik: Kommunikationsrisiken im Überblick

Nutzen Sie die folgende Risikoindikator-Logik als Schnell-Check für Kampagnen und Massenmails.

OK ☑ – eher unkritisch bei solider Organisation

- Kleine Verteiler mit klar begrenzten Empfängern (zum Beispiel internes Projektteam, wenige B2B-Kontakte) und nachvollziehbarem Bezug.
- Transaktionsmails mit engem Bezug zu einer konkreten Leistung (zum Beispiel Buchungsbestätigung, Vertragsinformationen), ohne zusätzliche Werbung.
- Newsletter, für die wirksame Einwilligungen vorliegen und bei denen Abmeldungen nachweisbar funktionieren (vgl. Einwilligungstexte im Anhang 2, A2.2–A2.3).
- Kampagnen, bei denen Briefing, Zielgruppe, Freigabe und Dokumentation sauber vorliegen.

PRÜFEN ∇ – nur mit erhöhter Aufmerksamkeit

- Große Verteiler ohne klare Dokumentation der Zielgruppe („alle Newsletter-Abonnenten weltweit“).
- Neue oder ungewöhnliche Zielgruppen, zum Beispiel aus Datenkooperationen, Plattformen oder Spezialsegmenten.
- Kampagnen mit sensiblen oder potenziell stigmatisierenden Inhalten (zum Beispiel Gesundheitsthemen, kritische Vertragskonstellationen, interne Restrukturierungen).
- Mails mit mehreren Gesellschaften, Marken oder Geschäftsbereichen im Verteiler, insbesondere länderübergreifend.

Hier sollten Sie:

- den Kampagnen-Workflow konsequent anwenden,
- DSB/Legal frühzeitig einbinden und
- die Dokumentation in der Akte besonders sorgfältig führen.

STOP ⛔ – Stopp, bevor Sie weitermachen

- Massenmailings über persönliche Postfächer (Outlook und Co.) mit offenen CC-Verteilern.

- Versand an Zielgruppen, für die weder Einwilligung noch eine dokumentierte alternative Rechtsgrundlage vorliegt (vgl. Kapitel 2).
- Kampagnen, bei denen besondere Kategorien personenbezogener Daten betroffen sein könnten (Art. 9 DSGVO), ohne dass eine ausdrückliche Einwilligung oder eine eng definierte Ausnahme vorliegt.
- Versand an Empfängerlisten, deren Herkunft unklar ist (zum Beispiel „Liste aus altem System", „Adresspool der Agentur").

In der STOP ⛔-Zone gilt: Stoppen, klären, dokumentieren – und erst weitermachen, wenn die fachlichen und rechtlichen Fragen beantwortet sind.

4.4.2 Mini-Checkliste „Pre-Send-Check"

Vor jedem Versand einer größeren E-Mail oder Kampagne sollte mindestens jemand im Team diese Fragen abhaken:

- Zweck: Ist klar beschrieben, wozu diese E-Mail/Kampagne dient?
- Zielgruppe: Gibt es eine nachvollziehbare Beschreibung der Zielgruppe (Quelle, Kriterien, Länder)? Sind Abmeldungen, Widersprüche und Sperrlisten technisch berücksichtigt?
- Rechtsgrundlage/Werbung: Ist dokumentiert, auf welcher Rechtsgrundlage der Versand erfolgt (Einwilligung, Bestandskundenprivileg, berechtigtes Interesse)?
- Sind Pflichtangaben zur Abmeldung/Widerspruch in jeder E-Mail enthalten (vgl. Anhang 2, A2.3.4)?
- Inhalt: Enthält die E-Mail sensible Informationen über die Empfänger oder Dritte? Gibt es Formulierungen, die intern gemeint sind („Problemkunden", „Risikokunden") und nach außen nicht erscheinen sollten?
- Technik und Verteiler: Wird ein freigegebenes Tool genutzt, nicht ein persönliches Postfach? Sind Test- und Live-Verteiler sauber getrennt? Wurde die richtige Versandkonfiguration gewählt (BCC, Personalisierung, Anhänge)?
- Freigabe und Dokumentation: Liegen die notwendigen Freigaben vor (fachlich, gegebenenfalls Datenschutz/Legal)? Ist dokumentiert, wer wann freigegeben hat (zum Beispiel im Kampagnensteckbrief oder im Tool)?

Eine detaillierte Checkliste „Was gehört in die Akte? – Kommunikation und Kampagnenorganisation" finden Sie im Anhang 1 (A1.6).

4.5 Fallakte: „Namensvetter im CRM, falsche E-Mail – und am Ende 10.000 Euro"

Ein Unternehmen lädt per E-Mail zu einem Workshop ein – ein typischer Touchpoint aus Marketing und Vertrieb. Die Nachricht geht aber an die falsche Person: gleicher Name wie der eigentliche Empfänger, nur eine andere E-Mail-Adresse. Der Adressat ist nicht Kunde und fragt sofort nach: Woher haben Sie meine Adresse, warum schreiben Sie mich an, welche Daten haben Sie über mich? Intern wird das als „ärgerlicher Einzelfall" behandelt – menschlicher Fehler, kann passieren. Nur: Die Antwort läuft holprig, es gibt Funkstille, und obwohl der Vorfall bekannt ist, erhält der Betroffene später erneut eine Direktmarketing-Mail. Die Aufsicht bewertet nicht nur die Verwechslung, sondern vor allem die schwache Organisation dahinter: unklare Datenpflege, fehlende schnelle Korrektur und Sperre, keine sauber gelebten Prozesse für Auskunftsanfragen. Ergebnis: 10.000 EUR Geldbuße – für einen Vorfall, der als „klein" begonnen hat.[40]

Bemerkenswert daran ist:

Der eigentliche Fehler ist banal (Namensgleichheit). Das Bußgeld entsteht, weil niemand nachweisen kann, dass die falsche Adresse sofort gestoppt und berichtigt wurde und dass Betroffenenrechte im Alltag zuverlässig funktionieren.

Rechtskern:

Datenqualität ist Compliance: Falsche Zuordnung im CRM ist kein „nur operatives" Problem, sondern kann Grundsätze aus Art. 5 DSGVO (unter anderem Richtigkeit/Vertraulichkeit) und die Rechtmäßigkeit nach Art. 6 DSGVO berühren.

Betroffenenrechte sind ein Prozess, kein Textbaustein: Wenn die Auskunftserteilung (Art. 15) oder die Kommunikation dazu (Art. 12) stockt, wird aus dem Fehler ein strukturelles Thema – und damit bußgeldfähig.

„Menschlicher Fehler" entschuldigt nicht die fehlende Organisation: Die Aufsicht schaut auf Ihre Leitplanken: Korrektur, Sperre, Nachweis – nicht auf Ihre Ausreden.

40 Autorité de protection des données (Belgien), Chambre Contentieuse, Décision quant au fond n° 33/2020 du 19 juin 2020 (DOS-2019-05200), Geldbuße 10.000 EUR wegen Verstößen unter anderem gegen Art. 5, 6, 12 i.V.m. 15 DSGVO; Tenor und Begründung zur Sanktionierung; (Kurzüberblick: EDPB National News, Meldung vom 19.6.2020).

Was bedeutet das konkret für Sie als Führungskraft?

Sofort-Stop statt Langanalyse: Definieren Sie einen klaren Mechanismus: Wenn eine Person Marketing als „falsch" meldet → die Adresse sofort sperren und unterdrücken, bis der Vorfall geklärt ist. (24-Stunden-Regel).

CRM-Namensvetter-Risiko aktiv entschärfen: Dublettenregeln, Identity-Checks, klare Felder/Validierungen (wer darf E-Mails ändern, wie wird geprüft, wie wird geloggt?).

Auskunftsanfragen wie Tickets behandeln: Frist, Zuständigkeit, standardisierte Schritte, dokumentierte Zwischenmeldung – keine „E-Mail-Pingpong"-Abhängigkeit.

Wenn Sie das sauber abgelegt hätten ...

- Nachweis „Stopp und Korrektur": Screenshot/Log, wann die E-Mail-Adresse gesperrt/berichtigt wurde – und dass danach kein Versand mehr möglich war.
- Mini-Protokoll zur Anfrage: Eingang, Zuständiger, Frist, Zwischenstand, Antwortdatum (ein Blatt genügt).
- Versand-Nachweis zur Kampagne: Welche Zielgruppe, welche Quelle der Adresse, welches System hat versendet, wer hat freigegeben.
- Dubletten-/Identity-Regel im CRM: Kurze Regel und Verantwortlicher („So verhindern wir Namensverwechslungen").

5. Beschäftigtendaten im Team

Im Marketing- und Vertriebsteam ist jede Zahl persönlich. Wer wie viele Abschlüsse erzielt, wie viele Kundengespräche führt oder wie oft krank ist, schlägt sich nicht nur in Dashboards nieder, sondern auch im Ruf der einzelnen Beschäftigten. Führungskräfte steuern über Ziele, Boni und Feedback – und greifen dabei tief in die Privatsphäre ihrer Teams ein.

Praxisfall – „Nur ein Test" mit echten Personaldaten

Ein Unternehmen führt eine neue, konzernweit eingesetzte, cloudbasierte HR-Software „Workday" ein. Um den Roll-out vorzubereiten, werden konzernweit echte Personaldaten – inklusive Zielvereinbarungen, Leistungsbewertungen und Abwesenheitszeiten – an eine andere Konzerngesellschaft übermittelt, damit dort Tests in dieser HR-Umgebung gefahren werden können.

Später erfährt ein Mitarbeiter davon und klagt. Der Arbeitgeber verweist auf eine Betriebsvereinbarung und darauf, es sei ja „nur ein Test" gewesen, die Daten seien im Konzern geblieben und niemand habe einem konkreten Mitarbeiter schaden wollen.

Der Fall landet über mehrere Instanzen beim EuGH und beim Bundesarbeitsgericht.[41] Die Gerichte machen klar: Auch in der Testumgebung gelten DSGVO und Beschäftigtendatenschutz vollumfänglich. Eine Betriebsvereinbarung kann unzulässige Verarbeitungen nicht „heilen". Der Mitarbeiter erhält immateriellen Schadensersatz nach Art. 82 DSGVO, weil er die Kontrolle über seine Daten verloren hat – auch ohne nachweisbaren Missbrauch.

Die Lehre aus dem Fall

Beschäftigtendaten sind kein „Rohstoff", mit dem man intern nach Belieben experimentieren darf. Sie unterliegen der DSGVO (insbesondere Art. 5, 6, 9, 32), speziellen Regeln zum Beschäftigtendatenschutz (zum Beispiel Art. 88 DSGVO und nationalen Vorschriften wie § 26 BDSG) sowie arbeitsrechtlichen und mitbestimmungsrechtlichen Grenzen (Betriebs- und Dienstvereinbarungen, Tarifregelungen).

Für Sie als Führungskraft heißt das: Auch wenn HR, Legal oder die IT „den Hut aufhaben" – entscheidend ist, wie Sie mit den Leistungsdaten, Feedback und

41 EuGH, Urt. v. 19.12.2024, C-65/23, ECLI:EU:C:2024:1092; BAG, Urt. v. 8.5.2025, 8 AZR 209/21.

Krankheitsinformationen in Ihrem Team umgehen. Dieses Vorgehen kann rechtlich ausschlaggebend sein und persönliche Haftungsrisiken auslösen.

5.1 Umgang mit Leistungsdaten, Zielen, Feedback und Krankheitsinformationen

5.1.1 Was alles Leistungs- und Verhaltensdaten sind

Im Vertriebs- und Marketingalltag gehören unter anderem dazu:

- Umsatz- und Zielerreichungsquoten pro Person;
- Conversion Rates und Opportunity-Pipelines auf Mitarbeiterebene;
- Callcenter-Kennzahlen (Gesprächsdauer, Nachbearbeitungszeit, „Time on System“);
- Rückmeldungen aus Kampagnen („Lead-Qualität“ pro Person, Response-Raten);
- Protokolle aus Feedback- und Zielgesprächen.

All das sind personenbezogene Daten im Sinne von Art. 4 Nr. 1 DSGVO, weil sie einer identifizierten Person zugeordnet sind. Je nach Detailtiefe und Kombination kann es sich um besonders sensible Verhaltensprofile handeln.

Für typische Leistungs- und Zielsteuerung kommen regelmäßig in Betracht: Die Erfüllung des Arbeitsvertrages und arbeitsrechtlicher Pflichten (Art. 6 Abs. 1 lit. b DSGVO, i.V.m. Art. 88 DSGVO und nationalen Normen wie § 26 BDSG) sowie das berechtigte Interesse des Unternehmens an Steuerung, Planung und Qualitätssicherung (Art. 6 Abs. 1 lit. f DSGVO).

▶ Leistungssteuerung ist erlaubt – Dauerüberwachung regelmäßig nicht.

Prüfen Sie deshalb bei neuen KPIs und Tools immer: Ist die Kennzahl wirklich notwendig, um Aufgaben zu steuern oder Qualität zu sichern – oder nur „nice to have“? Geht es aggregiert genauso gut? Oft reichen Team- oder Standortwerte; Namen sind nicht nötig. Wer braucht welche Tiefe? Die Geschäftsleitung benötigt andere Details als Teamleiter, das Team andere als HR.

5.1.2 Zielvereinbarungen und variable Vergütung

Zielvereinbarungen, Bonuspläne und Performance-Gespräche sind im Vertrieb Alltag. Sie dürfen diese Prozesse selbstverständlich nutzen – müssen sie aber sauber gestalten:

Ziele und Kennzahlen gehören in ein definiertes System (HR-Tool, Performance-Management-Tool), jedoch nicht in private Excels oder Notizbücher. Nur Personen mit Führungsverantwortung und gegebenenfalls HR benötigen Zugriff auf individuelle Ziel- und Bonusdaten.

Bei grenzüberschreitender Verarbeitung (zum Beispiel konzernweite Performance-Plattform) sind zusätzliche Anforderungen zu prüfen (Übermittlungen, Rollen, gegebenenfalls § 26 BDSG/nationale Normen, SCC etc.). Und: Die Gerichte haben deutlich gemacht, dass Betriebsvereinbarungen keine Freifahrtscheine sind. Sie können eine Rechtsgrundlage konkretisieren, aber nicht Vorgaben der DSGVO aushebeln.

▶ Stützen Sie Standard-Prozesse zur Leistungssteuerung nicht auf die Einwilligung der Mitarbeitenden. Im Beschäftigungsverhältnis ist die Freiwilligkeit einer verlangten Einwilligung regelmäßig (naturgemäß) zweifelhaft.

5.1.3 Feedback, Kritik und „Schattenakten"

Feedback ist Führungsaufgabe – und zugleich datenschutzrelevant: Regelmäßige Feedbackgespräche dürfen und sollen Sie führen, solange sie sachlich, fair und auf den Job bezogen sind. Wesentliche Inhalte (zum Beispiel Zielanpassung, vereinbarte Entwicklungsmaßnahmen) gehören in die offizielle Personalakte beziehungsweise das dafür vorgesehene Tool – nicht nur in Ihre private Ablage.

Problematisch werden inoffizielle „Schattenakten": private Notizen über „schwierige" Mitarbeitende, Chat-Historien, heimlich abgelegte E-Mails, auf die bei Personalentscheidungen zurückgegriffen wird. Solche verdeckten Sammlungen können Persönlichkeitsrechte verletzen und machen Entscheidungen angreifbar – bis hin zum Vorwurf der Diskriminierung oder des „Datenmissbrauchs" bei Gerichtsverfahren.

▶ Alles, was Sie wiederholt gegen jemanden verwenden wollen, gehört in die offizielle Akte – oder gar nicht ins System.

5.1.4 Krankheitsinformationen: besonders sensible Daten

Schon die Information „X ist krankgeschrieben" gehört zu Gesundheitsdaten, die nach Art. 9 DSGVO einem besonderen Schutz unterliegen. Der EuGH hat dies jüngst sehr weit ausgelegt: Selbst Bestelldaten für nicht verschreibungspflichtige

Medikamente können Gesundheitsdaten sein, wenn sich daraus Rückschlüsse auf den Gesundheitszustand ziehen lassen.

Für Führungskräfte bedeutet das: Sie benötigen nur, dass jemand arbeitsunfähig ist und ab wann bis wann – nicht die Diagnose. Diagnosen, genaue Befunde, ICD-Codes, Angaben zu psychischen Erkrankungen o. Ä. haben in E-Mails, Teams-Chats oder Jour-fixe-Protokollen nichts verloren.

Details dürfen allenfalls dort verarbeitet werden, wo dies zwingend nötig ist (zum Beispiel Betriebsarzt, Schwerbehindertenvertretung, spezielle HR-Stellen) und durch entsprechende Rechtsnormen gedeckt ist. Do: „Herr Müller ist bis einschließlich Freitag krankgeschrieben, wir verteilen die Kundenanfragen neu." Don't: „Herr Müller ist erneut wegen Burn-out krank, wir müssen seine Kunden wohl besser aufteilen."

▶ So wenig Krankheit wie möglich in den Unterlagen – und nie mehr als nötig im Team.

5.2 Sichtbarkeiten in Tools und Berichten

Ob CRM, Kampagnentool, HR-Suite oder Reporting-Plattform: Für Führungskräfte entstehen komfortable 360°-Sichten auf Mitarbeitende. Genau hier liegen große Risiken.

5.2.1 Leitfrage: Wer sieht was, wozu und wie lange?

Drei einfache Fragen helfen, Sichtbarkeiten datenschutzkonform zu gestalten:

- Wer braucht Zugriff? – Direkte Führungskraft, HR, Teamassistenz, Geschäftsleitung?
- Was genau ist sichtbar? – Nur Kennzahlen oder auch Kommentare („schwierig", „unzuverlässig"), Abmahnungen, Krankheitszeiten?
- Wie lange bleibt etwas sichtbar und auswertbar? – Nur im laufenden Jahr, oder werden historische Daten unnötig aufgehoben?

Beispiele:

Im CRM darf die Teamleiterin sehen, wie viele Opportunities jede Person betreut. Das gesamte Unternehmen braucht diese Details nicht.

Ein Team-Dashboard darf aggregiert zeigen, wie das Team im Monat liegt. Einzelwerte pro Person sollten nur für die Führungskraft sichtbar sein.

Abmahnungen oder formelle Rügen gehören in die Personalakte – nicht als Kommentar in Kampagnentools oder Sales-Dashboards.

Vermeiden Sie „Vollzugriff aus Bequemlichkeit" („alle Teamleiter sehen alle Teams") und regeln Sie Rollen und Rechte klar – gemeinsam mit HR, IT und Datenschutz.

5.2.2 Typische Fehler bei Sichtbarkeiten

Häufige Problemkonstellationen: Offene Ranking-Listen mit Namen, Umsätzen, Abschlussquoten und gegebenenfalls Kommentaren zu „Low Performern", die in der gesamten Abteilung oder auf großen Screens angezeigt werden. Kombinierte Berichte aus Leistungs- und Krankheitsdaten („Ranking nach Produktivität unter Berücksichtigung von Krankheitstagen"). Exportierte Rohdaten aus HR- oder CRM-Systemen, die in eigenen Excels weitergeführt und dann auf SharePoint, Teams oder in Verteilerlisten geteilt werden – ohne Löschkonzept. Test- und Schulungssysteme, die versehentlich mit Echtdaten betrieben werden („wir brauchen repräsentative Daten für die Demo").

Gerade im Beschäftigungskontext haben EuGH und BAG die Anforderungen deutlich verschärft: Kollektivnormen (Betriebsvereinbarungen) und interne Regeln rechtfertigen eine Verarbeitung nur, wenn sie klar, bestimmt und DSGVO-konform sind – insbesondere mit Blick auf Zweckbindung, Datenminimierung und Speicherbegrenzung.

▶ Je breiter die Sichtbarkeit, desto strenger die Anforderungen.

5.3 Grenzen der Transparenz im Team

Transparenz im Team ist wichtig – aber nicht grenzenlos. Zwischen offener Kultur und Schutz der Privatsphäre müssen Führungskräfte bewusst balancieren.

5.3.1 Erlaubte Transparenz

In der Regel unkritisch sind zum Beispiel: Informationen über Verfügbarkeit („Wer ist im Urlaub, wer in Schulung, wer im Außendienst?"). Teambezogene Leistungsinformationen („Unser Team liegt im Quartal bei 85 % Zielerreichung"). Strukturierte Feedbackprozesse, in denen klar ist, wer welche Informationen bekommt (Mitarbeitende, direkte Führungskraft, gegebenenfalls HR). Hier ist Transparenz Teil guter Führung: Sie schafft Klarheit, fördert Fairness und erleichtert Zusammenarbeit.

5.3.2 Problematische Transparenz

Kritisch wird es, wenn Transparenz in Bloßstellung oder Überwachung kippt. Typische Beispiele: Offene Kritik an Einzelpersonen in großer Runde („Herr X hat das Ziel erneut verfehlt, das hat Konsequenzen für den Bonus des Teams"). Öffentliche Diskussion von Krankheits- oder Leistungsproblemen, statt eines vertraulichen Gesprächs. Detailberichte über einzelne Mitarbeitende, die weit über die direkte Führungslinie hinausgeteilt werden (zum Beispiel an andere Bereiche, internationale Gremien, externe Berater).

Rechtlich sind hier vor allem zwei Ebenen betroffen: Das Datenschutzrecht (DSGVO): Zweckbindung, Datenminimierung und Vertraulichkeit. Das Arbeitsrecht und Persönlichkeitsrecht: Schutz der Ehre, der Privatsphäre und des allgemeinen Persönlichkeitsrechts.

Sie riskieren nicht nur Beschwerden bei Datenschutzbehörden oder HR, sondern auch arbeitsrechtliche Auseinandersetzungen – etwa, wenn Mitarbeitende sich diskriminiert oder bloßgestellt fühlen.

5.3.3 Umgang mit sensiblen Situationen

Bei heiklen Themen (Leistungsabfall, wiederkehrende Fehlzeiten, Verdacht auf Pflichtverletzungen) gilt: Einzelgespräch vor Teamdiskussion. Problemthemen gehören zunächst ins vertrauliche 1:1-Gespräch. „Need-to-know"-Prinzip. Nur Personen, die für ihre Aufgaben zwingend informiert sein müssen (zum Beispiel HR, betroffene Führungskräfte), erhalten Detailinformationen. Dokumentation professionell, Kommunikation sparsam. In der Akte darf mehr stehen als in der Teamrunde gesagt wird; umgekehrt wäre es problematisch.

> ▶ Was Sie im Protokoll festhalten, muss nicht im Teammeeting erzählt werden – eher umgekehrt.

5.4 Do's and Don'ts für Führungskräfte im Umgang mit Beschäftigtendaten

Zum Abschluss dieses Kapitels folgt eine praxisorientierte Übersicht mit Risikoindikator-Logik.

5.4.1 Risikoindikator-Logik für Beschäftigtendaten

OK ☑ – in der Regel unkritisch (bei sauberer Umsetzung)

- Aggregierte Team-Kennzahlen (ohne Namensnennung), zum Beispiel Zielerreichung des gesamten Vertriebsteams.
- Individuelle Leistungsdaten im direkten Verhältnis Führungskraft – Mitarbeitende oder im hierfür vorgesehenen HR-/Performance-System.
- Informationen zu Abwesenheiten im Team auf einem abstrakten Niveau („im Urlaub", „krank", „auf Schulung"), ohne Diagnose.
- Standardisierte Ziel- und Feedbackprozesse, die transparent erklärt, dokumentiert und in offiziellen Tools abgebildet sind.

PRÜFEN ▽ – nur nach Abstimmung mit HR, Datenschutz und gegebenenfalls Mitbestimmung

- Einführung neuer Tools, die detaillierte Verhaltensprofile erstellen (zum Beispiel umfassende Call- oder Click-Tracking-Systeme).
- Pläne für standort- oder konzernweite Performance-Vergleiche mit personenbezogenen Rankings.
- Nutzung von Beschäftigtendaten in Pilotprojekten, Tests oder Datenanalysen außerhalb der vereinbarten Systeme.
- Auswertung von Daten, bei denen sich durch Kombination von Leistungs- und Abwesenheitsdaten Rückschlüsse auf die Gesundheit ziehen lassen.

▶ PRÜFEN ▽-Vorhaben sind nicht verboten – aber sie brauchen eine belastbare Rechtsgrundlage, klare Grenzen und eine saubere Dokumentation.

STOP ⛔ – Stopp, bevor Sie handeln

- Nutzung von Echtdaten für Tests, Schulungen oder Demonstrationen von HR- oder CRM-Systemen, wenn dies nicht ausdrücklich erlaubt und abgesichert ist (siehe Praxisfall „Workday").
- Offene Veröffentlichung von Einzelrankings mit Namen und problematisierenden Kommentaren („Low Performer des Monats").
- E-Mails oder Chatnachrichten mit Diagnosen oder detaillierten Krankheitsgeschichten an das Team oder an Personen ohne klare Zuständigkeit.
- Aufbau von Schattenakten (private Notizsammlungen über Mitarbeitende), die später bei Beförderungs- oder Trennungsentscheidungen herangezogen werden.
- Dauerhafte Speicherung von Bewegungs-, Klick- oder Trackingdaten ohne klaren Zweck und Löschkonzept.

▶ STOP ⊖ heißt: Erst stoppen, dann HR, Legal und Datenschutz an Bord holen.

5.4.2 Konkrete Do's und Don'ts

Do's – Was Sie als Führungskraft tun sollten:

- Vor der Einführung neuer Reports oder Dashboards kurz mit HR/Datenschutz abstimmen, ob Umfang, Rechtsgrundlage und Löschfristen passen.
- Rollen und Rechte bewusst setzen: Nur diejenigen erhalten Einblick in sensible Mitarbeiterdaten, die ihn wirklich brauchen.
- Daten minimieren: Für Teamkommunikation nur das Nötigste, Details in die Akte oder in das HR-System – nicht in E-Mail-Verteiler.
- Standardwege nutzen: Zielvereinbarungen, Feedback und Abmahnungen konsequent über die vorgesehenen Prozesse und Systeme laufen lassen.
- Transparenz gegenüber Mitarbeitenden: Offen erklären, welche Leistungsdaten wofür genutzt werden und wer Einsicht hat.

Don'ts – Was Sie vermeiden sollten:

- „Das machen alle so" als Begründung für umfassende Rankings, Dashboards oder Detailberichte.
- Private Notizsammlungen anlegen, die später als versteckte Entscheidungsgrundlage dienen.
- Spontane Rundmails mit sensiblen Informationen (Krankheit, Konflikte, disziplinarische Schritte). Kopieren von HR-Daten in eigene Dateien oder Tools ohne Abstimmung und Löschkonzept.
- Vertrauen auf Betriebsvereinbarungen ohne Prüfung, ob die konkrete Nutzung tatsächlich vom Regelungszweck gedeckt ist.

Eine detaillierte Checkliste „Was gehört in die Akte? – Beschäftigtendaten im Team" finden Sie im Anhang 1 (A1.7) unter der entsprechenden Kapitelüberschrift. Musterformulierungen für Teamkommunikation (zum Beispiel zu Abwesenheiten, Feedback-Einladungen, Hinweistexten zur Nutzung von Leistungsdaten) enthält Anhang 2.5–2.7.

▶ So können Sie im Alltag schnell entscheiden: Was bespreche ich im Team, was im 1:1, was gehört in die Akte – und was lasse ich lieber.

5.5 *Fallakte: „Welcome Back Talk, Notizen, Rankings – und am Ende 35,3 Millionen“*

Es beginnt mit einem menschlichen Reflex: Nach Urlaub oder Krankheit sagt die Teamleitung „Willkommen zurück“ – und fragt, wie es war. Im Alltag wird daraus ein Ritual („Welcome Back Talk“). Einzelne Führungskräfte notieren danach nicht nur organisatorische Punkte, sondern sehr persönliche Details: Urlaubserlebnisse, familiäre Probleme, religiöse Bekenntnisse – und sogar Krankheitssymptome und Diagnosen. Die Notizen landen nicht in einem verschlossenen HR-System, sondern dauerhaft auf einem Netzlaufwerk. Mit der Zeit lesen immer mehr Personen mit; die Informationen werden fortgeschrieben und fließen in Entscheidungen über Einsatz, Maßnahmen und Entwicklung ein. Bekannt wird das Ganze durch einen Konfigurationsfehler: Die Daten sind unternehmensweit für Stunden zugreifbar.

Die Aufsicht bewertet die Praxis als besonders intensiven Eingriff in Rechte der Beschäftigten und verhängt ein Bußgeld von 35.258.707,95 Euro. Gleichzeitig würdigt sie, dass sich das Unternehmen nach Aufdeckung entschuldigt, nachbessert und Beschäftigte kompensiert.[42]

Bemerkenswert daran ist:

Nicht „Hacking“ war der Auslöser, sondern ein vermeintlich fürsorglicher Standardprozess – plus die Gewohnheit, „für die Steuerung“ alles aufzuschreiben, was man zufällig erfahren hat. Genau diese Mischung macht Beschäftigtendaten hochrisikobehaftet.

Rechtskern:

Beschäftigtendaten sind zweckgebunden und zu minimieren: Privatleben, Diagnosen und „Flurfunk“ gehören nicht in Teamakten oder auf frei zugängliche Laufwerke.

Gesundheitsdaten sind besonders sensibel. Wer Symptome/Diagnosen speichert oder breit zugänglich macht, schafft ein Hochrisiko-Thema (rechtlich und menschlich).

42 Der Hamburgische Beauftragte für Datenschutz und Informationsfreiheit (HmbBfDI), Pressemitteilung v. 1.10.2020: „35,3 Millionen Euro Bußgeld wegen Datenschutzverstößen im Servicecenter von H&M“ (Bußgeld 35.258.707,95 EUR; unter anderem Notizen zu Privatleben, Krankheitssymptomen/Diagnosen; Zugriffsfehler Oktober 2019; Korrekturmaßnahmen); (Ergänzend: EDPB National News vom 2.10.2020 mit Zusammenfassung und Hinweis auf Kompensation/Korrekturkonzept).

Führung wirkt als „Datenmotor“: Wenn Sie Sichtbarkeiten, Ablageorte und Nutzung von Leistungs- oder Abwesenheitsinformationen prägen, ist das keine „HR-Sache“, sondern Führungshandeln mit Datenschutzfolgen.

Was bedeutet das konkret für Sie als Führungskraft?

Trennen Sie Gespräch und Speicherung. Empathie im 1:1 ist erlaubt. Das Mitschreiben privater Details ist meist der Fehler. Steuern Sie über wenige, klare Fakten. Für Planung reichen „abwesend/verfügbar ab/Vertretung“. Gründe gehören – wenn überhaupt – in die vorgesehenen HR-Prozesse, nicht in Teamunterlagen. Sichtbarkeit ist eine TOM-Entscheidung. Definieren Sie: Wer darf Leistungsdaten auf Personenebene sehen? Wer darf Abwesenheitsinfos sehen? Und wo wird das gespeichert?

Wenn Sie das sauber abgelegt hätten …

- 1-Seite-Regel „Wer sieht was?“ (Team, Teamleitung, HR): Abwesenheiten ohne Gründe; Leistungsdaten nur, wenn nötig.
- Klare Ablageorte: Leistungs-/Feedbackdokumentation nur im vorgesehenen System; keine privaten Notizsammlungen, keine Netzlaufwerk-„Schattenakten“.
- Zugriffsliste und Bereinigung: Wer hat Zugriff auf personenbezogene Teamdaten? Einmal im Quartal prüfen und reduzieren.
- Kurzer Nachweis „So machen wir’s“: Mini-Protokoll zur Einführung (Datum, Verantwortliche, was wurde untersagt: Diagnosen/Privatdetails).

6. Geräte, Schatten-IT und mobile Arbeit

Im Marketing- und Vertriebsalltag ist das Büro selten nur ein Schreibtisch. Sie arbeiten im Homeoffice, im Zug, im Hotel, beim Kunden oder auf Messen. Laptops, Tablets, Smartphones und Messenger sind immer dabei. Kundendaten, Leads, Pipeline-Listen, Präsentationen – alles liegt „irgendwo in der Cloud" und synchronisiert sich über mehrere Geräte.

Genau in diesem Umfeld entstehen viele der Datenpannen, die später teuer werden: eine unverschlüsselte Kundenliste im privaten Mailpostfach, Fotos von Whiteboards in Messengern, Präsentationsfolien mit personenbezogenen Daten in einem privaten Cloud-Speicher, „Test-Accounts" in neuen Tools ohne Freigabe.

▶ Die größte Risiko-App im Unternehmen ist oft die Kamera im Smartphone – nicht der Server im Rechenzentrum.

Dieses Kapitel zeigt Ihnen, wie Sie Geräte, Tools und mobile Arbeit so ordnen, dass Ihr Bereich arbeitsfähig bleibt – aber keine Schatten-IT zum Sicherheitsrisiko wird.

Praxisfall – „Das Whiteboard im Messenger"

Ein internationales Sales-Team trifft sich zu einem Strategieworkshop. Auf einem großen Whiteboard werden Schlüsselkunden und -kontakte gesammelt: Unternehmensnamen, Ansprechpartner, E-Mail-Adressen, Umsatzpotenziale, Probleme („Preisdrücker", „hohe Reklamationsquote").

Am Ende des Workshops macht ein Teammitglied mehrere Fotos mit seinem privaten Smartphone, „damit nichts verloren geht", und teilt die Bilder über einen privaten Messenger-Kanal mit vier Teammitgliedern. Parallel lädt er die Fotos in seinen privaten Cloud-Speicher, um im Zug an einer Präsentation zu arbeiten.

Einige Monate später wird sein privater Account gehackt. Die Fotos tauchen in einem Datenpaket auf, das im Internet kursiert. Ein betroffener Geschäftskunde erkennt seinen Namen – inklusive der internen Bewertung – und beschwert sich beim Unternehmen und bei der Aufsichtsbehörde. Die interne Prüfung ergibt: Es gab keine klaren Regeln zu privaten Geräten, keine Vorgaben für Fotos von Whiteboards, keine Freigabe der genutzten Messenger-App, keine Sensibilisierung zur mobilen Arbeit.

Die Aufsichtsbehörde wertet den Vorfall als Verstoß gegen die Pflicht, geeignete technische und organisatorische Maßnahmen zu treffen (Art. 24, 32 DSGVO).

Das Unternehmen muss nicht nur ein Bußgeld zahlen, sondern auch immateriellen Schadensersatz an mehrere Betroffene leisten (die nachgewiesene „Angst vor künftigem Missbrauch" kann bereits einen Schadensersatzanspruch begründen). Die Führungskraft des Bereichs muss im Rahmen der Prüfung erklären, warum zu Geräten, Messengern und Schatten-IT keinerlei Vorgaben dokumentiert waren.

Die Lehre aus dem Fall

Nicht die Cloud oder das Smartphone an sich sind das Problem, sondern unklare Regeln und Schattenprozesse. Rechtswidrig wird es dort, wo

- personenbezogene Daten ohne Freigabe in private oder ungeeignete Tools wandern,
- Dienst- und Privatgeräte vermischt werden, ohne dass Schutzmaßnahmen greifen,
- mobile Arbeit ohne klare Vorgaben zu Speicherorten, Verschlüsselung und Zugriffen stattfindet und
- die Organisation nicht nachweisen kann, dass sie solche Risiken erkannt und adressiert hat.

Für Sie als Führungskraft heißt das: Es genügt nicht, dass „die IT schon irgendetwas geregelt hat". Entscheidend ist, ob in Ihrem Bereich klar ist, welche Geräte und Tools wofür genutzt werden dürfen – und ob Sie das nachweisen können.

> ▶ Schatten-IT entsteht dort, wo der fachliche Bedarf schneller ist als die Organisation. Ihre Aufgabe ist es, diesen Vorsprung zu verkleinern – nicht, ihn zu ignorieren.

6.1 Dienstgeräte, private Geräte, Messenger, Cloud-Speicher

6.1.1 Dienstgeräte – wofür sie gedacht sind

Dienstgeräte (Laptops, Smartphones, Tablets) sind die zentrale Grundlage für eine datenschutzgerechte Arbeit im mobilen Umfeld. Sie sollten technisch so ausgestattet sein, dass sie die meisten Anforderungen Ihres Bereichs abdecken:

Mit aktuellen Betriebssystemen, Sicherheitsupdates und Virenschutz, Festplattenverschlüsselung und Bildschirmsperre, gesichertem Zugang zu Unternehmensnetzen und -anwendungen (zum Beispiel VPN, Multi-Faktor-Authentifizierung (MFA), MDM-Lösung), definierten Standard-Apps für E-Mail, Kalender, Kollaboration und Dateiablage.

Für Sie als Führungskraft ist wichtig: Sie machen im Bereich klar, dass alle beruflichen Daten grundsätzlich nur über Dienstgeräte und freigegebene Anwendungen verarbeitet werden sollen. Sie fragen regelmäßig nach, ob die vorhandene Ausstattung für die Aufgaben Ihres Teams reicht – insbesondere bei Außendienst, internationalen Reisen oder Messen. Sie sorgen gemeinsam mit IT/HR dafür, dass neue Mitarbeitende ihre Geräte nicht nur technisch, sondern auch organisatorisch erklärt bekommen („Was darf ich womit?").

6.1.2 Private Geräte und BYOD – Segen oder Risiko?

In vielen Unternehmen werden private Geräte dienstlich genutzt, zumindest am Rand: Mit kurzen Antworten auf dienstliche E-Mails vom privaten Smartphone, durch Zugriff auf Kollaborationstools über private Tablets, durch Nutzung von privaten Laptops im Homeoffice.

Solche „Bring Your Own Device" (BYOD)-Konstellationen sind aus Sicht der DSGVO heikel, weil das Unternehmen kaum Kontrolle über Sicherheitsstandards privater Geräte hat, sich private und dienstliche Daten vermischen, im Ernstfall (Diebstahl, Verlust, Familiennutzung) unklar ist, wer worauf Zugriff hatte und die Löschung und Sperrung der Daten schwer durchsetzbar sind.

BYOD ist deshalb entweder verboten (klare Regel: dienstliche Daten nur auf Dienstgeräten), oder streng geregelt zum Beispiel Mobile Device Management (zentrale Geräteverwaltung) MDM-Lösung mit geschütztem Unternehmenscontainer, klare Vereinbarung mit Mitarbeitenden).

Was bedeutet das konkret für Sie?

Klären Sie mit HR/IT, ob und in welchem Umfang BYOD im Unternehmen zulässig ist. Treffen Sie eine klare Entscheidung für Ihren Bereich und kommunizieren Sie diese: „Dienstliche Daten nur auf Dienstgeräten" oder – falls erlaubt – „BYOD nur nach Freigabe und mit definierten Sicherheitsvorgaben". Stützen Sie BYOD-Modelle im Bereich vorzugsweise auf das berechtigte Interesse (Art. 6 Abs. 1 lit. f DSGVO) an Effizienz, flankiert durch eine technische Container-Lösung. Verbieten Sie ausdrücklich, Kundendaten und interne Dokumente dauerhaft in privaten E-Mail-Postfächern, Messengern oder Cloud-Speichern zu speichern.

▶ Unklare BYOD-Regeln führen in Prüfungen schnell zu der Frage: „Wie stellen Sie sicher, dass ehemalige Mitarbeitende keine Kundendaten mehr auf ihren privaten Geräten haben?"

6.1.3 Messenger und Kollaborationstools

Teams, Slack, Webex, WhatsApp, Signal, Threema, LinkedIn-Messenger – in Marketing und Vertrieb sind Messenger oft das wichtigste Arbeitswerkzeug. Die datenschutzrechtlich entscheidende Frage ist: Handelt es sich um einen freigegebenen Unternehmensmessenger oder um eine private Kommunikations-App, die Mitarbeitende „einfach so" nutzen?

Freigegebene Unternehmensmessenger (zum Beispiel Teams, Slack mit Unternehmensvertrag) können datenschutzkonform betrieben werden, wenn ein Vertrag mit dem Anbieter existiert (in der Regel Auftragsverarbeitung; Vertrags-Rollenmodell im Einzelfall prüfen), der Einsatz im Verzeichnis von Verarbeitungstätigkeiten erfasst ist, Rollen, Zugriffsrechte und Löschregeln definiert sind, die Nutzung auf dienstliche Zwecke beschränkt ist.

Problematisch sind private Messenger, bei denen das Unternehmen keinen Vertrag mit dem Anbieter hat, Kontakt- und Metadaten der Kommunikationspartner unkontrolliert verarbeitet werden, Dateien, Fotos und Screenshots dauerhaft in privaten Chats verbleiben, Chat-Verläufe nicht an Unternehmensregeln (Aufbewahrung, Löschung) gekoppelt sind.

Was Sie regeln sollten:

- Welcher Messenger ist für interne Kommunikation zugelassen?
- Wie wird mit Kundendaten in Messengern umgegangen (zum Beispiel nur in Ausnahmefällen, Dokumentation im CRM, keine dauerhafte Speicherung im Chat)?
- Welche Messenger sind ausdrücklich nicht für Kundendaten freigegeben (zum Beispiel WhatsApp auf Privatgeräten)?

6.1.4 Cloud-Speicher und Sync-Funktionen

Cloud-Speicher sind unverzichtbar – gerade in internationalen Teams. Sie erleichtern die Zusammenarbeit, die Versionierung und den Zugriff von unterwegs. Gleichzeitig sind sie ein klassischer Ausgangspunkt für Datenpannen, etwa wenn sensible Dateien in ungeschützten, öffentlich zugänglichen Ordnern landen, Links ohne Passwortschutz weitergegeben werden, private Cloud-Dienste für dienstliche Daten genutzt werden („Ich lade das kurz in meine Dropbox") oder Ordner von ehemaligen Mitarbeitenden nicht bereinigt werden und Externe weiter Zugriff haben.

Für Sie als Führungskraft kommt es auf drei Punkte an:

Klare Standardlösung: Es sollte eine freigegebene Unternehmenslösung geben (zum Beispiel SharePoint, OneDrive, Google Workspace, eigenes DMS). Sie machen im Bereich deutlich: Kundendaten und interne Dokumente gehören ausschließlich in diese Lösung – nicht in private Clouds.

Standard für Linkfreigaben: Vorgaben, ob Links nur intern, zeitlich befristet, passwortgeschützt oder nur für bestimmte Personen gelten sollen. Kein „Jeder mit dem Link"-Standard für sensible Inhalte.

Lebenszyklus von Ordnern: Projekt- und Kundenordner werden bewusst angelegt, benannt und abgeschlossen (Archivierung/Löschung). Zugriffe von Agenturen und Dienstleistern werden regelmäßig überprüft und bei Projektende entzogen.

▶ „Wo liegen eigentlich unsere Standardreports?" – Wenn Sie diese Frage nicht innerhalb weniger Minuten beantworten können, ist das ein Signal, dass Struktur und Verantwortlichkeiten für Ihren Cloud-Speicher nachgeschärft werden sollten.

6.2 Datei-Sharing, Screenshots, Fotos von Whiteboards

6.2.1 Datei-Sharing in Projekten und mit Agenturen

Marketing- und Vertriebsprojekte leben vom schnellen Austausch von Dateien: Zielgruppenlisten, Kampagnenbriefings, Reporting-Exports, Präsentationen mit Kundendaten und internen Kennzahlen, Export-Dateien aus CRM- oder Ticket-Systemen.

Typische Fehler sind: Dateien werden aus freigegebenen Systemen exportiert und in unstrukturierten Ordnern oder auf lokalen Laufwerken „zwischengeparkt". Datei-Links werden an dienstliche und private Adressen gemischt versendet. Agenturen erhalten Zugang zu mehr Daten, als sie für ihren Auftrag benötigen.

Was bedeutet das konkret für Sie?

Sie machen zur Regel, dass möglichst im System gearbeitet wird (zum Beispiel direkt im CRM-Reporting, im Kampagnentool, im Data Warehouse) und Exporte die Ausnahme sind. Wenn Exporte notwendig sind, werden sie bewusst gekennzeichnet (zum Beispiel „CRM-Export Kampagne X – nur intern – Löschung bis [Datum]"). Sie legen gemeinsam mit IT/Legal Standards fest, wie Dateien mit Agenturen geteilt werden (zum Beispiel nur über definierte Plattformen, nicht über private File-Transfer-Dienste).

6.2.2 Screenshots und Fotos von Whiteboards

Screenshots und Whiteboard-Fotos wirken harmlos – sind aber datenschutzrechtlich vollständige Datenverarbeitungen: Ein Screenshot eines Dashboards mit Kundennamen, Buchungscodes oder E-Mail-Adressen ist eine Kopie personenbezogener Daten. Ein Foto eines Whiteboards mit Kundennamen oder Beschäftigtendaten (zum Beispiel Sales-Ziele pro Person) ist eine neue Verarbeitung – oft in schlechter kontrollierbaren Kanälen (Messenger, private Foto-Cloud).

Besonders kritisch sind Situationen, in denen Fotos von Whiteboards, Flipcharts oder Pinnwänden mit personenbezogenen Daten in Messengern geteilt oder in privaten Clouds gespeichert werden, Screenshots direkt aus Tools an private Mailadressen geschickt werden („ich schaue mir das später zu Hause an") oder Fotos von Bildschirmen (zum Beispiel im Zug) erstellt und herumgereicht werden.

Praktische Regeln, die Sie in Ihrem Bereich setzen können: Kein Foto von personenbezogenen Daten ohne bewusste Entscheidung: Wenn auf Whiteboards oder Flipcharts Namen, Kontaktdaten, Ticketnummern, Buchungscodes oder Mitarbeiterdaten stehen, darf nur fotografiert werden, wenn klar ist, wo das Bild landet und wie es gelöscht wird.

Whiteboard-Hygiene: Vor Fotos werden Namen abgedeckt oder abgewischt; es werden nur generische Bezeichnungen („Kunde A", „Segment B") verwendet. Screenshots bewusst beschränken: Screenshots mit personenbezogenen Daten werden nur in freigegebenen Systemen gespeichert und nicht in private Messenger oder Clouds hochgeladen.

▶ Stellen Sie sich bei jedem Screenshot die Frage: „Würde ich dieses Bild so auch der Aufsichtsbehörde zeigen wollen?"

6.2.3 Schutzmaßnahmen: weniger ist mehr

Sie müssen nicht jede Screenshot-Erstellung verbieten. Entscheidend ist, dass Sie sensibilisieren: „Screenshot = Datenkopie" und Grenzen ziehen: keine Speicherung in privaten Foto-Ordnern, Messengern oder privaten Clouds sowie Alternativen anbieten: zum Beispiel Notizen im freigegebenen Kollaborationstool, anonymisierte Beispiele, Pseudonymisierung („Kunde 4711" statt „Müller GmbH").

Für Fragen rund um Bildrechte, Einwilligungen und Veröffentlichung in Social Media verweist dieses Kapitel auf die vertiefte Darstellung in Kapitel 7.

6.3 Schatten-IT erkennen und in geordnete Bahnen lenken

6.3.1 Was ist Schatten-IT?

Unter „Schatten-IT“ verstehen wir alle Systeme, Tools, Listen und Workarounds, die ohne offizielle Freigabe von IT, Datenschutz oder Informationssicherheit, ohne vertragliche Absicherung mit Anbietern und ohne dokumentierte Verantwortlichkeiten in einem Bereich genutzt werden – oft aus bester Absicht („Wir müssen ja arbeiten können“).

Typische Beispiele im Marketing- und Vertriebskontext: private oder kostenlose Versionen von Projekt- und Kampagnentools, selbst gebastelte Excel-CRM-Listen auf Netzlaufwerken oder in privaten Cloud-Ordnern, kostenlose File-Sharing-Dienste für den Austausch mit Agenturen, eigene „kleine“ Tracking- oder Formularlösungen auf Landingpages, die an der zentralen IT vorbei entstehen.

Schatten-IT ist nicht deshalb gefährlich, weil sie immer schlecht wäre – sondern weil sie unsichtbar ist. Unsichtbare Datenverarbeitungen lassen sich weder sauber absichern noch im Incident-Fall schnell überblicken.

6.3.2 Warum gerade Ihr Bereich anfällig ist

Im Marketing und Vertrieb entstehen Schattenlösungen besonders leicht: Neue Tools versprechen schnellere Kampagnen, bessere Leads, mehr Automatisierung. SaaS-Anbieter bieten kostenlose Testzugänge oder Kreditkartenmodelle „für kleine Teams“. Agenturen bringen eigene Plattformen mit, die sich „kostenlos“ nutzen lassen. Fachbereiche wollen nicht Monate auf eine formale Tool-Einführung warten.

Das Ergebnis: Ein unübersichtlicher Zoo an Tools, Accounts, Listen und Verknüpfungen, der in keiner offiziellen Datenlandkarte auftaucht (vgl. Kapitel 3).

6.3.3 Vom Schatten zur geordneten Lösung

Schatten-IT vollständig zu verbieten, ist in der Praxis illusorisch. Realistisch ist: Sie holen sie ans Licht und entscheiden, was abgeschaltet, in eine freigegebene Lösung überführt oder bewusst mit klaren Regeln geduldet wird.

Vorgehen in vier Schritten:

Inventur im Team: Offenes Gespräch: „Welche Tools, Listen, Freemium-Accounts nutzen wir für Kundendaten, Leads, Kampagnen, Reporting – auch neben den offiziellen Systemen?“ Niedrige Hürde, keine Schuldzuweisung: das Ziel ist Transparenz, nicht Sanktion.

Kategorisierung nach Risiko: Welche Tools enthalten personenbezogene Daten? Welche kommen mit sensiblen Daten in Berührung (zum Beispiel Gesundheitsdaten, Beschwerden, Beschäftigtendaten)? Welche sind nur organisatorische Hilfsmittel ohne personenbezogene Daten (zum Beispiel reine Task-Listen)? Prüfen Sie den relativen Personenbezug: Informationen sind für Ihren Bereich nur dann DSGVO-relevant, wenn Sie über realistische Mittel zur Identifizierung verfügen.

Entscheidung gemeinsam mit IT/DSB/Legal: Hochrisiko-Tools mit personenbezogenen Daten ohne Vertrag → zeitnah abschalten oder durch freigegebene Lösungen ersetzen. Mittelrisiko-Tools → prüfen, ob ein Vertrag und eine Einbindung in die Datenlandkarte möglich sind. Niedrigrisiko-Tools ohne personenbezogene Daten → gegebenenfalls mit einfachen Regeln dulden.

Dokumentation und Kommunikation: Entscheidungen in einem kurzen Bereichsvermerk festhalten: „Diese Tools sind erlaubt, diese werden abgelöst, diese sind unzulässig." Verweis in der Datenlandkarte und im Verzeichnis von Verarbeitungstätigkeiten (Kapitel 3).

Was bedeutet das konkret für Sie?

Sie initiieren mindestens einmal im Jahr eine „Schatten-IT-Sprechstunde": Ihr Team listet Tools, Listen und Workarounds auf – Sie priorisieren und entscheiden, welche in geordnete Bahnen gebracht werden. Sie verknüpfen diese Inventur mit Ihrer Datenlandkarte (Kapitel 3): Jedes relevante Tool erhält dort seinen Platz – inklusive Verantwortlichen.

Sie sorgen dafür, dass Agenturen keine eigenen „Parallel-CRMs" aufbauen, sondern auf definierte Schnittstellen und Systeme zurückgreifen. Sie etablieren einen einfachen Eskalationspfad: „Bevor ein neues Tool mit Kundendaten genutzt wird, sprechen wir kurz mit DSB/IT/Legal."

▶ Schatten-IT wird erst dann zum echten Risiko, wenn niemand sagen kann, wo sie existiert. Transparenz ist die halbe Miete.

6.4 Minimale, aber wirksame Regeln für den Bereich

Ziel dieses Kapitels ist nicht ein 20-seitiges Gerätehandbuch, sondern ein kleiner Satz klarer Regeln, die Sie im Bereich durchsetzen können.

6.4.1 Risikoindikator-Logik: Geräte und Tools

Mit der folgenden Risikoindikator-Logik können Sie und Ihr Team im Alltag schnell einschätzen, was unkritisch, prüfbedürftig oder unzulässig ist:

OK ☑ – im Regelfall unkritisch

- Nutzung von Dienstgeräten mit aktueller Sicherheitskonfiguration (Verschlüsselung, Bildschirmsperre, MDM),
- Arbeit in freigegebenen Systemen (CRM, Kampagnentools, Reporting-Plattformen) ohne unnötige Exporte,
- Datei-Sharing über vom Unternehmen freigegebene Plattformen (zum Beispiel SharePoint, definiertes Agenturportal),
- interne Kommunikation über freigegebene Unternehmensmessenger.

PRÜFEN ▽ – nur mit klaren Regeln und bewusster Entscheidung

- Nutzung privater Geräte mit Unternehmenszugriff, wenn BYOD organisatorisch und technisch geregelt ist (zum Beispiel Container-Lösung, Vereinbarung mit Mitarbeitenden),
- temporäre Exporte von Kundendaten für klar definierte Zwecke (zum Beispiel Kampagnenanalyse),
- Screenshots mit personenbezogenen Daten, die in freigegebenen Systemen gespeichert und zeitnah gelöscht werden,
- Einsatz neuer SaaS-Tools, die noch nicht freigegeben sind, aber zunächst ohne echte Kundendaten getestet werden.

▶ Hier sollten Sie prüfen, dokumentieren und IT/DSB/Legal einbinden, bevor der Regelbetrieb startet.

STOP ⛔ – Halt, bevor Sie weitermachen

- Speicherung von Kundendaten oder Beschäftigtendaten in privaten E-Mail-Postfächern, privaten Clouds oder Messengern,
- dauerhafte Nutzung nicht freigegebener Tools mit echten Kundendaten (zum Beispiel „Test-CRM", „kostenloser Newsletterdienst", „kleines Analyse-Tool"),
- Fotos von Whiteboards, Dashboards oder Listen mit personenbezogenen Daten auf Privatgeräten ohne klare Lösch- und Speicherregeln,
- Weitergabe von Datei-Links ohne Zugriffsbeschränkung („jeder mit dem Link") bei sensiblen Inhalten.

▶ Wenn Sie eine STOP ⊖-Situation erkennen, ist das kein Grund zur Panik – aber ein Grund, sofort zu handeln und den Vorfall in den Incident-Prozess (Kapitel 10) einzuspeisen.

6.4.2 Mini-Checkliste „Mobiles Arbeiten und Geräte-Einsatz"

Für schnelle Entscheidungen im Alltag können Sie die folgenden Fragen nutzen – etwa als Teil eines kurzen Bereichsleitfadens oder einer Intranet-Seite:

- Gerät: Erfolgt die Verarbeitung auf einem Dienstgerät mit Unternehmenssicherheit – oder auf einem Privatgerät?
- Tool: Nutze ich ein freigegebenes System oder ein Tool, das „irgendwer mal eingeführt hat"?
- Dateninhalt: Enthält die Datei/der Screenshot/das Foto personenbezogene Daten (Namen, Kontaktdaten, Buchungs-/Kundennummern, Beschäftigtendaten)?
- Speicherort: Wo landet das Material dauerhaft (freigegebene Plattform, Privat-Cloud, Messenger)?
- Zugriff: Wer kann realistischerweise darauf zugreifen (Team, ganze Organisation, Externe, Familie)?
- Löschung: Gibt es eine klare Löschperspektive („bis wann", „wo") – oder wird das Material „für alle Fälle" aufgehoben?
- Nachweis: Könnten Sie im Ernstfall erklären und nachweisen, dass Sie eine bewusste Entscheidung getroffen haben (zum Beispiel kurze Notiz, Zuordnung zu einem Projekt)?

Wenn Sie mehrere Fragen nicht klar mit einem datenschutzfreundlichen „Ja" beantworten können, ist das ein Signal, zu stoppen und Unterstützung zu holen.

Eine detaillierte Checkliste „Was gehört in die Akte? – Geräte, Schatten-IT und mobile Arbeit" finden Sie im Anhang 1 (A1.8). Mustertexte für eine kurze Bereichsregel sowie kompakte Hinweisbausteine zu Whiteboards, Screenshots und neuen Tools finden Sie im Anhang 2 (A2.8 und A2.9).

6.5 Fallakte: „USB-Stick im Rucksack – und plötzlich 145.000 EUR"

Eine Vertriebsleitung will Tempo. Für einen Workshop „Pipeline-Push" exportiert ein Teammitglied die aktuelle Lead-Liste aus dem CRM in eine Excel-Datei – Namen, Telefonnummern, Notizen („interessiert an Angebot X", „Rückruf vormittags"). Um abends offline weiterzuarbeiten, kopiert die Person die Datei „kurz" auf einen USB-Stick. Auf dem Heimweg wird der Rucksack gestohlen.

Erst am nächsten Tag fällt auf: Der Stick war nicht verschlüsselt; es gibt keine technische Sperre, keine zentrale Nachverfolgbarkeit und keinen Nachweis, ob jemand die Daten geöffnet hat. Intern heißt es zunächst: „Das war nur ein Speichermedium – und niemand weiß, ob überhaupt etwas passiert ist."

Die Aufsicht sieht das anders: Der Verlust eines ungeschützten Datenträgers ist eine Vertraulichkeitsverletzung – und bei hohem Risiko müssen Betroffene informiert werden. Im realen Fall endete das mit 90.000 EUR Bußgeld (Art. 5 Abs. 1 lit. f DSGVO) und 55.000 EUR Bußgeld (Art. 32 DSGVO), zusammen 145.000 EUR.[43]

Bemerkenswert daran ist:

Der „Tatort" ist kein Hackerangriff, kein Zero-Day – sondern ein USB-Stick, der in vielen Teams als harmlose Abkürzung gilt. Und genau das macht ihn so gefährlich.

Rechtskern:

Art. 5 Abs. 1 lit. f DSGVO verlangt Integrität und Vertraulichkeit – auch bei „banalen" Arbeitsmitteln wie Datenträgern. Art. 32 DSGVO verlangt angemessene technische und organisatorische Maßnahmen – bei mobilen Daten bedeutet das regelmäßig: Verschlüsselung/Schutz gegen unbefugten Zugriff und klare Regeln, wann Daten das System verlassen dürfen. „Wir wissen nicht, ob jemand reingeschaut hat" hilft nicht: Wenn der Datenträger unverschlüsselt ist, bleibt das Risiko – und kann Melde-/Informationspflichten auslösen.

Was bedeutet das konkret für Sie als Führungskraft? (3 Impulse)

„Export" ist ein Kontrollpunkt. Jede Excel-Liste ist ein potenzielles Schatten-System. Legen Sie fest: Wer darf exportieren? Wozu? Wie wird geschützt?

Standardweg statt Bastellösung. Geben Sie Ihrem Team einen sicheren Arbeitsweg (zum Beispiel verwaltete Geräte, gesicherte Ablagen, Remote-Zugriff) – dann sinkt der Druck, „kurz" USB/Privat-Cloud zu nutzen.

Sofortreaktion definieren. Verlust mobiler Datenträger = Incident. Kein Diskutieren, sondern: sperren, bewerten, melden, dokumentieren.

Wenn Sie das sauber dokumentiert hätten …

- Klare Regel: „Keine personenbezogenen Daten auf private Datenträger; Ausnahmen nur mit Freigabe und Verschlüsselung."

43 Agencia Española de Protección de Datos (AEPD), Resolución de Procedimiento Sancionador, PS/00084/2022 (AFIANZA ASESORES, S.L.), Diebstahl eines nicht verschlüsselten USB-Speichermediums; Bußgeld 90.000 EUR (Art. 5 Abs. 1 lit. f DSGVO) und 55.000 EUR (Art. 32 DSGVO).

- Technischer Nachweis: Vorgabe „verschlüsselte Datenträger/verwaltete Geräte“, plus Nachweis, dass das umgesetzt ist (zum Beispiel Policy, MDM-Einstellung, Freigabeprozess).
- Praxis-Kontrolle: Stichproben/Checks (zum Beispiel Export-Logs, Data-Loss-Prevention „DLP“ (Warnungen bei möglichem Datenabfluss) -Hinweise, kurze Team-Bestätigung „keine lokalen Listen“).
- Notfallkarte: Mini-Ablauf „Was tun bei Verlust/Diebstahl?“ inklusive Meldeweg und Zeitvorgabe.

Exkurs: Der neue Kollege KI – Prompting ohne Daten-Striptease

(1) Der Praxisfall (Narrativ)

Das Marketing-Team testet unter Hochdruck ein neues KI-Tool („MagicMarket-Text“), um aus alten Ausschreibungsunterlagen und Kunden-E-Mails schnell neue Pitch-Decks zu generieren. Weil die Enterprise-Lizenz zu teuer erschien, nutzen drei Key-Account-Manager ihre privaten Accounts oder die „Free Trial“-Version. Drei Wochen später tauchen Passagen aus der nicht-öffentlichen Produkt-Roadmap (die Teil des Prompts war) in einem Blogpost eines Wettbewerbers auf, der vermutlich das gleiche Tool nutzt. Zudem stellt ein Kunde ein Auskunftsersuchen nach Art. 15 DSGVO und möchte wissen, ob seine Daten „automatisiert verarbeitet“ wurden – Ihr Team weiß aber gar nicht mehr, welche Kundendaten genau in den Chatbot kopiert wurden.

(2) Die Analyse (Kompakt & Rechtlich)

Hier prallen zwei Welten aufeinander: Das Geschäftsgeheimnisgesetz (GeschGehG) und die DSGVO.

Input-Problem: Werden Daten in eine „offene“ KI (Training-Mode on) eingegeben, verlieren Sie faktisch die Kontrolle über die Verwendung dieser Daten. Personenbezogene Daten (Namen, E-Mails im Text) dort hineinzukopieren, ist ohne Auftragsverarbeitungsvertrag (AVV) ein direkter Datenschutzverstoß. Es ist eine unzulässige Datenübermittlung an Dritte. Nutzen Sie für Tests synthetische oder belastbar anonymisierte Beispiele. „Namen entfernen“ reicht nicht, wenn der Fall über Merkmalskombinationen wieder zuordenbar ist.

Output-Problem: Wem gehört das Ergebnis? Urheberrechtlich ist KI-Output oft „gemeinfrei“. Sie können also keine Exklusivität für den generierten Slogan beanspruchen. Eine international anerkannte rechtliche Regelung zur Urheberschaft existiert derzeit nicht.

Führungsaufgabe: Das Verbot von KI führt in vielen Fällen zur Nutzung einer Schatten-IT (KI). Die Lösung ist die Kapselung. Es sollte in einem ersten Schritt eine „Enterprise-Instanz“ genutzt werden, bei der der Anbieter vertraglich zusichert: „Deine Daten werden nicht zum Training unseres Modells genutzt.“ Dies ist die absolute Minimal-Lösung. In einem zweiten Schritt muss Ihr Team sorgsam darauf achten, weder Geschäftsgeheimnisse, noch personenbezogene Daten zu prompten.

(3) Quick-Box: KI im Marketing (Do's und Don'ts)

STOPP (Don't)	**GO (Do)**
Klarnamen im Prompt: „Schreib eine Mail an Hr. Müller…“	Platzhalter nutzen: „Schreib eine Mail an [Kunde A]…“ (Namen erst im E-Mail-Programm einfügen).
Free-Tools nutzen: „Kostenlose“ Versionen können – je nach Anbieter und Einstellungen – durch Nutzung der Eingaben als Trainingsdaten bezahlt werden.	Enterprise-Lizenzen: Nur Tools mit AVV und „No-Training-Policy“ nutzen.
Ganze Dokumente hochladen: Excel-Listen oder Verträge ungesehen hochladen.	Snippet-Taktik: Nur den Absatz prompten, der umformuliert werden soll (ohne Kontextdaten).
Blindes Vertrauen: Fakten der KI ungeprüft übernehmen („Halluzinationen“).	Human-in-the-loop: Jedes Ergebnis muss von einem Mitarbeitenden freigegeben werden.

(4) Achtung Zeitplan AI Act

Mit dem Inkrafttreten der europäischen KI-Verordnung (AI Act) tickt die Uhr. Für Marketing-Tools, die als „Hochrisiko-KI“ eingestuft werden (hierzu können bestimmte Scoring-Systeme zur Kreditwürdigkeit oder Systeme zur Emotionserkennung zählen), greifen die vollen Pflichten ab dem 2.8.2026. Stellen Sie auch sicher, dass Ihr Team ab August 2026 KI-generierte Werbeinhalte (Texte, Bilder) aktiv kennzeichnet. Verbotene Praktiken (zum Beispiel Social Scoring) sind bereits ab Februar 2025 untersagt. Prüfen Sie jetzt Ihre Tool-Landschaft auf diese Fristen, um nicht in eine Compliance-Falle zu laufen.[44]

44 EU-Webseite: Timeline for the Implementation of the EU AI Act, abrufbar unter: https://ai-act-service-desk.ec.europa.eu/en/ai-act/timeline/timeline-implementation-eu-ai-act, Stand 12/2025.

7. Foto, Video und Social Media

Im Marketing- und Vertriebsalltag ist fast alles visuell: Fotos vom Messestand, kurze Videos vom Produkt-Launch, Teamfotos für das Intranet, Erfolgsmeldungen auf LinkedIn, Instagram oder im Corporate Blog. Fast jede Führungskraft hat heute eine Kamera in der Hand – das Smartphone.

Genau hier treffen sich Datenschutz, Persönlichkeitsrechte und Employer Branding: Ein spontanes Foto, ein eilig geposteter Beitrag oder ein unbedacht markierter Kontakt kann zu Beschwerden, Auskunftsansprüchen oder sogar Schadensersatzforderungen führen.

▶ Ein Foto ist nicht „nur" ein Bild – es ist ein personenbezogenes Datum, das sich weltweit und sekundenschnell verbreiten lässt.

Dieses Kapitel zeigt Ihnen, wie Sie interne und externe Bildnutzung rechtssicher organisieren, Events und Referenzen nutzen, Social Media als Chance begreifen – und typische Fehler vermeiden, die schnell zu Beschwerden und Incidents führen können.

Praxisfall – „Das Sommerfest auf LinkedIn"

Ein Unternehmen veranstaltet ein großes Sommerfest für Vertrieb und wichtige Geschäftskunden. Es gibt eine Fotowand mit Logo, eine Bühne für die Award-Verleihung „Sales Team of the Year" und ein professionelles Foto- und Videoteam. In der Einladung steht ein allgemeiner Hinweis, dass „Foto- und Filmaufnahmen" gemacht werden.

Am nächsten Tag veröffentlicht das Social-Media-Team mehrere Fotos auf LinkedIn und Instagram: Siegerteams, stimmungsvolle Szenen von der Tanzfläche, Close-ups von Einzelpersonen. Auf einem Bild ist deutlich eine Mitarbeiterin zu erkennen, die sich in Elternzeit befindet und ausdrücklich gebeten hatte, „nicht online zu erscheinen". Auf einem anderen Foto tragen Teilnehmende Regenbogenfahnen und politische Buttons – das Bild wird in einem Post zur „bunten Kultur im Vertrieb" verwendet.

Kurz darauf gehen beim Datenschutzbeauftragten Beschwerden ein: Die Mitarbeiterin fühlt sich bloßgestellt, weil Teammitglieder und Geschäftspartner nun wissen, dass sie trotz Elternzeit an der Veranstaltung teilgenommen hat. Andere Teilnehmende sehen ihre politische Haltung und sexuelle Orientierung ungewollt öffentlich gemacht. Eine Person beschwert sich zusätzlich bei der Aufsichtsbehörde und fordert Löschung und immateriellen Schadensersatz nach Art. 82 DSGVO.

Die interne Prüfung ergibt: Es gab keine klaren Einwilligungen für die Online-Veröffentlichung, keinen dokumentierten Prozess für Widerspruchswünsche, und die Fotoauswahl wurde primär nach Marketinggesichtspunkten getroffen – nicht nach datenschutzrechtlichen Kriterien. Das Unternehmen muss die Posts löschen, sich entschuldigen, die Prozesse anpassen und Schadensersatz zahlen.

Die Lehre aus dem Fall

Fotos und Videos sind personenbezogene Daten im Sinne von Art. 4 Nr. 1 DSGVO, sobald Personen identifizierbar sind – etwa durch Gesicht, Kontext, Namensschild oder Social-Media-Tag. Je nach Motiv können sogar besondere Kategorien personenbezogener Daten berührt sein (Art. 9 DSGVO), zum Beispiel bei Bildern, die Gesundheitszustand, Religion, politische Meinung oder sexuelle Orientierung nahelegen.

Für Sie als Führungskraft bedeutet das: Interne Nutzung (Intranet, Newsletter, Präsentationen) und externe Nutzung (Website, Social Media, Presse) sind rechtlich deutlich zu unterscheiden. Ein allgemeiner Hinweis „Es wird fotografiert" genügt für Social-Media-Posts mit klar erkennbaren Personen in der Regel nicht. Einwilligungen müssen freiwillig, informiert, dokumentiert und jederzeit widerruflich sein; Widerspruchsmöglichkeiten müssen auch praktisch funktionieren.

Je höher die Reichweite (Social Media, globale Website), je sensibler der Kontext (Krankheit, Religion, Pride-Event, Proteste), desto höher der rechtliche Maßstab.

▶ Je persönlicher das Bild und je öffentlicher der Kanal, desto stärker brauchen Sie eine Einwilligung und geordnete Prozesse – nicht Bauchgefühl.

7.1 Interne und externe Bildnutzung: Einwilligungen und Widerspruchsrechte

7.1.1 Wann Fotos personenbezogene Daten sind

Als personenbezogenes Datum gilt jedes Foto oder Video, auf dem eine Person identifizierbar ist – sei es durch Gesicht, Körpersprache, Arbeitsplatz, Namensschild, Uniform oder Kombination mit anderen Informationen (zum Beispiel Bildunterschrift, Tagging).

Nicht personenbezogen (und damit datenschutzrechtlich unkritischer) sind dagegen: rein symbolische Bilder ohne Personen (Produkte, Gebäude, abstrakte Motive), Bilder, auf denen Personen nur wie „Beiwerk“ in der Menge verschwimmen und tatsächlich nicht identifizierbar sind oder Fotos, die so bearbeitet sind, dass Gesichter zuverlässig unkenntlich sind (Verpixelung, konsequenter Zuschnitt).

Sobald auch nur ein Teil der abgebildeten Personen für einen relevanten Kreis identifizierbar ist (Team, Geschäftspartner, Öffentlichkeit), müssen Sie von personenbezogenen Daten ausgehen – und damit von der vollen Anwendung der DSGVO. Neben der DSGVO ist bei Veröffentlichungen regelmäßig auch das Recht am eigenen Bild (Kunsturhebergesetz, §§ 22, 23 KUG) zu beachten.

7.1.2 Interne Nutzung: berechtigtes Interesse mit Grenzen

Für viele interne Zwecke können Sie sich auf ein berechtigtes Interesse nach Art. 6 Abs. 1 lit. f DSGVO stützen, etwa bei Organigrammen mit Portraitfotos im Intranet, internen Berichten über Veranstaltungen, Bildern in internen Präsentationen oder Newslettern oder Bilddokumentationen für interne Schulungszwecke.

Voraussetzungen sind:

- Transparenz: Mitarbeitende und gegebenenfalls Gäste wissen, wofür die Bilder intern genutzt werden.
- Interessenabwägung: Die legitimen Interessen des Unternehmens (zum Beispiel Information, Zusammenarbeit, Kultur) überwiegen die Interessen der Betroffenen; sensible Kontexte sind ausgeschlossen.
- Zugriffsbeschränkung: Bilder sind nur im vorgesehenen Personenkreis sichtbar (nicht frei im Internet, kein offener Link).
- Widerspruchsrecht: Betroffene können aus persönlichen Gründen widersprechen (Art. 21 DSGVO), und dieser Widerspruch wird ernst genommen.

Praxisnah heißt das: Für neutrale Teamfotos im Intranet, ohne sensitive Kontexte, kann ein sauber dokumentiertes berechtigtes Interesse genügen. Wer aus nachvollziehbaren Gründen nicht intern gezeigt werden möchte (Schutzbedürftigkeit, besondere Situation), darf nicht „überstimmt“ werden.

7.1.3 Externe Nutzung: Einwilligung als Regelfall

Für externe Kanäle – insbesondere Website, Social Media, Pressearbeit, Kampagnenmaterial – sollten Sie für klar erkennbare Personen regelmäßig mit Einwilligungen arbeiten (Art. 6 Abs. 1 lit. a DSGVO; bei Beschäftigten regelmäßig auf Einwilligung stützen).

Typische Fälle sind: Portraits von Mitarbeitenden mit Namen und Funktion für Employer Branding, Fotos von Award-Preisträgern auf LinkedIn oder in Pressemitteilungen, Bilder von Kunden, Partnern oder Event-Teilnehmenden in Kampagnen oder Videos von Panels, Interviews, Produktpräsentationen mit identifizierbaren Personen.

Die Einwilligung muss informiert sein: klare Beschreibung der Kanäle (Website, Social Media, Print), Zwecke (Employer Branding, Eventbericht, Kampagne), freiwillig sein: kein Druck („sonst gelten Sie als nicht loyal"), echte Wahlmöglichkeit, nachweisbar sein: Dokumentation im HR- oder Event-System, unterschriebenes oder elektronisch gespeichertes Formular und widerruflich sein: Hinweis, dass Widerruf jederzeit für die Zukunft möglich ist und an wen er zu richten ist.

▶ Ein „Wie immer" oder „Sie haben ja nichts gesagt" ist keine wirksame Einwilligung. Entscheidend ist, was dokumentiert und erklärbar ist.

7.1.4 Widerspruch und Widerruf: Wie Sie fair reagieren

Betroffene haben verschiedene Rechte: Widerspruchsrecht nach Art. 21 DSGVO bei Verarbeitungen auf Grundlage berechtigter Interessen (zum Beispiel interne Nutzung, Öffentlichkeitsarbeit) oder ein Widerrufsrecht bei Einwilligungen (Art. 7 DSGVO). Der Widerruf wirkt für die Zukunft.

Für Ihren Bereich sollten Sie daher einen klaren Ansprechpartner für Bildnutzungen benennen (zum Beispiel Kommunikation, HR, Marketing), einen einfachen Kontaktweg anbieten (Mailadresse, Formular, Hinweis in Datenschutzhinweisen und Einwilligungsformularen) und einen internen Prozess definieren: Wer prüft den Widerspruch/Widerruf? Wer entscheidet über Löschungen, Unkenntlichmachungen oder künftige Nichtnutzung? Und bei externen Veröffentlichungen einen pragmatischen Umgang wählen: Posts löschen, Bilder austauschen, Personen unkenntlich machen – ohne die Betroffenen in eine Begründungsrolle zu drängen.

▶ Sie müssen nicht jede alte Print-Broschüre nachträglich aus dem Verkehr ziehen. Aber Sie sollten künftige Nutzungen steuern und digital schnell reagieren können.

7.2 Event-Fotografie, Teamfotos, Referenzen

7.2.1 Event-Fotografie – von der Einladung bis zur Auswahl

Events sind für Marketing und Vertrieb eine zentrale Bühne – und damit fotografisch attraktiv. Gleichzeitig sind sie datenschutzrechtlich heikel, weil viele Menschen in informeller Umgebung auftreten.

Empfohlene Schritte:

- Vorab planen: Welche Motive sind wirklich nötig (Bühne, Gesamtstimmung, bestimmte Panels, Award-Verleihungen)? Welche Kanäle sollen bedient werden (nur intern, auch Social Media, Presse)? Gibt es besonders sensible Kontexte (Kinder, Gesundheit, Religion, politische Symbole)?
- Transparente Information: Bereits in der Einladung klar kommunizieren, dass Foto- und Videoaufnahmen erfolgen, mit welchem Zweck und auf welchen Kanälen. Vor Ort gut sichtbare Hinweise (Aufsteller, Screens, Agenda) mit Verweis (QR/Link) auf die vollständigen Datenschutzinformationen. Möglichst klar zwischen interner und externer Nutzung unterscheiden.
- Opt-out ermöglichen: „No photo"-Option bei Anmeldung oder vor Ort (zum Beispiel farbige Lanyards, Sticker oder Armbänder). Fototeams müssen diese Markierungen kennen und beachten. Bereiche definieren, in denen nicht fotografiert wird (zum Beispiel Essen, lockere Gespräche, Kinderecke).
- Auswahl mit Rückgrat: Motive vermeiden, die Personen in peinlichen, verletzlichen oder sensiblen Situationen zeigen (Alkoholkonsum, offenkundige Erschöpfung, intime Szenen). Hintergrund prüfen: Whiteboards, Präsentationen oder Bildschirme mit Kundendaten oder internen KPIs haben im Foto nichts verloren (vgl. Kapitel 6). Nach Möglichkeit Einzelfotos oder kleine Gruppen nur verwenden, wenn Einwilligungen vorliegen.

> ▶ Je größer das Event und je mehr externe Reichweite Sie planen, desto eher sollten Sie mit standardisierten Einwilligungstexten und klaren Opt-out-Regeln arbeiten.

7.2.2 Teamfotos und Mitarbeiterportraits

Teamfotos und Portraits sind für interne Zusammenarbeit und Employer Branding wichtig – sie greifen aber tief in Persönlichkeitsrechte ein.

Unterscheiden Sie: Interne Fotos (zum Beispiel im Intranet, Teams-Übersichten): mögliche Rechtsgrundlage: berechtigtes Interesse, sofern kein besonderer Druck besteht und eine Opt-out-Möglichkeit besteht, sensible Personengruppen (zum Beispiel Schwerbehinderte, besonders schutzbedürftige Mitarbeitende) sollten besonders berücksichtigt werden.

Externe Fotos (zum Beispiel Kampagnen, Karriere-Website, Social Media). Regelfall: schriftliche Einwilligung, klarer Hinweis auf Kanäle, Widerrufsrecht, keine negativen Folgen bei Ablehnung. Widerruf bedeutet: das Bild künftig nicht mehr neu verwenden; vorhandene Online-Inhalte möglichst zeitnah entfernen oder austauschen.

Praktische Empfehlungen: Teamfotos sollten so gestaltet werden, dass einzelne Personen bei Widerruf notfalls herausgeschnitten oder durch ein neues Bild ersetzt werden können. In Einwilligungen sollte festgelegt sein, ob und wie lange Bilder genutzt werden dürfen (zum Beispiel drei Jahre), und danach aktiv prüfen, ob die Nutzung noch passt. Keine „Einwilligung auf Lebenszeit“ in Arbeitsverträgen verstecken – das wird rechtlich kritisch und wirkt gegenüber Mitarbeitenden unseriös.

7.2.3 Referenzen mit Kunden- und Partnerlogos

Referenzen sind Vertriebswährung – gerade im B2B-Geschäft. Typisch sind: Case-Studies mit Logo und Foto des Kunden, Zitate („Testimonial“) einer Ansprechperson mit Bild oder gemeinsame Social-Media-Posts („Gemeinsam mit unserem Partner XY…“).

Die datenschutzrelevanten Punkte: Unternehmen als solches sind nicht personenbezogen – aber sobald Sie eine Ansprechperson mit Foto, Namen oder Kontaktdaten zeigen, sind Sie im Datenschutz. Neben der datenschutzrechtlichen Einwilligung der Person brauchen Sie regelmäßig auch eine Zustimmung des Unternehmens (Marketing/Legal), um Logo und Zitat zu nutzen. Bei Video-Statements (zum Beispiel auf Messen) sollte klar sein, ob und wo das Material später auch verwendet wird (nicht nur auf der Messe, sondern auch im Web, in Social Media, in Präsentationen).

▶ Ein sauberer Referenzprozess (Standardtext für die Zustimmung des Unternehmens und einer Einwilligung der abgebildeten Person) ist für Marketing und Vertrieb ein Investment in Compliance – statt späterer Nachverhandlungen oder Beschwerden.

7.3 Social-Media-Posts aus Ihrem Bereich: Chancen und Risiken

Social Media bietet Ihrem Bereich enorme Chancen: Reichweite, schnelle Kommunikation, direkte Ansprache von Kunden und Bewerbenden, Sichtbarkeit für Ihre Teams. Genau diese Schnelligkeit und Reichweite bedeuten aber auch: Fehler verbreiten sich in Minuten – und lassen sich kaum vollständig zurückholen.

7.3.1 Offizielle Unternehmenskanäle

Für offizielle Kanäle (LinkedIn-Company-Page, Instagram-Account, YouTube, TikTok, X, Corporate Blogs) gilt: Ihr Unternehmen bleibt Verantwortlicher im Sinne der DSGVO – gemeinsam mit der Plattform, soweit es um Daten der Nutzer geht (zum Beispiel Statistiken, Targeting, Kommentare). Sie steuern über Inhalte, Bildauswahl und Moderation einen wesentlichen Teil des Risikos. Wichtige Grundsätze:

- Datensparsamkeit: So wenig identifizierbare Personen wie nötig, Fokus auf Inhalte, Produkte, Prozesse, abstrakte Szenen.
- Sensible Kontexte vermeiden: Keine Bilder, aus denen sich Gesundheitsdaten, politische Meinungen, Religion, Gewerkschaftszugehörigkeit oder sexuelle Orientierung ableiten lassen, ohne ausdrückliche Einwilligung.
- Kommentare moderieren: Persönlichkeitsrechtsverletzende, diskriminierende oder datenintensive Kommentare (zum Beispiel konkrete Buchungsdaten, Ansprechpartner mit Mobilnummer) zügig moderieren, gegebenenfalls löschen.
- Verlinkung und Tagging: Taggen Sie Personen nur, wenn diese dem zugestimmt haben; vermeiden Sie das ungefragte Tagging von Kunden.

▶ Behandeln Sie jeden Social-Media-Post so, als könnte er Teil einer Behördenakte oder Gerichtsakte werden – und fragen Sie sich, ob Sie ihn in diesem Kontext vertreten können.

7.3.2 Private Accounts von Mitarbeitenden

Eine besondere Herausforderung sind private Social-Media-Accounts von Mitarbeitenden, insbesondere aus Vertrieb, Key Account Management und Marketing:

Mitarbeitende posten Fotos von Messen, Kundenmeetings, Gewinnspielen, Incentives, Kundennamen, Logos, Personen und manchmal erscheinen sogar Bildschirme mit Daten im Hintergrund. Die Grenze zwischen „privat“ und „dienstlich“ verschwimmt. Sie können private Accounts nicht vollständig regeln – aber Sie können klare Erwartungen formulieren:

Social-Media-Guidelines, die insbesondere Bildmotive, den Umgang mit Kundennamen, Screenshots und internen Informationen regeln. Kundendaten, interne Dashboards, Whiteboards, Sicherheitsbereiche oder sensible Motive gehören nicht in private Posts. Die Empfehlung, dienstliche Inhalte über offizielle Unternehmenskanäle zu spielen und diese zu teilen, statt eigene „Spontan-PR“ zu machen.

Wichtig: Machen Sie deutlich, dass Mitarbeitende keine Einwilligungen von Dritten „einsammeln“ oder selbst Rechtsrisiken tragen sollen. Die Verantwortung für sauberes Social-Media-Marketing liegt bei den dafür vorgesehenen Rollen und Kanälen.

7.3.3 Besondere Risiken: Kinder, sensible Kontexte, Notfälle

Besonders kritisch sind Fotos von Kindern (zum Beispiel bei Familien-Events, Schulkooperationen, Gewinnspielen); Bilder aus medizinischen, religiösen oder politisch stark aufgeladenen Kontexten; Szenen, bei denen Personen offensichtlich verletzlich sind (Unfälle, Notfälle, weinende Menschen, stark alkoholisierte Situationen).

In diesen Fällen sollten Sie ohne ausdrückliche Einwilligung aller Sorgeberechtigten beziehungsweise betroffenen Personen keine identifizierbaren Fotos verwenden und auch bei einer Einwilligung abwägen, ob die Veröffentlichung notwendig und angemessen ist. Gerade für Social Media sollten Sie besonders zurückhaltend sein – oft reicht ein neutrales Symbolbild oder ein Zitat ohne Bild.

7.4 Typische Fehler – und wie Sie sie vermeiden

Risikoindikator-Logik: Foto, Video und Social Media

OK ☑ – meist unkritisch (bei Einhaltung der Grundregeln)

- Neutrale Bilder ohne identifizierbare Personen (Produkte, Gebäude, abstrahierte Szenen).
- Fotos von Mitarbeitenden im Intranet, wenn diese informiert sind, der Kreis begrenzt ist und Widerspruch respektiert wird.
- Event-Fotos, bei denen Personen nur als nicht identifizierbare Menge erkennbar sind („Totale“ von hinten oder von oben).
- Social-Media-Posts ohne Personenbild (zum Beispiel Zitatgrafiken, Produktbilder, neutrale Symbolfotos).

PRÜFEN ∇ – nur mit Prüfung und klaren Spielregeln

- Event-Fotografie, bei der einzelne Personen erkennbar sind, aber keine sensiblen Kontexte berührt werden.
- Teamfotos im Intranet, wenn einzelne Mitarbeitende Bedenken äußern.
- Portraits von Mitarbeitenden auf Website oder Social Media mit Einwilligung.
- Referenzen mit Foto von Kunden oder Partnern.

▶ PRÜFEN ∇ -Vorhaben sind möglich, aber nur mit dokumentierter Rechtsgrundlage (Einwilligung oder saubere Interessenabwägung), klarer Information der Betroffenen, geordnetem Prozess für Widerspruch/Widerruf und sorgfältiger Motiv- und Kanalauswahl.

STOP ⛔ – Stopp, bevor Sie weitermachen

- Bilder, aus denen sich Gesundheitsdaten, politische Meinungen, Religion, sexuelle Orientierung oder Gewerkschaftszugehörigkeit ablesen lassen – ohne ausdrückliche, dokumentierte Einwilligung.
- Fotos von Kindern für Social Media ohne schriftliche Zustimmung aller Sorgeberechtigten.
- Bilder aus Notfällen, Krisen, Sicherheitsbereichen, in denen Personen identifizierbar sind.
- Screenshots oder Fotos von Bildschirmen mit Buchungsdaten, CRM-Ansichten, Dashboards – insbesondere, wenn diese in Social Media oder an Agenturen gehen sollen (vgl. Kapitel 6).
- Verwendung von Mitarbeiterfotos nach Widerruf oder nach Beendigung des Arbeitsverhältnisses, ohne erneute Abstimmung.

▶ STOP ⛔ heißt: stoppen, DSB/Legal hinzuziehen, Alternativen suchen (zum Beispiel andere Motive, Anonymisierung, reine Text- oder Symbolkommunikation).

Wenn Sie mehrere dieser Fragen nicht überzeugend beantworten können, ist das ein Signal, die Veröffentlichung zu verschieben, Alternativen zu suchen oder DSB/Legal einzubinden.

Zum Abschluss: Sie müssen nicht jede Fotofrage allein entscheiden. Ihre Aufgabe als Führungskraft ist es, klare Leitplanken zu setzen: Welche Motive wollen wir grundsätzlich, welche nicht? Welche Kanäle nutzen wir wofür? Wo brauchen wir Einwilligungen, wo genügt eine interne Information und Widerspruchsmöglichkeit?

Eine detaillierte Checkliste „Was gehört in die Akte? – Foto, Video und Social Media“ finden Sie im Anhang 1 (A1.9). Dort können Sie strukturiert dokumentieren, wie Ihr Bereich Bildnutzung und Social Media organisiert und nachweist.

Mustertexte – etwa für Foto- und Video-Hinweise bei Events, Einwilligungsformulare für Mitarbeiterfotos und Standard-Hinweise für Social-Media-Guidelines – finden Sie im Anhang 2 (A2.10 – A2.12). So stellen Sie sicher, dass Ihre Bildkommunikation nicht nur kreativ, sondern auch auditfest ist – und Sie im Incident-Fall erklären können, warum Sie wie entschieden haben.

7.5 Fallakte: „Teamfoto, Website, Instagram – und am Ende 9.000 Euro“

Die Marketing-Leitung will das Employer Branding modernisieren: neue Website, neues Look-and-Feel, „Menschen statt Stockfotos“. Beim Fotoshooting entstehen Teamfotos und kurze Videos für die Website – und nebenbei gleich Material für Facebook und Instagram. Es wirkt harmlos: ein freundliches Gruppenbild unter „Unser Team“, dazu zwei, drei Portraits. Über Jahre werden die Bilder immer wieder repostet, mal als Rückblick, mal als Recruiting-Post.

Eine Mitarbeiterin bittet schließlich schriftlich um Entfernung ihrer Bilder und Videos – sie will nicht mehr öffentlich sichtbar sein. Zunächst kommt eine beruhigende Antwort: „Wir kümmern uns.“ Kurz darauf heißt es sinngemäß: „Das war doch immer mit Ihrem Einverständnis – das hat das Team doch selbst gepostet.“ Nur: Nachweisbar ist nichts. Die Mitarbeiterin hakt nach, erneut schriftlich. Wieder passiert nichts. Die Bilder bleiben online – Website, Facebook, Instagram. Die Betroffene beschwert sich bei der spanischen Datenschutzaufsicht.

Die Behörde stellt fest: Es gibt keine tragfähige Rechtsgrundlage für die Veröffentlichung der Mitarbeiterfotos – und das Löschverlangen wurde nicht wirksam umgesetzt. Am Ende stehen zwei Geldbußen: 6.000 EUR wegen fehlender Rechtsgrundlage und 3.000 EUR wegen nicht erfülltem Recht auf Löschung.[45]

45 Agencia Española de Protección de Datos (AEPD; spanische Datenschutzaufsicht), Resolución de procedimiento sancionador, Expediente N° PS/00119/2021 – Geldbußen i. H. v. 6.000 EUR (Art. 6 Abs. 1 Datenschutz-Grundverordnung) und 3.000 EUR (Art. 17 Datenschutz-Grundverordnung) wegen Veröffentlichung von Mitarbeiterfotos auf Website sowie Facebook/Instagram ohne nachweisbare Rechtsgrundlage und wegen nicht umgesetzter Löschung.

Bemerkenswert daran ist:

Aus Sicht des Teams ist es „nur ein nettes Foto“. Aus Sicht der Aufsicht ist es öffentliche Verbreitung personenbezogener Daten – und der Klassiker „mündlich ja, schriftlich nein“ endet teuer.

Rechtskern:

Mitarbeiterfotos sind personenbezogene Daten. Für die Veröffentlichung braucht es eine Rechtsgrundlage (typisch: Einwilligung – dokumentiert und widerruflich; in engen Grenzen gegebenenfalls Interessenabwägung). Ein Widerruf oder Widerspruch oder ein Löschverlangen ist kein „nice to have“: Es muss organisatorisch so aufgesetzt sein, dass die Entfernung kanalübergreifend funktioniert (Website, Social-Media-Accounts, Medienbibliotheken). „Das hat die Kollegin selbst gepostet“ hilft nicht, wenn der Arbeitgeber die Kanäle betreibt und die Veröffentlichung im Unternehmensinteresse erfolgt. Entscheidend ist die Kontrolle über Zweck und Veröffentlichung.

Was bedeutet das konkret für Sie als Führungskraft?

Employer Branding braucht ein „Nein, danke“-Verfahren. Legen Sie fest, wie Widerruf/Löschung eingehen, geprüft und umgesetzt werden – mit klaren Zuständigkeiten. Beweis schlägt Bauchgefühl. Wenn Sie im Streitfall nicht zeigen können, wann und wofür die Einwilligung erteilt wurde, stehen Sie schlecht da – auch wenn „doch alle einverstanden waren“. Kanal-Landkarte statt Einzelaktion. Prüfen Sie vor der Veröffentlichung: Welche Kanäle, welche Reichweite, welche Wiederverwendung (Reposts, Kampagnen, Recruiting, Presse)? Dann entscheiden Sie bewusst.

Wenn Sie das sauber in der Akte gehabt hätten …

- Ein kurzer, unterschriebener Einwilligungstext (Zweck, Kanäle, Dauer, Widerruf) – plus Ablageort.
- Eine Liste der Veröffentlichungsorte (Website-Seite, Facebook-Account, Instagram-Post-Links/IDs) – damit Löschung nicht zur Schnitzeljagd wird.
- Ein 1-Seiten-Ablauf „Widerruf/Löschung von Bildern“ (Eingang → Prüfung → Umsetzung → Rückmeldung an Betroffene).
- Ein Erledigungsnachweis (Datum, Screenshot/Log oder Bestätigung der Entfernung je Kanal).

Exkurs: Conversion-Optimierung vs. Dark Patterns – Wenn UX toxisch wird

(1) Der Praxisfall

Das Digital-Team eines Reiseanbieters steht unter Druck: Die „Conversion Rate" muss nach oben. Für die neue Buchungsstrecke implementiert die UX-Agentur deshalb psychologische Trigger: Ein Countdown-Timer („Dieses Angebot gilt nur noch 5:00 Minuten"), Hinweise auf Verknappung („3 Personen schauen sich das gerade an") und vorselektierte Checkboxen für Zusatzversicherungen. Zudem ist der „Ablehnen"-Button im Cookie-Banner grau auf grauem Grund und kaum zu finden. Die Zahlen steigen kurzfristig, doch dann kommt die Abmahnung eines Verbraucherschutzverbandes. Der Vorwurf: Irreführung durch „Dark Patterns" und Verstoß gegen den „Digital Services Act" (DSA). Zudem erklären Datenschützer alle über das Banner eingeholten Einwilligungen für ungültig, da sie nicht „freiwillig" erfolgten. Die gesamte Retargeting-Datenbasis von sechs Monaten muss gelöscht werden.

(2) Die Analyse (Kompakt & Rechtlich)

Grenzenloses Optimieren ist vorbei. Marketing-Psychologie („Nudging") ist erlaubt, Manipulation („Dark Patterns") ist verboten.

Der Digital Services Act (DSA) verbietet Online-Plattformen explizit, Nutzerschnittstellen so zu gestalten, dass sie die Entscheidungsfähigkeit der Nutzer „wesentlich beeinträchtigen oder behindern".

Vorsicht Falle: Bei der Gestaltung von Einwilligungen (zum Beispiel Cookie-Bannern oder Newsletter-Anmeldungen) schauen Behörden heute genau auf das Design. Die CNIL (im Fall Google/Shein) und der Europäische Datenschutzausschuss fordern, dass das Ablehnen einer Verarbeitung genauso einfach sein muss wie das Zustimmen („Reject All"-Button auf der ersten Ebene).[46] Designs, die den Nutzer durch Farben (grüner Button vs. grauer Link) oder Klickpfade zur Zustimmung drängen (sogenannte „Dark Patterns"), führen zur Unwirksamkeit der Einwilligung. Eine so erschlichene Einwilligung ist juristisch wertlos – alle darauf basierenden Datenverarbeitungen werden illegal.

46 Vgl. EDPB-Guidelines 3/2022 on Dark patterns in social media platform interfaces; siehe auch CNIL-Sanktionen gegen Google (325 Mio. EUR) und Shein (150 Mio. EUR) im Sept. 2025 wegen mangelhafter Ablehn-Optionen und irreführender Farbgebung, die die Entscheidungsfreiheit der Nutzer untergräbt.

Führungskraft-Implikation: UX-Design ist keine reine Geschmacksfrage mehr, sondern ein Compliance-Thema. Wer Nutzer austrickst, riskiert nicht nur Bußgelder, sondern verliert seine komplette Datenbasis (Löschungsanordnung).

(3) Quick-Box: Design-Check (Fairness vs. Täuschung)

STOPP (Toxic/Dark Pattern)	**GO (Fair/Nudging)**
Fake Urgency: Countdown-Timer, der immer wieder neu startet.	Echte Transparenz: „Angebot gültig bis 31.12." (wenn es stimmt).
Confirmshaming: „Nein, ich möchte dumm sterben und kein E-Book."	Neutrale Wahl: „Nein, danke" oder „Schließen".
Vorselektion: Checkboxen für Newsletter/Kauf sind bereits angehakt.	Opt-in: Der Nutzer muss aktiv klicken (Privacy by Default).
Obstruction (Hürden): Abo-Kündigung nur per Fax/Telefon möglich.	Klick-Symmetrie: Kündigung genauso einfach wie der Abschluss („Kündigungsbutton").
Visual Interference: „Ablehnen" ist optisch fast unsichtbar versteckt.	Gleichwertigkeit: „Annehmen" und „Ablehnen" sind gleich gut erkennbar.

(4) Mustertext (Briefing für UX-Agentur/Web-Team)

> Betreff: Vorgaben für UX-Design und Compliance („No Dark Patterns" Policy)
>
> Liebes Design-Team,
>
> für unsere Web-Projekte und Landingpages gelten ab sofort folgende verbindliche Design-Leitlinien, um rechtliche Risiken (DSGVO, DSA) zu vermeiden:
>
> Keine Vorselektion: Checkboxen für Einwilligungen (Newsletter, Datenweitergabe, Zusatzkäufe) dürfen niemals vorangekreuzt sein. Ehrliche Verknappung: Hinweise wie „Nur noch 2 verfügbar" dürfen nur angezeigt werden, wenn sie technisch echtzeitbasiert und wahr sind. Keine Fake-Counter. Gleichwertige Wahlmöglichkeiten: In Consent-Bannern und Entscheidungsdialogen müssen Zustimmung und Ablehnung optisch gleichwertig präsentiert werden (keine manipulative Farbgebung, die den Nutzer zum „Ja" zwingt). Kündigungsbutton: Verträge, die online geschlossen werden, müssen online einfach kündbar sein (gesetzliche Pflicht).
>
> Bitte prüft alle aktuellen Entwürfe auf diese Punkte. Im Zweifel gilt: Transparenz vor kurzfristiger Conversion.

8. Dienstleister und Agenturen

Im Marketing- und Vertriebsalltag läuft fast nichts ohne Dienstleister: Kreativagenturen, Media- und Performance-Agenturen, Call-Center, SaaS-Plattformen für Kampagnen, Tracking, CRM-Erweiterungen, Loyalty-Programme, Data-Clean-Rooms. Sie machen vieles möglich – und sind gleichzeitig einer der häufigsten Ausgangspunkte für Datenschutzvorfälle. Häufiger Fehler: Man verlässt sich darauf, dass „die Agentur das schon richtig macht“ oder „das hat doch Legal im Vertrag geprüft“. In der Praxis sehen Aufsichtsbehörden sehr genau hin, wie Sie Agenturen auswählen, briefen, steuern und kontrollieren – und ob die Verträge zur Realität passen.

Dieses Kapitel zeigt Ihnen, wie Sie zwischen Auftragsverarbeitung und gemeinsamer Verantwortlichkeit unterscheiden, welche Vertragsbausteine wichtig sind, wo „rote Flaggen“ lauern und wie Sie Agenturen so auswählen und steuern, dass sie nicht zum Sicherheitsrisiko werden.

▶ Dienstleister können Aufgaben übernehmen – aber niemals Ihre Verantwortung als Verantwortlicher „wegzaubern“.

Praxisfall – „Die Agentur kümmert sich um alles“

Ein Unternehmen beauftragt eine Marketingagentur mit einer Omnichannel-Kampagne: E-Mail, Social Media, Retargeting, Lookalike Audiences. Die Agentur schlägt vor, bestehende Kundendaten mit Daten aus anderen Kampagnen und Plattformen „anzureichern“, um Zielgruppen besser zu segmentieren. Im Vertrag steht, die Agentur sei „Auftragsverarbeiter“, zugleich räumt sich die Agentur das Recht ein, die Daten „zur Optimierung eigener Services und Benchmarks“ zu nutzen.

Monate später beschwert sich ein Kunde bei der Aufsichtsbehörde: Er erhält hoch personalisierte Werbung, obwohl er nie eine Einwilligung für diese Art Profiling erteilt hat. Die Behörde stellt fest: Es gibt keine klare Rollenklärung, die Agentur nutzt die Daten für eigene Zwecke, die Informationspflichten gegenüber den Betroffenen sind lückenhaft, und die technische Sicherheit bei der Agentur ist unzureichend dokumentiert.

In der Folge wird nicht nur die Agentur, sondern auch das Unternehmen als Verantwortlicher adressiert. Die Behörde verweist darauf, dass Unternehmen und Agentur gemeinsam über Zwecke und Mittel der Verarbeitung entschieden haben – also zumindest partiell gemeinsam Verantwortliche sind. Es drohen Bußgelder, Nachbesserungsauflagen und ein erheblicher Dokumentationsaufwand.

Die Lehre aus dem Fall

Ob Auftragsverarbeitung oder gemeinsame Verantwortlichkeit vorliegt, richtet sich nach der tatsächlichen Gestaltung – nicht nach der Überschrift des Vertrages. Sobald Dienstleister eigene Zwecke verfolgen oder maßgeblich über Mittel (zum Beispiel Targeting-Logik, Kombinationsmöglichkeiten, Datenquellen) mitentscheiden, rücken Sie in den Bereich gemeinsamer oder eigenständiger Verantwortlichkeit. Unklare oder widersprüchliche Verträge sind aus Sicht der Aufsicht ein Organisationsmangel – gerade im Marketingumfeld.

► Wer gemeinsam entscheidet, trägt gemeinsam Verantwortung für den gemeinsamen Teil der Verarbeitung – auch wenn im Vertrag „nur Auftragsverarbeitung" steht.

8.1 Warum Dienstleister und Agenturen im Datenschutz Chefsache sind

In kaum einem anderen Unternehmensbereich sind so viele externe Beteiligte eingebunden wie in Marketing, Sales und Vertrieb: Kreativ- und Media-Agenturen, Spezialdienstleister für E-Mail, SMS, Push, Social Ads, Call-Center, Lead-Qualifizierer, Marktforschungsinstitute, Betreiber von Portalen, Loyalty- und Bonusprogrammen, Toolanbieter für Tracking, Analytics, Campaign-Management oder Data-Clean-Rooms.

Jeder dieser Akteure hat zumindest potenziell Zugriff auf personenbezogene Daten: Kundendaten, Leads, B2B-Kontakte, Beschäftigtendaten (zum Beispiel Sales-Performance), Nutzungsdaten aus Portalen.

Für Sie als Führungskraft bedeutet das: Sie entscheiden, ob und wie tief Dienstleister eingebunden werden. Sie müssen dafür sorgen, dass Rolle, Zweck und Datenumfang klar definiert und dokumentiert sind. Sie müssen sicherstellen, dass es geeignete Verträge, Weisungen und Kontrollen gibt.

Die Datenschutzaufsicht interessiert sich im Zweifel weniger für einzelne Kreativentscheidungen, sondern für Ihre Organisation und Governance: Wurde der Dienstleister nach nachvollziehbaren Kriterien ausgewählt? Gibt es einen Vertrag nach Art. 28 beziehungsweise Art. 26 DSGVO? Sind Löschfristen, Zugriff und Subdienstleister geregelt? Werden Incidents gemeldet, dokumentiert und nachverfolgt (vgl. Kapitel 9 und 10)?

▶ Dienstleister sind Teil Ihrer Datenlandkarte (Kapitel 3). Wenn sie dort nicht sichtbar sind, werden sie im Incident-Fall zum Problem.

8.2 Auftragsverarbeitung vs. gemeinsame Verantwortlichkeit

Einer der wichtigsten Schritte bei der Zusammenarbeit mit Dienstleistern ist die Rollenklärung: Handelt es sich um eine Auftragsverarbeitung (Art. 28 DSGVO) oder um eine gemeinsame Verantwortlichkeit (Art. 26 DSGVO) – oder ist der Dienstleister sogar eigenständiger Verantwortlicher?

8.2.1 Klare Auftragsverarbeitung – typische Fälle

Von Auftragsverarbeitung spricht man, wenn ein Dienstleister personenbezogene Daten ausschließlich nach Ihrer Weisung und für Ihre Zwecke verarbeitet. Typische Beispiele im Marketing-/Vertriebsumfeld: Versanddienstleister für E-Mail-Newsletter und Transaktionsmails, die nur die bereitgestellten Daten verwenden. Hosting-Provider oder SaaS-Tools, die lediglich die Infrastruktur für Ihre Kampagnendaten bereitstellen. Druckereien, die personalisierte Mailings nach Adressliste produzieren. Call-Center, die ausschließlich nach Ihren Skripten und Vorgaben Kundenkontakte durchführen.

Die Kennzeichen einer Auftragsverarbeitung sind: Der Zweck der Verarbeitung ist durch Sie vorgegeben (zum Beispiel Versand eines Newsletters an Ihre Kunden). Der Dienstleister entscheidet nicht eigenständig, welche Personen für welchen Zweck angesprochen werden. Der Dienstleister nutzt die Daten nicht für eigene Marketingzwecke oder für andere Kunden. Rechte der Betroffenen bearbeiten Sie – gegebenenfalls mit Unterstützung des Dienstleisters – als Verantwortlicher.

In diesen Konstellationen brauchen Sie einen Vertrag nach Art. 28 DSGVO („Auftragsverarbeitungsvertrag"). Er muss unter anderem Gegenstand, Dauer, Zweck, Art der Daten, Kategorien betroffener Personen, Sicherheitsmaßnahmen, Subdienstleister, Unterstützung bei Betroffenenrechten und Löschung regeln.

▶ Wenn der Dienstleister die Daten nur anfasst, um Ihre Weisungen umzusetzen, sprechen viele Indizien für Auftragsverarbeitung.

8.2.2 Gemeinsame Verantwortlichkeit – wann sie vorliegt

Gemeinsame Verantwortlichkeit liegt vor, wenn zwei oder mehr Verantwortliche gemeinsam über Zwecke und Mittel der Verarbeitung entscheiden. Das bedeutet nicht, dass alle dieselben Daten sehen oder dieselbe Rolle haben – es reicht, wenn sie zusammen die Rahmenbedingungen prägen. Im Marketing- und Vertriebsalltag ist das häufiger der Fall, als es vielen bewusst ist, zum Beispiel:

Gemeinsame Kampagnen mit Partnerunternehmen (zum Beispiel Co-Branding, gemeinsame Landingpages, gemeinsame Gewinnspiele) mit einer zusammengeführten Kontaktbasis. Loyalty- oder Bonusprogramme, die von mehreren Unternehmen betrieben werden und bei denen alle Partner Zugriff auf gemeinsame Kundendaten haben. Die Nutzung von Plattformen, bei denen Sie als Unternehmen gemeinsam mit dem Plattformbetreiber die Datenverarbeitung steuern (zum Beispiel Targeting-Optionen, Custom Audiences, Tracking-Parameter). Datenräume/Data-Clean-Rooms, in denen mehrere Parteien Kundendaten pseudonymisiert zusammenführen und gemeinsam Auswertungslogiken definieren.

Die Kennzeichen gemeinsamer Verantwortlichkeit sind: Beide Seiten haben ein eigenes Interesse an den Daten und dem Ergebnis der Verarbeitung. Beide Seiten beeinflussen wesentliche Mittel der Verarbeitung (zum Beispiel Auswahl der Zielgruppenlogik, Kanäle, Segmentierungsregeln). Ohne die Mitwirkung beider Seiten würde die konkrete Datenverarbeitung so nicht stattfinden.

Hier fordert Art. 26 DSGVO eine Vereinbarung, die transparent regelt, wer welche Pflichten übernimmt (Informationspflichten, Betroffenenrechte, Datensicherheit, Meldung von Incidents). Diese Vereinbarung muss in ihrem Kern auch gegenüber den Betroffenen nachvollziehbar sein.

> ▶ Eine Vereinbarung zur gemeinsamen Verantwortlichkeit entsteht nicht, weil man sie „gerne hätte“, sondern weil die tatsächliche Zusammenarbeit sie erzwingt.

8.2.3 Praktische Entscheidungsfragen für die Rollenklärung

Für die Praxis helfen einige einfache Fragen:

Wer entscheidet über den Zweck? Nur Ihr Unternehmen → eher Auftragsverarbeitung. Beide Seiten gemeinsam, mit eigenem Interesse → eher gemeinsame Verantwortlichkeit.

Wer bestimmt über die wesentlichen Mittel (Datenquellen, Kanäle, Segmentierungslogik, Speicherdauer)? Sie geben alles vor, der Dienstleister setzt nur um → eher Auftragsverarbeitung. Der Dienstleister bringt eigene Plattform, eigene Logik, eigene Nutzungsmöglichkeiten ein → eher gemeinsame oder eigenständige Verantwortlichkeit.

Darf der Dienstleister die Daten für eigene Zwecke nutzen? Nein, nur für Ihre Kampagnen → Hinweis auf Auftragsverarbeitung. Ja, zum Beispiel zur Bildung eigener Benchmarks, für andere Kunden oder zur Produktentwicklung → mindestens Mischlage; hier ist eine klare Rollenklärung erforderlich.

Wer beantwortet Betroffenenanfragen? Ausschließlich Sie, der Dienstleister unterstützt nur → deutlicher Controller-Rolle bei Ihnen. Beide Seiten stehen als Absender gegenüber Betroffenen → ein Indiz für gemeinsame Verantwortlichkeit.

▶ Wenn Sie nach diesen Fragen kein klares Bild haben, ist das ein Signal, DSB oder Legal einzubinden – vor Vertragsabschluss, nicht erst im Incident-Fall.

8.3 Typische Vertragsbausteine und „rote Flaggen“

Selbst die beste Rollenklärung hilft wenig, wenn die Verträge sie nicht widerspiegeln. Umgekehrt können schlechte oder widersprüchliche Verträge eine ansonsten saubere Zusammenarbeit rechtlich angreifbar machen.

8.3.1 Was in jeden guten Vertrag mit Dienstleistern gehört

Je nach Rolle (Auftragsverarbeitung oder gemeinsame Verantwortlichkeit) unterscheiden sich die Details, aber einige Elemente sollten immer vorhanden sein:

Eine klare Beschreibung von Zweck und Gegenstand: Welche Leistungen erbringt der Dienstleister konkret? Welche Datenkategorien und Personengruppen sind betroffen?

Eine Rollenfestlegung: Explizite Regelung, ob der Dienstleister als Auftragsverarbeiter handelt oder als (gemeinsam) Verantwortlicher. Bei gemeinsamer Verantwortlichkeit: Zuordnung der Pflichten (Informationspflichten, Betroffenenrechte, Datensicherheit, Meldungen nach Art. 33/34 DSGVO).

Technische und organisatorische Maßnahmen (TOM): Das Sicherheitsniveau, Zugangskonzepte, Verschlüsselung, Berechtigungskonzepte, Logging, Backups. Die Verpflichtung, TOM aktuell zu halten und wesentliche Änderungen zu melden.

Der Subdienstleister (Unterauftragsverarbeiter): Klauseln zur Einbindung weiterer Dienstleister (zum Beispiel Hosting, Tracking-Tools, Call-Center in anderen Ländern). Transparenzpflichten und Zustimmungserfordernisse, insbesondere bei Drittlandbezug (Stichwort: Art. 46 DSGVO, SCC, TIAs).

Unterstützung bei Betroffenenrechten und Incidents: Die Verpflichtung des Dienstleisters, bei Auskunft, Löschung, Widerspruch, Datenübertragbarkeit mitzuwirken. Festlegung der Meldewege und Fristen bei Sicherheitsvorfällen.

Die Löschung und Rückgabe von Daten: Eine Regelung, was nach Vertragsende passiert: Rückgabe, Löschung, Archivierung; Umgang mit Backups.

Audit- und Nachweismöglichkeiten: Das Recht, Nachweise zu verlangen (zum Beispiel Zertifikate, Auditberichte, Penetrationstests). Bei einer Auftragsverarbeitung: Die Möglichkeit zur Vor-Ort-Kontrolle oder zu plausiblen Ersatznachweisen.

▶ Ein kurzer, klarer Vertrag, der die wesentlichen Punkte regelt und zur Praxis passt, ist besser als ein Muster mit 30 Seiten, das die tatsächliche Zusammenarbeit nicht abbildet.

8.3.2 „Rote Flaggen" in Agentur- und Dienstleisterverträgen

Einige Vertragsklauseln sollten bei Ihnen sofort die Alarmglocken klingeln lassen:

„Wir dürfen die Daten für eigene Zwecke nutzen": zum Beispiel zur „Optimierung unserer Services", „für Benchmarks", „für eigene Marketingzwecke" – ohne eine klare Zweckbegrenzung, ohne Opt-out, ohne Rollenklärung. Die Folge: Der Dienstleister ist nicht mehr reiner Auftragsverarbeiter; es drohen Mischrollen und Intransparenz gegenüber Betroffenen.

Widersprüchliche Rollenregelungen: Im Vertrag steht, der Dienstleister sei „Auftragsverarbeiter", an anderer Stelle wird er als „Verantwortlicher" bezeichnet, oder er entscheidet faktisch allein über Zweck und Mittel. Folge: Im Streitfall kann die Aufsicht zu dem Ergebnis kommen, dass Sie Ihre Organisationspflichten verletzt haben.

Blanko-Einwilligungen und unklare Informationspflichten: Klauseln, die suggerieren, der Kunde habe „für alles" eingewilligt oder sei umfassend informiert worden, ohne dass es dafür tatsächliche Prozesse oder Texte gibt. Die Folge: Sie können Einwilligungen im Streitfall nicht nachweisen (Art. 7 DSGVO) und Informationspflichten (Art. 13/14 DSGVO) bleiben unbelegt.

Unrealistische Haftungsbegrenzungen: Pauschale Haftungsausschlüsse des Dienstleisters für Datenschutzverstöße oder Sicherheitsvorfälle, obwohl er faktisch zentrale Kontrollen innehat. Die Folge: Sie tragen das Risiko allein – auch dann, wenn der Fehler beim Dienstleister lag.

Fehlende Transparenz zu Subdienstleistern und Standorten: Keine klare Liste der eingesetzten Subdienstleister, unklarer Drittlandbezug (zum Beispiel US-Tool ohne Regelung zu internationalen Übermittlungen). Die Folge: Sie können gegenüber Aufsicht und Betroffenen nicht nachvollziehbar erklären, wo die Daten verarbeitet werden.

Keine Regelungen zu Vertragsende: Es bestehen keine klaren Pflichten zur Löschung oder Rückgabe von Daten, keine Fristen. Die Folge: Daten „wandern" in Archive und Backups des Dienstleisters; Sie verlieren die Kontrolle über die Speicherdauer und Löschung.

▶ Wenn Sie beim Lesen eines Vertrags das Gefühl haben, dass der Dienstleister „alles darf" und Sie „für alles haften", ist es Zeit, innezuhalten – und nicht zu unterschreiben.

8.4 Wie Agenturen zu Ausgangspunkten von Incidents werden

In vielen öffentlich bekannt gewordenen Datenschutzvorfällen spielen Agenturen oder Dienstleister eine zentrale Rolle – nicht, weil sie „schlechter" arbeiten, sondern weil Prozesse, Rollen und Limits unklar sind. Typische Muster:

Falsche Verteiler und unzureichende Zielgruppenpflege: Die Agentur arbeitet mit einem Export aus dem CRM, der Widersprüche, Opt-outs oder sensible Segmente nicht korrekt berücksichtigt. Abmeldungen werden im Agenturtool gepflegt, aber nicht ins CRM zurückgespielt – oder umgekehrt.

Daten-Re-Use über Mandate hinweg: Eine Agentur nutzt „erfolgreiche Zielgruppensegmente" oder Listen aus einem Mandat als Basis für andere Kunden. Daten aus einem Loyalty-Programm landen in einer unabhängigen Kampagne eines anderen Mandanten.

Unsichere File-Transfers und Tools: Kundendaten werden per unverschlüsselter E-Mail, über generische Links („jeder mit dem Link") oder über nicht freigegebene File-Transfer-Dienste geteilt. Reports mit personenbezogenen Daten werden auf privaten Geräten in Agenturteams gespeichert.

Fehlende Löschung nach Kampagnenende: Daten bleiben in Agenturtools oder Dateisystemen liegen, obwohl die Kampagne abgeschlossen ist. Alte Exporte, Testlisten und Segmentierungsdateien werden nicht gelöscht und geraten in neue Projekte.

Unklare Incident-Meldewege: Die Agentur entdeckt einen Fehler (zum Beispiel falscher Verteiler, öffentlich zugängliche Landingpage), meldet ihn aber verspätet oder gar nicht, aus Angst vor Reaktionen des Kunden. Sie erfahren von einem Incident erst über betroffene Personen oder die Aufsichtsbehörde.

Was bedeutet das konkret für Sie als Führungskraft?

Sie sollten Dienstleister nicht als „Black Box" betrachten, sondern als Teil Ihrer eigenen Organisation – mit klaren Schnittstellen, Regeln und Kontrollen. Sie legen fest, welche Daten wohin gehen dürfen, wie Exporte gekennzeichnet sind und wie Löschung organisiert wird. Sie verlangen von Dienstleistern klare Prozesse für Abmeldungen, Widersprüche, Löschung und Incidents – inklusive Reaktionszeiten und Ansprechpartnern. Sie machen deutlich: Fehler sollen früh gemeldet werden, nicht versteckt. Das schützt beide Seiten.

▶ Agenturen sind Partner, keine Risikoentsorger. Gute Partner melden Fehler früh, arbeiten transparent und akzeptieren klare Grenzen.

8.5 Praktische Checkliste zur Agenturauswahl und -steuerung

Diese Checkliste können Sie als Führungskraft direkt nutzen – etwa im Rahmen von Ausschreibungen, Beauftragungen oder jährlichen Reviews. Sie ersetzt keine detaillierte juristische Prüfung, hilft aber, die richtigen Fragen zu stellen.

8.5.1 Vor der Auswahl – strategische Fragen

Brauchen wir wirklich einen externen Dienstleister? Oder ist die Aufgabe intern besser aufgehoben (zum Beispiel wegen Sensibilität der Daten)? Welche Daten werden voraussichtlich verarbeitet? Nur Unternehmensdaten (zum Beispiel Budgets, Kampagnenpläne) oder auch personenbezogene Daten (Kunden, Leads, Beschäftigte)? Sind besondere Kategorien im Sinne von Art. 9 DSGVO betroffen (Gesundheit, Religion, politische Meinung etc.)? Denken Sie an den relativen Personenbezug: Auch scheinbar (nur) technische Kennungen (Cookie-ID, Device-ID, CRM-ID, Vorgangs-/Referenznummer) werden personenbezogen, wenn Ihr Unternehmen oder ein Partner über Mittel verfügt, die nach allgemeinem Ermessen wahrscheinlich zur Identifizierung eingesetzt werden.

Welche Rolle soll der Dienstleister spielen? Nur die reine Umsetzung (Auftragsverarbeitung) oder konzeptionell-strategische Mitgestaltung mit eigenem Interesse (gemeinsame oder eigene Verantwortlichkeit)?

Wie kritisch ist die Verarbeitung? Hohe Reichweite, sensible Zielgruppen, intensive Profilbildung? → höheres Risiko, höhere Anforderungen.

▶ Je sensibler die Daten und je größer die Reichweite, desto wichtiger ist ein erfahrener Dienstleister mit belastbaren Nachweisen zur Datensicherheit.

8.5.2 In der Vertragsphase – Fragen an potenzielle Dienstleister

Nachweise und Zertifizierungen: Gibt es Zertifikate (zum Beispiel ISO 27001) oder Auditberichte, die das Sicherheitsniveau belegen? Existiert eine aktuelle Beschreibung der TOM (technische und organisatorische Maßnahmen)?

Rollenverständnis: Kann der Dienstleister plausibel erklären, in welchen Fällen er als Auftragsverarbeiter, in welchen als (Mit-)Verantwortlicher agiert? Ist er bereit, entsprechende Verträge (Art. 28, gegebenenfalls Art. 26 DSGVO) zu schließen und zu leben?

Datenstandorte und Subdienstleister: Wo werden die Daten konkret gespeichert und verarbeitet (EU/EWR/Drittland)? Welche Subdienstleister sind eingebunden, und wie werden diese kontrolliert?

Reaktion bei Incidents: Gibt es definierte Meldewege, Reaktionszeiten, Musterberichte? Wie wurden frühere Incidents behandelt (Lessons Learned)?

Regelungen zur Löschung: Wie wird sichergestellt, dass Daten nach Kampagnenende beziehungsweise nach Vertragsende gelöscht oder anonymisiert werden?

▶ Ein Dienstleister, der auf einfache, konkrete Fragen ausweicht oder nur Marketingfloskeln liefert („Wir sind datenschutzkonform“), ist selten ein guter Partner.

8.5.3 Im laufenden Betrieb – Steuerung und Kontrolle

Klare Ansprechpartner: Gibt es benannte Kontaktpersonen für operative Themen, Sicherheit/Datenschutz und Incidents?

Transparente Prozesse: Sind Exporte, Listen und Zielgruppen sauber benannt, versioniert und zeitlich begrenzt? Gibt es dokumentierte Workflows für Abmeldungen, Widersprüche und Datenkorrekturen?

Regelmäßige Reviews: Wird mindestens einmal jährlich überprüft, ob der vereinbarte Leistungsumfang, die Datenverarbeitung und die Sicherheitsmaßnahmen noch passen? Werden Ergebnisse kurz dokumentiert (zum Beispiel „Jahres-Review Agentur X“)?

Test- und Change-Management: Gibt es ein abgestimmtes Vorgehen für neue Kanäle, neue Datenquellen, neue Zielgruppenlogiken? Werden Tests mit Echtdaten nur mit klarer Freigabe und unter erhöhten Schutzmaßnahmen durchgeführt?

Incident-Handling: Weiß die Agentur, wen sie im Ernstfall wie schnell informiert (vgl. Kapitel 9 und 10)? Werden Incidents dokumentiert, nachbereitet und in Prozesse überführt (Lessons Learned)?

8.5.4 Offboarding – wenn die Zusammenarbeit endet

Datenrückgabe und -löschung: Gibt es ein Protokoll, welche Daten beim Dienstleister liegen und wie sie zurückgegeben oder gelöscht werden? Lassen Sie sich Löschungen nach Möglichkeit nachweisen (zum Beispiel Löschbestätigung, Auszug aus Logs).

Zugriffe entziehen: Werden sämtliche Zugänge zu Ihren Systemen, Portalen und Daten nach Vertragsende entzogen? Sind gemeinsame Tools bereinigt (zum Beispiel entfernte Zielgruppen, abgeschaltete Schnittstellen)?

Dokumentation: Kurzer Abschlussvermerk: Zeitraum der Zusammenarbeit, Systeme, Datenkategorien, Ergebnis Offboarding (Rückgabe/Löschung).

> ▶ Ein gutes Offboarding verhindert, dass „vergessene“ Daten und Zugänge Jahre später zum Ausgangspunkt eines Datenschutzvorfalls werden.

Ihre Aufgabe als Führungskraft ist es nicht, jeden Vertragsparagrafen selbst zu verhandeln. Ihre Aufgabe ist es, Leitplanken zu setzen: Welche Aufgaben geben wir überhaupt nach außen? Welche Daten dürfen Dienstleister zu welchen Zwecken nutzen? Wie stellen wir sicher, dass Verträge, Prozesse und tatsächliche Praxis zusammenpassen?

Eine detaillierte Checkliste „Was gehört in die Akte? – Dienstleister und Agenturen“ finden Sie im Anhang 1 (A1.10). Dort können Sie strukturiert dokumentieren, welche Dienstleister Sie im Bereich Marketing, Sales und Vertrieb einsetzen und wie Verträge, Rollenklärung und Kontrollen nachweisbar organisiert sind.

Mustertexte – etwa Standardanforderungen für Ausschreibungen, Briefingvorlagen für Agenturen und Textbausteine für Incident-Meldungen an Dienstleister – werden Sie im Anhang 2 (A2.13–A2.15) finden. So stellen Sie sicher, dass Ihre Dienstleister nicht nur fachlich stark, sondern auch datenschutzrechtlich belastbar eingebunden sind – und Sie im Incident-Fall erklären können, warum Sie wie entschieden haben.

8.6 Fallakte: „Consent-Banner von der Stange, Mediaagentur unter Druck – und am Ende 250.000 Euro"

Ein Team im Marketing will eine neue Kampagne schnell live bringen: personalisierte Anzeigen, sauberes Tracking, messbarer Umsatz. Eine Mediaagentur übernimmt Setup und Einkauf, dazu kommt ein Einwilligungs-Tool auf der Website (Consent-Management-Plattform: das Banner, mit dem Nutzer Cookies/Tracking erlauben oder ablehnen). Die Agentur beruhigt: „Wir nutzen den Branchenstandard, das ist überall so." Der Standard klingt harmlos – im Kern ist es aber ein Mechanismus, der Einwilligungen als Zeichenfolge speichert und über viele Systeme verteilt („TC String": ein codierter Text, der maschinenlesbar festhält, ob jemand zum Beispiel Tracking erlaubt oder ablehnt).

Im Alltag wirkt das wie Technik-Routine: Banner eingeblendet, Häkchen gesetzt, fertig. Dann kommen Beschwerden: Nutzer sehen weiterhin zielgerichtete Werbung, obwohl sie „Ablehnen" geklickt haben – und die „Partnerliste" im Banner wirkt wie ein Telefonbuch. Intern heißt es erst: „Das macht die Agentur, das ist deren Tool."

Draußen läuft der Film anders: Aufsichtsbehörden und Gerichte stellen Fragen zur Rollenverteilung (Wer entscheidet wofür?), zur Transparenz (Wird verständlich erklärt, was passiert?) und zur Kontrolle (Wer kann nachweisen, dass Ablehnung wirklich Ablehnung bedeutet?).

Der Fall eskaliert nicht über einen Hackerangriff, sondern über Governance: In der IAB-Europe-Entscheidung und der anschließenden Klärung durch den Europäischen Gerichtshof wird deutlich, dass selbst ein „neutraler" Consent-Code personenbezogen sein kann – und dass Akteure, die Regeln und Mechanismen für das Ökosystem vorgeben, als (Mit-)Verantwortliche eingeordnet werden können.[47]

47 EuGH, Urt. v. 7.3.2024 – C-604/22, IAB Europe, ECLI:EU:C:2024:214 (unter anderem zur Einordnung des „TC String" als personenbezogenes Datum und zu (gemeinsamer) Verantwortlichkeit); Bestätigung der Sichtweise der belgischen Datenschutzbehörde, die ein Bußgeld von 250.000 EUR verhängt hatte. Der Gerichtshof stellte klar, dass auch Or-

Im Ergebnis steht ein Bußgeld von 250.000 EUR gegen IAB Europe – und eine ganze Branche muss plötzlich sauberer erklären, zuordnen und nachweisen. Genau diese „unscheinbaren“ Consent-Artefakte können personenbezogene Daten sein, wenn sie mit Online-Kennungen verknüpft werden können. Der EuGH hat dies für den TC-String im IAB-Europe-Kontext ausdrücklich aufgegriffen – inklusive der Frage, welche rechtlichen Mittel zur Re-Identifizierung im Ökosystem zählen.[48]

Die Lehre: Es gibt im modernen Marketing keine „anonyme Technik“ mehr. Sobald Sie Teil eines Daten-Ökosystems sind (zum Beispiel Real-Time-Bidding, Data Clean Rooms), haften Sie für die Governance dieses Systems mit. Die Ausrede „Wir nutzen nur den Industriestandard“ schützt nicht vor der gemeinsamen Verantwortung nach Art. 26 DSGVO.

Bemerkenswert daran ist:

Ein unscheinbarer Technikbaustein („ein String mit Einwilligungen“) wird zum juristischen Dreh- und Angelpunkt. Das „Outsourcing an die Agentur“ hilft nicht, wenn Sie am Ende nicht belegen können, wer welche Daten zu welchen Zwecken bekommt – und ob ein „Nein“ technisch wirklich überall ankommt.

Rechtskern:

Wer in einem Werbe-Ökosystem Zwecke und Mittel (mit-)prägt, kann Verantwortlicher oder gemeinsam Verantwortlicher sein – auch wenn ein Dienstleister operativ umsetzt. Das gilt besonders dort, wo Einwilligungen und Präferenzen über viele Beteiligte verteilt werden. Entscheidend sind nicht Etiketten („Auftragsverarbeiter“), sondern tatsächliche Einflussnahme und Steuerung.

Was bedeutet das konkret für Sie als Führungskraft?

„Kampagne“ ist auch ein Datenprojekt. Lassen Sie sich vor dem Go-Live auf einer Seite erklären: Welche Tools, welche Partner, welche Daten, welche Zwecke – inklusive Einwilligungslogik und Widerspruchswegen. Begrenzen Sie die Partnerzahl („Allowlist“). Arbeiten Sie mit einer freigegebenen Positivliste: Nur geprüfte Anbieter dürfen Daten erhalten – nicht „alle, die technisch möglich sind“.

---

ganisationen, die keinen direkten Zugriff auf die Daten haben, aber die Regeln der Verarbeitung festlegen, als (gemeinsam) Verantwortliche gelten, abrufbar unter: https://eur-lex.europa.eu/legal-content/EN/TXT/?uri=celex:62022CJ0604, Stand 12/2025.

48 Vgl. Fn. 47.

Kontrolle schlägt Beruhigungssatz: Verlangen Sie Testszenarien (Ablehnen/Anpassen/Widerruf) und einen Nachweis, dass das Signal technisch überall greift (Website, Tag-Manager, Werbe-Plattformen, Agentur-Setups).

Wenn Sie das sauber dokumentiert hätten …

- Datenfluss-Skizze zur Kampagne (eine Seite): Tools, Empfänger, Datenkategorien, Zwecke, Speicherdauer – inklusive „Einwilligung/Opt-out wird so umgesetzt".
- Rollen-Matrix und Vertragsset: Wer ist Verantwortlicher, wer Auftragsverarbeiter, wo gemeinsame Verantwortlichkeit realistisch ist (inklusive Zuständigkeiten für Information, Widerspruch, Löschung).
- Go-Live-Freigabeprotokoll „Tracking/Werbung": Testergebnisse (Ablehnen/Widerruf), Screenshot-Nachweise, verantwortliche Freigabe (Fachbereich und gegebenenfalls Datenschutz/Legal).
- Betriebs-Monitoring: Regelmäßiger Report „Vendor-Liste/Änderungen", Beschwerden pro Kampagne, Stop-Kriterien („Stop the line") und dokumentierte Abstellmaßnahmen.

9. Frühwarnsystem und Meldewege

In diesem Kapitel geht es darum, wie Sie in Marketing, Sales und Vertrieb ein einfaches, aber wirksames Frühwarnsystem für Datenschutzprobleme etablieren. Sie erfahren, wie Datenpannen typischerweise auffallen, welche Meldewege Sie verbindlich festlegen sollten und wie Sie eine offene Fehlerkultur fördern, in der Hinweise nicht „wegmoderiert" werden. Das Ziel: Aus ersten Signalen werden rechtzeitig strukturierte Incidents – und Sie sind organisatorisch so vorbereitet, dass die 72-Stunden-Frist der DSGVO und der Notfallplan in Kapitel 10 überhaupt eingehalten werden können.

Praxisfall – „Scraping? Das ist doch kein richtiger Hack … "

Ein großes soziales Netzwerk stellt seinen Nutzern eine „Kontaktimport"-Funktion zur Verfügung. Über Jahre hinweg können Dritte über diese Schnittstelle massenhaft Telefonnummern und andere Profildaten automatisiert auslesen („scrapen"), ohne dass der Betreiber dies wirksam verhindert. Irgendwann taucht im Internet ein Datensatz mit Informationen von rund 500 Millionen Nutzern auf – frei zugänglich für jedermann. Ein Betroffener klagt in Deutschland auf immateriellen Schadensersatz nach Art. 82 DSGVO, weil er die Kontrolle über seine Daten verloren hat. Der Bundesgerichtshof hält einen immateriellen Schaden bei einem solchen Kontrollverlust grundsätzlich für möglich und bejaht dem Grunde nach die Möglichkeit eines Schadenersatzanspruchs;[49] über die konkrete Höhe haben die Vorinstanzen erneut zu entscheiden.

Die Lehre aus dem Fall

Die Gerichte sehen Datenpannen längst nicht mehr nur als „ärgerliche Störung", sondern als ernsthaften Eingriff in Grundrechte.[50] Entscheidend ist nicht, ob ein spektakulärer Hackerangriff vorlag, sondern dass personenbezogene Daten unberechtigt nach außen gelangt sind und Verantwortliche keine angemessenen

49 BGH, Urt. v. 18.11.2024 – VI ZR 10/24 (Facebook-Scraping, „Kontrollverlust/immaterieller Schaden").

50 Vgl. Erwägungsgrund 85 DSGVO (Hinweis auf mögliche physische, materielle und immaterielle Schäden, etwa durch Verlust der Kontrolle über personenbezogene Daten) sowie EuGH, Urt. v. 4.9.2025 – C-655/23 ECLI:EU:C:2025:655 (BGH-Vorlage): Bestätigung, dass der Begriff des immateriellen Schadens weit auszulegen ist und auch negative Gefühle wie Sorge oder Ärger umfasst, sofern im Einzelfalt nachweisbar.

Schutz- und Kontrollmechanismen vorweisen können.[51] Spätestens wenn Millionen Datensätze im Netz landen, stellt sich die Frage: Welche technischen und organisatorischen Maßnahmen gab es, um so etwas frühzeitig zu erkennen, zu stoppen und zu dokumentieren?

Für Sie als Führungskraft heißt das: Die eigentliche „Feuerwehrarbeit" der ersten 60 Minuten (Kapitel 10) funktioniert nur, wenn Sie vorher ein Frühwarnsystem und klare Meldewege aufgebaut haben. Wenn Hinweise aus dem Team, von Kundinnen und Kunden oder Dienstleistern versanden, helfen Ihnen weder ein gut gemeintes Incident-Playbook noch eine ausgefeilte Krisenkommunikation.

9.1 Wie Datenpannen in Marketing/Sales typischerweise auffallen

Die meisten Datenschutzvorfälle werden nicht von IT-Security-Tools oder der Rechtsabteilung entdeckt, sondern an der Front: bei Kampagnen, im Vertrieb, im Callcenter, in Portalen, in Social Media. Typische „Frühwarnsignale" sind:

Beschwerden und Rückfragen von außen: Eine Kundin schreibt an den Vertrieb: „Warum bekomme ich einen Newsletter, den ich nie bestellt habe?" Ein Geschäftspartner meldet: „In Ihrem Reporting-Link sind Daten anderer Unternehmen sichtbar." Ein Betroffener meldet sich über Social Media: „In Ihrem Kundenportal sehe ich fremde Buchungsdaten." Solche Rückmeldungen sind häufig der erste Hinweis darauf, dass Zielgruppen-Logiken, Suppression-Listen oder Portaleinstellungen nicht stimmen. Jede dieser Rückmeldungen ist potenziell der Auftakt zu einem Datenschutzvorfall – und nicht nur ein Fall für den Kundenservice.

Auffällige Kennzahlen und Systemmeldungen: Auch Zahlen und technische Hinweise können auf Datenpannen hindeuten. Sprunghaft erhöhte Bounce-Raten oder ungewöhnlich viele Abmeldungen direkt nach einer Kampagne. Fehlermeldungen in CRM- oder Kampagnentools („unauthorized access", „link public", „export completed" in ungewöhnlicher Höhe). Monitoring-Hinweise von Plattformen (zum Beispiel API-Aussetzer, ungewöhnliche Login-Muster, Security-Alerts). Wichtig ist, dass jemand diese Signale liest, einordnen kann und weiß, wann aus „komisch" ein „Datenschutzthema" wird.

Hinweise aus dem eigenen Team und von Dienstleistern: Oft bemerken Ihre Mitarbeitenden oder Agenturen als Erste, dass etwas nicht stimmt: Eine Kollegin stellt beim Testen fest, dass im Portal interne Notizen im Klartext sichtbar sind.

51 Art. 5 Abs. 1 lit. f DSGVO („Integrität und Vertraulichkeit") und Art. 32 DSGVO („Sicherheit der Verarbeitung") verlangen ein dem Risiko angemessenes Schutzniveau durch geeignete technische und organisatorische Maßnahmen.

Ein Kampagnenverantwortlicher merkt, dass im Verteiler Ex-Kunden oder komplett falsche Zielgruppen enthalten sind. Eine Agentur meldet: „Uns ist beim File-Upload etwas passiert, wir haben die falsche Datei erwischt." Wenn solche Beobachtungen nicht ernst genommen werden („Wird schon passen"), geht wertvolle Zeit verloren – und aus einem begrenzten Problem kann eine meldepflichtige Datenpanne werden.

Zufallsfunde und „Nebenprodukte": Datenschutzvorfälle werden auch zufällig entdeckt. Jemand stößt auf einen ungeschützten Link im Intranet, der in externe E-Mails kopiert wurde. Bei der Vorbereitung einer Präsentation fällt auf, dass ein Report-Link ohne Login im Browser abrufbar ist. Ein Mitarbeiter testet eine KI-Funktion mit echten Kundendaten und merkt erst später, dass die Daten im Prompt-Verlauf sichtbar bleiben.

▶ Die meisten Datenpannen klopfen nicht höflich an – sie zeigen sich als „kleine Unstimmigkeit". Entscheidend ist, ob Ihr Team diese Unstimmigkeit als Frühwarnsignal erkennt.

9.2 Interne Meldewege: Wer informiert wen, wie schnell und mit welchen Mindestinformationen?

Art. 33 DSGVO verlangt, dass meldepflichtige Verletzungen des Schutzes personenbezogener Daten in der Regel innerhalb von 72 Stunden nach Bekanntwerden an die Aufsichtsbehörde gemeldet werden.[52] Diese 72 Stunden sind schnell vorbei – insbesondere, wenn erst intern lange diskutiert wird, ob es „wirklich" ein Problem ist.[53] Deshalb brauchen Sie klare Meldewege mit drei Elementen: Zuständigkeiten, Zeitvorgaben und Mindestinformationen.

52 Art. 33 Abs. 1 DSGVO: „Im Falle einer Verletzung des Schutzes personenbezogener Daten meldet der Verantwortliche unverzüglich und möglichst binnen 72 Stunden, nachdem ihm die Verletzung bekannt wurde, diese der zuständigen Aufsichtsbehörde, es sei denn, dass die Verletzung voraussichtlich nicht zu einem Risiko für die Rechte und Freiheiten natürlicher Personen führt."

53 Zur Auslegung von „unverzüglich" und zum Beginn der 72-Stunden-Frist vgl. EDPB, Guidelines 9/2022 on personal data breach notification under GDPR, Version 2.0 adopted 28 March 2023, sowie Hinweise der Aufsichtsbehörden (zum Beispiel HmbBfDI, Leitfaden zum Umgang mit Datenpannen): Die Frist beginnt, sobald der Verantwortliche hinreichende Anhaltspunkte für einen meldepflichtigen Vorfall hat; eine Überschreitung ist zu begründen.

Die folgende Grafik zeigt die Melde- und Informationslogik zu Art. 33 und 34 DSGVO in Form eines 20-Sekunden-Entscheidungsbaums.

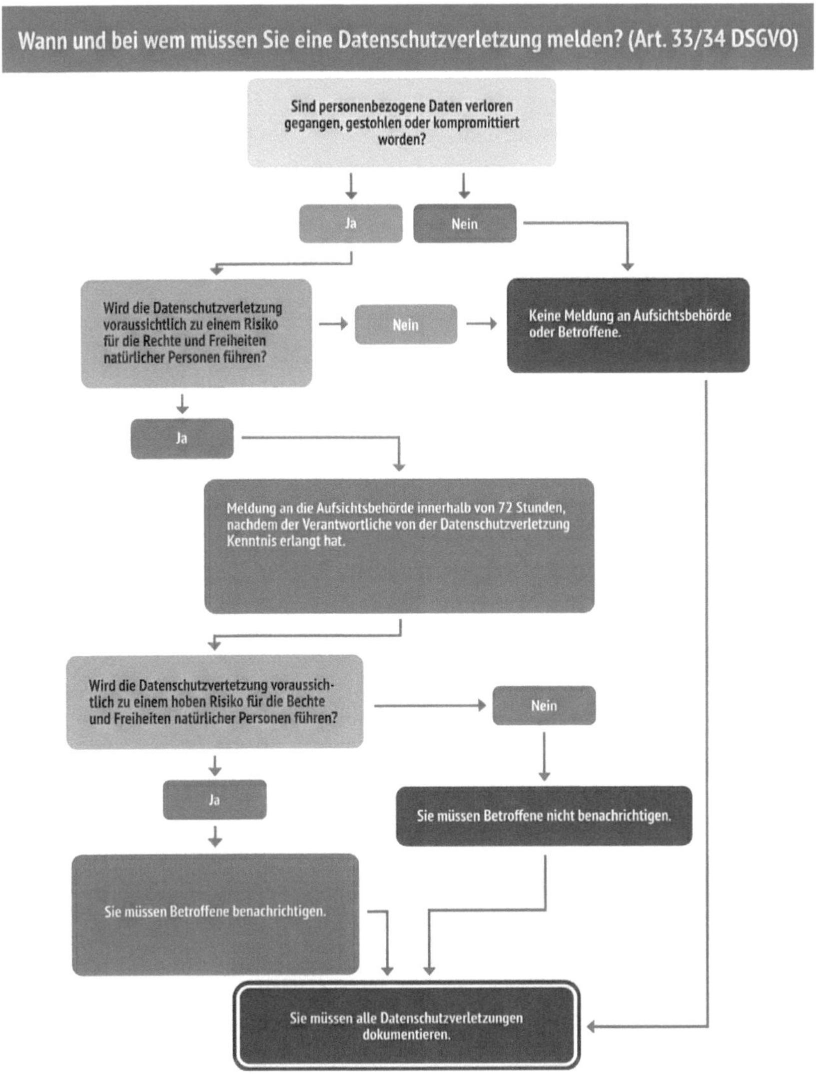

Abbildung 4: Wann müssen Sie eine Datenschutzverletzung melden?

9.2.1 Grundprinzip: Jeder Verdacht darf (und soll) gemeldet werden

Meldeberechtigt ist jede Person im Unternehmen – nicht nur Führungskräfte. Es genügt ein begründeter Verdacht („Da stimmt etwas nicht …“). Beweise werden erst in den nächsten Schritten gesammelt. Der Meldeweg muss einfach sein: eine bekannte Funktionsadresse, ein Formular im Intranet oder eine klare Regel „erst an Führungskraft X, dann an Datenschutzkontakt Y“. Wenn Mitarbeitende erst überlegen müssen, *ob* sie melden dürfen, ist Ihr Frühwarnsystem bereits geschwächt.

9.2.2 Wer informiert wen – ein pragmatisches Modell

Ein typisches, gut nutzbares Modell in Marketing/Sales könnte so aussehen:

- Entdecker → unmittelbare Führungskraft oder Kampagnen-/System-Owner. Form: kurze E-Mail, Chat-Nachricht oder Eintrag im Meldeformular. Ziel: Alarm setzen, ohne alle Details schon zu kennen.
- Führungskraft/System-Owner → zentrale Meldestelle/Datenschutz/IT-Security: Form: definierter Meldekanal (Funktionsadresse, Ticket-System, Incident-Tool). Ziel: erste, strukturierte Kurzlage für diejenigen, die rechtlich und technisch bewerten.
- Zentrale Stelle (DSB/Datenschutzteam, IT-Security) → weitere Eskalation: Entscheidung, ob andere Bereiche (zum Beispiel HR, Legal, Konzernfunktionen) einzubinden sind. Prüfung, ob Meldepflichten nach Art. 33/34 DSGVO in Betracht kommen.

Die konkrete Ausgestaltung hängt von Ihrer Organisation ab. Wichtig ist, dass Ihre Mitarbeitenden genau wissen: Wer ist meine erste Ansprechperson, und welcher Kanal ist immer richtig?

9.2.3 Wie schnell muss gemeldet werden?

Die 72-Stunden-Frist der DSGVO beginnt, sobald der Verantwortliche „Kenntnis“ von einer Datenschutzverletzung hat. In einem Konzern heißt das praktisch: sobald eine entscheidungsbefugte Stelle im Unternehmen ausreichend informiert ist, um von einer Verletzung auszugehen. Damit Sie diese Schwelle nicht unabsichtlich nach hinten verschieben, sollten Sie im Bereich eigene, deutlich kürzere Zielzeiten festlegen, zum Beispiel:

Sofortmeldung bei schwerwiegenden Verdachtsmomenten (zum Beispiel sensible Daten, großer Verteiler, öffentliche Sichtbarkeit). Meldung spätestens innerhalb von zwei Stunden nach Entdeckung bei allen sonstigen Vorfällen. Keine Zurückhaltung bei Abwesenheiten: Vertretungsregelungen müssen klar sein, damit Meldungen nicht auf der Mailbox eines abwesenden Vorgesetzten liegen bleiben.

▶ Ihre interne Reaktionszeit muss kürzer sein als der externe Druck – nicht umgekehrt.

9.2.4 Welche Mindestinformationen müssen in der Erstmeldung stehen?

Die Erstmeldung muss kurz sein, aber einige Kernpunkte enthalten. Bewährt hat sich eine „5-W“-Logik:

- Wer meldet? Name, Bereich, Kontaktmöglichkeit.
- Was ist passiert? Kurze Beschreibung in Alltagssprache („Newsletter an falsche Zielgruppe“, „Portal zeigt fremde Kundendaten“, „Report-Link ohne Login öffentlich“).
- Wann ist es passiert? Zeitpunkt der Entdeckung, soweit bekannt auch Beginn des Vorfalls.
- Wo im System/Prozess? Betroffenes System/Tool (zum Beispiel CRM, Kampagnentool, Portal, Data Clean Room, Agentur-Drive), betroffene Kampagne oder Aktion.
- Wie viele und welche Personen könnten betroffen sein? Erste Größenordnung („einzelne Person“, „ein Team“, „ganze Kampagne“, „geschätzt ca. 5.000 Empfänger“); Kategorien der Daten (zum Beispiel Kontaktdaten, Buchungsdaten, Profilmerkmale, besondere Kategorien).

Optional – wenn bereits möglich:

- Welche Sofortmaßnahmen wurden ergriffen? (Versand gestoppt, Links deaktiviert, Zugriffe gesperrt).
- Welche Unterlagen sind vorhanden? (Screenshots, Kampagnensteckbrief, Exportliste, Agenturmeldung).

Wichtig: Es ist völlig in Ordnung, in der Erstmeldung zu schreiben: „Noch unklar“ oder „wird nachgereicht“. Entscheidend ist, dass die Meldung überhaupt erfolgt.

9.3 Kultur der offenen Fehlerkommunikation statt „Wegdrücken“

Ein Frühwarnsystem funktioniert nur, wenn Menschen Fehler ansprechen, bevor sie „perfekt sortiert“ sind. In vielen Unternehmen ist das Gegenteil der Fall: Fehler in Kampagnen oder Portalen werden intern hektisch geflickt, aber nicht offiziell gemeldet – aus Angst vor Schuldzuweisungen, KPI-Diskussionen oder Reputationsschäden.

9.3.1 Warum Wegdrücken gefährlicher ist als der Fehler selbst

Verzögerte Reaktion: Wenn ein Vorfall zunächst „intern ausgebügelt“ wird, bleiben Logs, Datenstände oder Beweise gelegentlich unverändert oder werden versehentlich gelöscht. Unvollständige Lagebilder: Ohne offene Meldung weiß niemand, ob weitere Systeme, Regionen oder Partner betroffen sind. Rechtliche Risiken: Wird eine eigentlich meldepflichtige Datenschutzverletzung nicht oder zu spät gemeldet, kann die Aufsicht wegen Organisation- und Kontrollversagen vorgehen – unabhängig davon, wie der ursprüngliche Fehler entstanden ist. Gerichte betrachten dabei immer häufiger auch die organisatorische Seite: Wurden Hinweise ernst genommen? Gab es dokumentierte Prozesse, die im Alltag gelebt wurden?

9.3.2 Was Sie als Führungskraft konkret tun können

Sie prägen die Fehlerkultur im Bereich stärker als jede Richtlinie. Hier sind einige praxisnahe Hebel:

- Das Signal „Melden ist erwünscht“: Sagen Sie explizit in Teamrunden: „Mir ist eine frühe Meldung wichtiger als ein perfekt aufbereiteter Fall.“
- Die Trennung von Analyse und Schuldfrage: Klären Sie zunächst, *was* passiert ist und welche Maßnahmen nötig sind. Die Frage, *warum* es dazu kam, behandeln Sie erst, wenn der Vorfall stabilisiert ist – und ohne „öffentliche Hinrichtung“.
- Eine Schutzerwartung für Melder:innen: Machen Sie klar, dass niemand Nachteile erleidet, weil er einen Vorfall meldet, den er nicht verursacht hat. Das schützt insbesondere diejenigen, die Fehler anderer entdecken.
- Ein positives Feedback: Wenn jemand frühzeitig meldet, sagen Sie bewusst danke. Eine kurze Anerkennung („Gut, dass Sie sich gemeldet haben“) wirkt stärker als jede Policy.
- Eine Verknüpfung mit Schulung und Lessons Learned: Nutzen Sie echte Fälle für kurze, pragmatische Lerneinheiten – ohne Namen, aber mit klaren Botschaften („Was machen wir künftig anders?“).

▶ Nicht die Existenz von Fehlern ist das Problem, sondern der Umgang damit.

9.3.3 „Do und Don't" für Führungskräfte

Do: Offene Fragen stellen („Was haben Sie beobachtet?" statt „Wer war schuld?"). Fragen Sie nach Meldewegen („Über welchen Kanal haben Sie gemeldet?" – und gegebenenfalls nachschärfen). Dokumentieren Sie konsequent und überführen Sie Fälle in Kapitel 10/Anhänge.

Don't: Vorwürfe in der Erstreaktion („Wie konnte Ihnen das passieren?") oder ironische Kommentare („Das erklären Sie dann dem Vorstand ..."). „Wegmoderieren" von Hinweisen („Das klären wir irgendwann mit IT").

9.4 Vorbereitung auf Kapitel 10: Was eine Meldung enthalten sollte

Kapitel 10 beschreibt den Ablauf der ersten 60 Minuten nach einem Incident – mit Zeitfenstern, Risikoindikator-Logik und konkreten Handlungsschritten. Dieses Kapitel 9 legt die organisatorische Grundlage, damit Ihre Teams in diese 60 Minuten geordnet hineinkommen.

9.4.1 Drei Stufen der Incident-Information

Sie können Ihre Meldekette in drei Informationsstufen gliedern:

- Startsignal (T0–5 Minuten): Sehr kurze Info: „Hier stimmt etwas nicht" – Auslöser, betroffener Kanal, erste Einschätzung der Tragweite. Ziel: sicherstellen, dass Führungskraft und zentrale Stellen wissen, *dass* etwas im Gang ist.
- Kurzlage (T0–30 Minuten): Strukturierte Informationen entlang der Mindestfragen aus 9.2.4 (Was, wann, wo, wer, wie viele, erste Maßnahmen). Grundlage für die Risikoindikator-Entscheidung in Kapitel 10.
- Vollständige Incident-Dokumentation (T0–60 Minuten und Nachlauf): Ergänzte Fakten, Screenshots, Kampagnensteckbrief, Agenturberichte, Entscheidungen. Dient als Basis für mögliche Meldungen an die Aufsicht und Betroffene (Art. 33, 34 DSGVO) sowie für spätere Nachweise.

Diese Struktur können Sie als einfache Checkliste oder Formular in Ihrem Intranet hinterlegen. Die ausführlichen Muster (Incident-Log, Textbausteine) werden in Kapitel 10 und den Anhängen aufgegriffen.

9.4.2 Welche Inhalte Sie vorab festlegen sollten

Damit Ihr Bereich im Ernstfall nicht improvisieren muss, sollten Sie folgende Punkte *vor* der ersten Panne klären:

- Den Meldekanal: Welche Funktionsadresse oder welches Tool ist „der eine richtige Kanal" für Datenschutzvorfälle?
- Die verantwortlichen Rollen: Wer ist im Bereich primärer Ansprechpartner für Meldungen (zum Beispiel „Incident-Lead (federführende Person) Marketing/ Sales")? Wer ist Stellvertreter?
- Die Verknüpfung zur Datenlandkarte (Kap. 3): Wo finden DSB/IT-Security schnell einen Überblick über Systeme, Prozesse und Dienstleister, um die Tragweite zu verstehen?
- Die Reichweite/Scope (Konzern): Legen Sie fest, wie Sie in 15 Minuten belastbar klären, welche Gesellschaften/Einheiten betroffen sind. Nutzen Sie dafür ein konzernweites Register der Verarbeitungen (Art. 30 DSGVO) mit Verknüpfung zu genutzten Ressourcen („Assets") und Auftragsverarbeitern – so können Sie im Incident filtern, welche Einheiten die betroffene Verarbeitung/ Ressource tatsächlich nutzen.
- Die Agentur- und Dienstleisterpflichten (Kap. 8): Ist in den Verträgen klar geregelt, wie und wohin Dienstleister Incidents melden müssen? Gibt es einen Standard-Fragenkatalog für Agentur-Incidents?
- Die Kommunikation im Team: Gibt es ein Bereichs-Memo oder eine Teamsession, in der Meldewege und Erwartungen erklärt wurden?

9.4.3 Kurz-Check: Ist Ihr Frühwarnsystem einsatzbereit?

Folgende Fragen können Sie direkt als kurze interne Selbstprüfung nutzen:

- Können mindestens 80 % Ihrer Teammitglieder aus dem Stegreif sagen, wohin sie einen Verdacht auf eine Datenpanne melden sollen?
- Gibt es eine schriftlich fixierte, für alle zugängliche Beschreibung der Meldewege (One-Pager, Intranet-Seite, Bereichs-Memo)?
- Sind Vertretungsregelungen für Schlüsselrollen (Kampagnen-Owner, CRM-Owner, Incident-Lead) dokumentiert?
- Gibt es definierte Reaktionszeiten für Erstmeldungen (zum Beispiel „sofort, spätestens innerhalb von zwei Stunden")?
- Liegt eine einfache Liste der Mindestinformationen vor, die jede Erstmeldung enthalten soll (die „5-W" aus 9.2.4)?
- Haben Dienstleister und Agenturen einen klaren Ansprechpartner und schriftliche Vorgaben, wie sie Incidents melden müssen?
- Gibt es ein etabliertes Format, um nach einem Vorfall Lessons Learned festzuhalten und Prozesse nachzuschärfen (Verknüpfung zu Teil III)?[54]

---

54 Die Pflicht, ein angemessenes Risikomanagement und dokumentierte Prozesse für den Umgang mit Datenschutzverletzungen vorzuhalten, folgt aus der Rechenschaftspflicht

Wenn Sie diese Fragen weitgehend mit „Ja“ beantworten können, ist Ihr Frühwarnsystem auf einem guten Weg.

▶ Je klarer Ihre Frühwarnsysteme und Meldewege vor der Panne sind, desto weniger hektisch und haftungsträchtig werden die 60 Minuten während der Panne.

Die Details – insbesondere die Checkliste „Was gehört in die Akte? – Frühwarnsystem und Meldewege“ (Anhang 1, A1.11), das Muster-Memo zu Zuständigkeiten und Meldewegen (Anhang 2, A2.1) und die Kurzmeldung bei Verdacht auf Datenpanne (Anhang 2, A2.16) – werden in Kapitel 10 und in den Anhängen vertieft.

9.5 Fallakte: „Der Alarm kam aus dem Callcenter – und 22 Tage später wurde es teuer“

Es beginnt nicht mit einem roten Warnsignal im Sicherheitsmonitoring, sondern mit einem ganz normalen Arbeitstag im Kundenkontakt. Im Vertrieb und im Service häufen sich Anrufe: Kundinnen und Kunden berichten von merkwürdigen Nachrichten, sie sollten „dringend“ zahlen oder sensible Daten bestätigen. Die ersten Kolleginnen und Kollegen halten es für eine Betrugswelle „da draußen“. Man beruhigt, gibt Standardhinweise – und macht weiter.

Dann fällt auf: Die Betrüger kennen Details, die nur aus echten Buchungsdaten stammen können. Plötzlich ist klar: Das ist kein reiner „Scam“, sondern ein Hinweis auf einen Datenschutzvorfall. In der Organisation wird aber diskutiert, wer zuständig ist: IT? Legal? Datenschutz? Der Vertrieb sagt: „Wir haben nur Beschwerden angenommen.“ Die IT sagt: „Wir haben noch keine Logs.“ Und irgendwo dazwischen tickt die Uhr, die längst läuft.

Genau hier entscheidet sich, ob Ihr Frühwarnsystem funktioniert oder nur „gute Absicht“ bleibt: Der erste belastbare Hinweis ist da – aber niemand fühlt sich als Incident-Lead (also: die Person, die die Erstbewertung führt und die nächsten Schritte taktet). Im zugrunde liegenden Fall wurde das Unternehmen am 13.1.2019 über den Vorfall informiert, meldete ihn der zuständigen Aufsicht jedoch erst am 7.2.2019 – also deutlich nach der 72-Stunden-Frist. Die Aufsicht bewertete den 13. Januar als den Zeitpunkt, ab dem das Unternehmen „Kenntnis“

(Art. 5 Abs. 2 DSGVO) i.V.m. Art. 24, 32, 33 DSGVO sowie den einschlägigen Leitlinien des EDPB, Guidelines 9/2022 zu Sicherheitsmaßnahmen und Datenpannenmeldungen (Version 2.0, 28.3.2023).

hatte – damit begann die 72-Stunden-Frist zur Meldung. Ergebnis: ein Bußgeld von 475.000 EUR, unter anderem wegen verspäteter Meldung; zudem stand im Raum, dass Betroffene zu spät gewarnt wurden.[55]

Bemerkenswert daran ist:

Der „Sensor“ war nicht ein Sicherheitsalarm, sondern Ihr Frontoffice: Beschwerden, Auffälligkeiten und Muster im Vertrieb/Service waren der erste belastbare Hinweis – und wurden organisatorisch zu lange als „nur Kundenärger“ behandelt.

Rechtskern (kompakt, auditfest)

Art. 33 DSGVO (Meldung binnen 72 Stunden) knüpft an die Kenntnis des Verantwortlichen an – nicht daran, wann ein perfekter Forensikbericht fertig ist. Wenn ein belastbarer Hinweis im Unternehmen ankommt, läuft die Zeit. Ein Frühwarnsystem ist deshalb nicht nur IT: Es ist ein Meldeweg, der Beschwerden, Auffälligkeiten und „komische Häufungen“ aus Vertrieb/Service sofort in eine Incident-Triage bringt. Art. 34 DSGVO kann zusätzlich die Benachrichtigung der Betroffenen verlangen, wenn ein hohes Risiko besteht – und auch hier zählt Schnelligkeit plus belastbare Fakten.

Was bedeutet das konkret für Sie als Führungskraft?

Machen Sie Vertrieb und Service zum offiziellen Eingangskanal für Warnsignale. Ein Cluster aus Beschwerden ist kein „Störgeräusch“, sondern ein potenzieller Vorfallsindikator. Definieren Sie eine klare Schwelle für „sofort eskalieren“. Beispiel: „drei ähnliche Beschwerden innerhalb von zwei Stunden“ oder „Betrüger kennen interne Details“. Triage statt Diskussion. Eine kleine, feste Runde (Incident-Lead, Datenschutz, IT-Security, Legal) entscheidet binnen Minuten: Stoppen? Sichern? Bewerten? – nicht erst nach Tagen.

Wenn Sie das schriftlich in der Akte gehabt hätten …

Das hätte Ihnen in einer Prüfung typischerweise am meisten geholfen:

- Ein 1-seitiger Meldeweg („Wer meldet was an wen – sofort?“) inklusive Funktionsadresse/Hotline und Vertretungsregel.

55 EDPB (European Data Protection Board), National News: Dutch SA fines Booking.com for delay in reporting a data breach, 10.12.2020 (Zusammenfassung der Entscheidung der niederländischen Aufsicht; unter anderem Meldung erst nach 22 Tagen; Bußgeld 475.000 EUR).

Eine kurze Eskalationsmatrix („Welche Signale sind OK ☑/ PRÜFEN ▽/ STOP ⛔?“) – ausdrücklich inklusive Beschwerde-Clustern aus Vertrieb/Service.

- Ein Minimalkurzprotokoll: Zeitpunkt erster Hinweis, erste Maßnahmen (Stopp/Sicherung), wen Sie informiert haben – damit nichts „nachträglich rekonstruiert“ wirkt.
- Ein Benachrichtigungs-Baukasten (intern/extern): ein abgestimmter Text, der sachlich warnt, ohne zu spekulieren.
- Ein Nachweis, dass Sie geübt haben (Mini-Übung/Walkthrough einmal pro Halbjahr): „Alarm aus dem Callcenter“ als Testfall.

TEIL II – Im Ernstfall: „Incident in 60 Minuten“

10. Incident in 60 Minuten – Muster-Notfallplan für Datenpannen in Marketing, Sales und Vertrieb

10.1 Der 60-Minuten-Rahmen auf einen Blick

In dem Moment, in dem eine mögliche Datenpanne auf Ihrem Tisch landet, läuft eine unsichtbare Uhr. Die Geschäftsleitung will wissen, ob ein ernstes Problem vorliegt. Die IT will wissen, ob sie Systeme abschalten muss. Der Datenschutzbeauftragte denkt bereits an die 72-Stunden-Frist für die Meldung an die Aufsichtsbehörde. In dieser Gemengelage sind die ersten 60 Minuten entscheidend: Nicht, weil in dieser Stunde alles geklärt werden muss, sondern weil Sie hier die Weichen stellen – für oder gegen einen kontrollierten, auditfesten Umgang mit dem Vorfall.

Praxisfall – „Freitag, 16:05 Uhr“

Eine Vertriebsleiterin eines internationalen Unternehmens erhält an einem Freitag um 16:05 Uhr eine weitergeleitete Kundenmail: „In Ihrem B2B-Portal sehe ich die Bestellhistorie eines fremden Unternehmens.“ Ein Kollege aus dem Vertrieb schreibt dazu nur: „Scheint ein Einzelfall zu sein. Können wir Montag schauen?“ Die Führungskraft zögert kurz – schließlich stehen noch zwei interne Termine an, das Wochenende ist voll verplant.

Sie entscheidet sich, die Sache „kurz“ prüfen zu lassen. Eine Mitarbeiterin loggt sich ein, stellt fest, dass sie tatsächlich fremde Kundendaten sieht, macht aber keinen Screenshot. Die IT wird erst am Montagmorgen eingebunden. Dann stellt sich heraus, dass der Fehler seit Tagen besteht und zahlreiche Kunden Zugriff auf Daten anderer Unternehmen hatten. Die Aufsicht erfährt später, dass der erste konkrete Hinweis bereits am Freitag vorlag – und bewertet die späte Reaktion als Organisationsmangel. Die Frage ist nicht nur, was genau passiert ist, sondern warum niemand in den ersten 60 Minuten die richtigen Schritte eingeleitet hat.

Die Lehre aus dem Fall

Nicht jeder Vorfall ist ein „Großbrand“ – aber jede ernstzunehmende Meldung braucht einen strukturierten Einstieg. Aufsichtsbehörden achten zunehmend darauf, wie ein Unternehmen in den ersten Stunden reagiert: Wer entschieden hat, welche Sofortmaßnahmen ergriffen wurden, welche Informationen vorlagen, wie dokumentiert wurde. Genau hier setzt der 60-Minuten-Rahmen an: Er gibt Ihnen als Führungskraft eine einfache Struktur, die Sie in jeder Situation anwenden können – unabhängig davon, ob eine Kampagne schiefgelaufen ist, ein Dienstleister einen Fehler gemacht hat oder ein Tool „leckt“.

▶ Die ersten 60 Minuten entscheiden nicht nur über die Technik, sondern über Ihre Glaubwürdigkeit gegenüber der Geschäftsleitung und Aufsicht.

Fünf universelle Schritte für alle Vorfälle

Der 60-Minuten-Rahmen besteht aus fünf Schritten, die in jedem Incident gleich bleiben. Die Szenarien in den folgenden Unterkapiteln (10.3–10.5) variieren nur im Detail – die Logik bleibt identisch.

1. Alarm annehmen und stoppen.
2. Sichern, was noch zu sichern ist.
3. Erste Bewertung und Risikoindikator-Entscheidung.
4. Interne und gegebenenfalls externe Eskalation.
5. Dokumentation und kurzfristige Kommunikation.

▶ Wenn Sie in einer Stresssituation nur noch einen Satz im Kopf haben, reicht dieser: „Erst stoppen, dann sichern, bewerten, eskalieren und dokumentieren.“

1. Alarm annehmen und stoppen

Der erste Schritt entscheidet oft darüber, ob aus einem begrenzten Problem eine meldepflichtige Datenpanne wird. Was das konkret heißt:

- Alarm ernst nehmen: Jede plausible Meldung („Ich sehe fremde Daten“, „Die Zielgruppe stimmt nicht“, „Der Download-Link ist offen“) wird als potenzieller Incident betrachtet – nicht als bloße Serviceanfrage.
- Nicht wegmoderieren: Sätze wie „Wird schon nichts sein“ oder „Schicken Sie die Mail bitte an den Kundenservice“ sind in dieser Phase Gift. Wichtig ist, dass jemand die Verantwortung übernimmt.

- Sofortstopp prüfen: Kampagne? → Versand pausieren. Portal/Tool? → Die betroffene Funktion vorübergehend deaktivieren oder Zugriff einschränken. Agentur-Aktion? → den Dienstleister anweisen, die Verarbeitung zu stoppen.

Sie müssen in diesen Minuten noch nicht wissen, ob es tatsächlich eine meldepflichtige Datenpanne ist. Sie müssen aber sicherstellen, dass der mögliche Schaden nicht weiterläuft.

▶ Lieber einen Versand oder ein Portal einmal zu früh stoppen, als eine Panne über Stunden weiterlaufen lassen.

2. Sichern, was noch zu sichern ist

Wenn ein Vorfall „lebt", verändern sich Daten und Spuren laufend. Für die rechtliche Bewertung – und später für Nachweise – brauchen Sie eine Momentaufnahme. Kernaufgaben in dieser Phase:

- Belege sichern: Screenshots von Fehlansichten (fremde Kundenprofile, falsche Zielgruppen, offene Links). Beispielmails mit falschen Anreden oder Verteilern. Logauszüge oder Meldungen aus dem Tool.
- Den Datenstand einfrieren, soweit möglich: Exporte mit betroffenen Empfängern sichern. Den aktuellen Stand von Konfigurationen (Zielgruppenlogiken, Berechtigungen, Portalrollen) dokumentieren.
- Keine spontanen „Bereinigungsaktionen" ohne Spuren durchführen: Kein flächendecktes Löschen ohne Notiz, was genau gelöscht wurde. Keine nachträgliche Anpassung von Einstellungen, ohne die ursprüngliche Konfiguration zu dokumentieren.

Gerade in Marketing, Sales und Vertrieb ist die Versuchung groß, „erst einmal aufzuräumen". Für die Rechenschaftspflicht nach Art. 5 Abs. 2 DSGVO ist aber entscheidend, dass später nachvollziehbar bleibt, wie der Ausgangszustand aussah.

▶ Aufräumen ist wichtig – aber erst, wenn die Beweise gesichert sind.

3. Erste Bewertung und Risikoindikator-Entscheidung

In den ersten 60 Minuten geht es nicht um eine vollendete juristische Würdigung. Es geht darum, eine erste, nachvollziehbare Risikoeinschätzung zu treffen. Hierfür nutzen Sie eine einfache Risikoindikator-Logik, die in Kapitel 10.6.1 weiter vertieft wird.

Typische Leitfragen für diese Phase:

- Was ist passiert? (kurze, sachliche Beschreibung, ohne Schuldzuweisungen)
- Welche Daten sind betroffen? (nur E-Mail-Adressen, Vertragsdaten, besonders sensible Daten?)
- Wie viele Personen sind voraussichtlich betroffen? (Dutzende, Hunderte, Zehntausende?)
- Wie ist der Zugang? (öffentlich im Internet, nur für bestimmte Rollen, nur intern?)
- Seit wann? (einmaliger Versand, Stunden, Tage, Wochen?)

Daraus ergibt sich eine erste Risikoindikator-Entscheidung:

OK ☑ – begrenzter Umfang, keine sensiblen Daten, geringer Missbrauchseintritt; eher organisatorischer Fehler.

PRÜFEN ∇ – größere Reichweite, peinlich oder geschäftlich unangenehm, aber noch unklares Risiko für Betroffene.

STOP ⛔ – sensible Daten, hohe Reichweite oder klar erkennbare Missbrauchsgefahr (zum Beispiel Zugangsdaten, Finanzdaten, Gesundheitsbezug).

Sie müssen diese Einstufung nicht allein treffen. Ideal ist ein schneller Abgleich mit DSB oder IT-Security – aber selbst, wenn diese noch nicht erreichbar sind, hilft eine dokumentierte erste Risikoindikator-Entscheidung, um später zu zeigen: „Wir haben strukturiert gedacht und nicht blind reagiert.“

▶ Die Risikoindikator-Logik ersetzt kein Gutachten – sie verhindert kopfloses Handeln.

4. Interne und gegebenenfalls externe Eskalation

Auf Basis der ersten Bewertung entscheiden Sie, wer wann eingebunden wird. Die 60-Minuten-Perspektive ist hier klar: Wer jetzt nicht informiert wird, kann später nicht helfen.

Interne Eskalation: Immer die direkte Führungskraft beziehungsweise Bereichsleitung, oder zuständige Incident- oder Meldestelle, sofern vorhanden. Je nach Risikoindikator-Stufe und Art des Vorfalls den DSB, Legal, IT-Security oder CISO, gegebenenfalls PR/Kommunikation (bei absehbarer externer Wahrnehmung).

Externe Eskalation (noch nicht zwingend Meldung an die Aufsicht): Die Agentur oder den Dienstleister, wenn der Fehler dort liegen könnte oder deren Systeme betroffen sind. Den Toolanbieter oder Plattformbetreiber, wenn ein technischer Fehler oder ein Leak im Tool vorliegt.

In den ersten 60 Minuten geht es nicht darum, gegenüber der Aufsichtsbehörde bereits eine vollständige Meldung abzugeben. Es geht darum, intern die zuständigen Stellen so früh zu involvieren, dass eine qualifizierte Entscheidung zur Meldepflicht innerhalb der 72-Stunden-Frist möglich ist.

5. Dokumentation und kurzfristige Kommunikation

Der fünfte Schritt wird im Alltag gerne unterschätzt – ist aber der Teil, den Aufsichtsbehörden und interne Revision später zuerst sehen.

Eine Minimaldokumentation in den ersten 60 Minuten: Wann ist der erste Hinweis eingegangen (Datum, Uhrzeit, Kanal)? Wer hat den Hinweis erhalten und die Verantwortung übernommen? Was wurde als erstes getan (Stopp, Sicherung, erste Bewertung)? Wie wurde der Risikoindikator eingeschätzt – mit 2–3 Stichworten zur Begründung? Wen haben Sie informiert (intern/extern, mit Zeitangabe)?

Diese Notizen können zunächst formlos sein (zum Beispiel in einer E-Mail an sich selbst oder einem Eintrag im Incident-Log). Entscheidend ist, dass sie zeitnah entstehen und nicht erst Tage später „rekonstruiert“ werden. Ein Vorfall ohne Minimalkurzprotokoll ist aus Sicht der Aufsicht praktisch nicht existent.

Kurzfristige Kommunikation intern: eine knappe Lagebeschreibung („Was wissen wir? Was nicht? Welche nächsten Schritte?“), eine klare Rollenzuteilung („Wer klärt was bis wann?“).

Kurzfristige Kommunikation extern (wenn unvermeidbar): nur abgestimmte, sachliche Informationen; keine vorschnellen Schuldzuweisungen oder Versprechen („Wir melden sicher nichts“ oder „Alle Daten sind geschützt“), die sich später als falsch erweisen könnten.

Die Details zu Incident-Log, Textbausteinen und guter Dokumentation folgen in Kapitel 10.6 und in den Anhängen.

> ▶ Wer dokumentiert, führt – wer nicht dokumentiert, muss später erklären, warum.

Visueller One-Pager als Orientierung

In einer Stresssituation sind lange Texte wenig hilfreich. Deshalb wird der 60-Minuten-Rahmen in diesem Buch zusätzlich als visueller One-Pager abgebildet (vgl. Kapitel 10.6.4 und Muster im Anhang 2).

Sie können sich diesen One-Pager als einseitige Landkarte vorstellen:

Oben: kurze Erinnerung an die Ausgangslage – „Verdacht auf Datenpanne im Bereich Marketing, Sales und Vertrieb – Uhr läuft“.

In der Mitte: die fünf Schritte als horizontaler Zeitstrahl (T0–15, T15–30, T30–60), jeweils mit 3–5 Stichworten:

- Alarm annehmen und stoppen (Meldung ernst nehmen, Sofortstopp prüfen).
- Sichern (Screenshots, Exporte, Konfigurationen).
- Bewerten (Datenarten, Umfang, Zugang, Risikoindikator).
- Eskalieren (Wer muss jetzt wissen, was passiert ist?).
- Dokumentieren und kommunizieren (Kurzprotokoll, Kurzstatus an Leitung/ DSB).

Seitlich: Hinweise auf die relevanten Kapitel und Anhänge (zum Beispiel „Meldewege: Kap. 9“, „Szenarien: Kap. 10.3–10.5“, „Incident-Log und Mustertexte: Anhang 2“).

Dieser One-Pager hat nur einen Zweck: Er soll Ihnen und Ihrem Team im Ernstfall in Sekunden die Struktur zurückgeben. Viele Bereiche hängen ihn sichtbar im Büro auf oder verlinken ihn im Intranet („Incident in 60 Minuten – Kurzversion“).

> ▶ Im Ernstfall greifen Menschen eher zu Bildern als zu Gesetzestexten. Ihr One-Pager ist die grafische Übersetzung des 60-Minuten-Rahmens.

10.2 Typische Eskalationswege in Marketing, Sales und Vertrieb

Im Einstiegsfall aus Abschnitt 10.1 fehlte vor allem eines: ein klarer Eskalationsweg. Die erste Rückmeldung des Kunden landete irgendwo im Vertrieb, wurde als „Einzelfall“ abgetan und nicht in den Incident-Prozess überführt. Genau hier entscheidet sich in den ersten Minuten, ob ein Vorfall kontrolliert bearbeitet oder „weggedrückt“ wird – mit allen Folgen für Haftung, Reputationsschäden und mögliche Bußgelder. Damit Sie im Ernstfall nicht erst überlegen müssen, „wer jetzt eigentlich zuständig ist“, sollten Sie die typischen Meldewege in Ihrem Bereich kennen – und wissen, wann Sie persönlich eingreifen müssen.

10.2.1 Wo Vorfälle typischerweise aufschlagen

In Marketing, Sales und Vertrieb tauchen Hinweise auf mögliche Datenpannen immer an konkreten Fronten auf – selten direkt beim Datenschutzbeauftragten oder in der Geschäftsleitung. Typische Einstiegskanäle sind:

- Kunden und Geschäftspartner: Beschwerden über falsche Empfänger, fremde Daten im Portal, merkwürdige Reportings oder unerwünschte Kommunikation. Oft zunächst adressiert an Vertrieb, Kundenservice oder Account-Management.
- Agenturen und Dienstleister: Eine Agentur meldet „einen Fehler" im Versand, ein Dienstleister schickt eine „Incident Notice" oder bittet um Rückmeldung zu einem Sicherheitsvorfall in einem Kampagnentool, CRM oder Data Clean Room.
- Toolanbieter und interne IT-Security: Security-Meldungen („Security Incident", „Data Breach"), Hinweise auf kompromittierte Accounts, offene Links oder ungewöhnliche Zugriffe. Diese landen meist bei IT, Security oder technischen Product Ownern – und erreichen Fachbereiche nur, wenn klare Eskalationswege bestehen.

Der erste Schritt im 60-Minuten-Rahmen ist deshalb immer gleich: Sie nehmen den Alarm ernst und überführen ihn in den definierten Incident-Meldeweg – statt ihn als reinen Servicefall, Toolproblem oder „Missgeschick" zu behandeln. Idealerweise ist dieser Weg bereits in Ihrem Bereich festgelegt (vgl. Kapitel 9: Frühwarnsystem und Meldewege): zentrale Funktionsadresse oder Meldestelle für Datenschutzvorfälle, klare Regel: „Verdacht auf Datenpanne = Meldung über diesen Kanal", benannte Rollen: wer nimmt an, wer bewertet, wer eskaliert.

10.2.2 Von der Meldung zum passenden Szenario

Damit Sie in den ersten Minuten nicht im Detail versinken, hilft eine einfache Zuordnung: Welches Grundmuster liegt vor? Für Marketing, Sales und Vertrieb genügen in der Praxis drei Standardszenarien:

- Szenario A – Die Kampagne ist schiefgelaufen: Newsletter, Kampagne oder Lead-Strecke wurde falsch adressiert, falsch konfiguriert oder inhaltlich verfehlt. Signalworte: falscher Verteiler, unerwartete Empfänger, falsches Segment, alte Suppression-Listen.
- Szenario B – Ein Agentur-/Dienstleister-Fehler: Ein externer Partner meldet einen Fehler oder wird als Ursache erkennbar. Signalworte: „Die Agentur hat…", „Unser Dienstleister hat versehentlich…", Upload/Export bei Dritten.

- Szenario C – Ein Tool-/Plattform-Leak: Ein System verhält sich unerwartet: offene Links, sichtbare Fremddaten, auffällige Zugriffe, Security-Notice des Anbieters oder der internen IT. Signalworte: „In dem Portal sehe ich fremde Daten“, „Security Incident“, „Account kompromittiert“.

Für die ersten 15–30 Minuten reicht ein sehr einfacher Entscheidungsbaum:

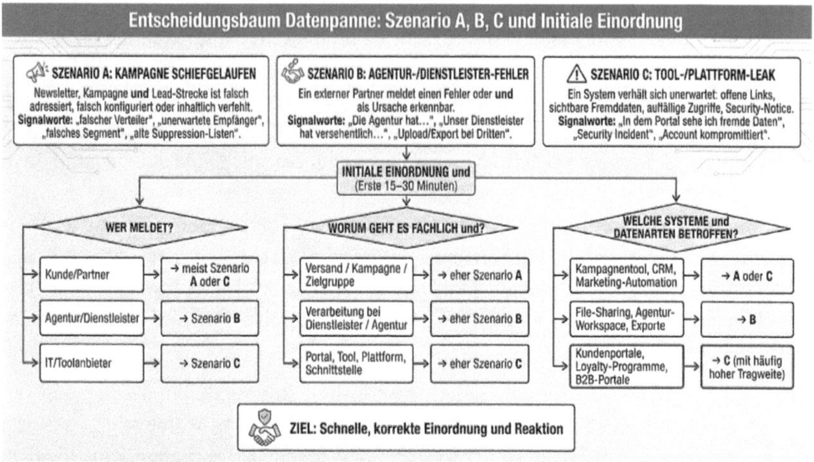

Abbildung 5: Entscheidungsbaum bei Datenpanne

Das Ziel ist nicht, den „perfekten“ Tatbestand zu bestimmen, sondern schnell das richtige Vorgehensmuster zu wählen. Die folgenden Abschnitte 10.3 bis 10.5 sind genau nach diesen Szenarien aufgebaut und liefern Ihnen T0–15-, T15–30- und T30–60-Minuten-Schritte für jede Lage.

10.2.3 Wann eine Führungskraft persönlich gefragt ist

Nicht jeder Verdachtsfall erfordert sofort Ihr persönliches Eingreifen. In den ersten 60 Minuten sollten Sie sich aber einschalten, wenn einer der folgenden Punkte erfüllt ist:

- Hohe Sichtbarkeit oder Relevanz für Schlüssel-Kunden. Betroffen sind wichtige B2B-Kunden, große Accounts, VIP-Kunden oder eine breite Öffentlichkeit (zum Beispiel Social-Media-Welle).
- Sensible Daten oder heikle Kontexte. Es geht um besonders schutzbedürftige Daten (zum Beispiel Gesundheitsbezug, besondere Kundengruppen, Kinder) oder um Informationen, die schnell reputationsschädlich werden können.

- Große Reichweite oder unklare Ausbreitung. Kampagnen mit hoher Empfängerzahl, internationale Verteilung, mehrere Länder/Gesellschaften, unklarer Umfang (zum Beispiel „kann sehr groß sein“).
- Beteiligung externer Partner oder Konzerneinheiten. Agenturen, Dienstleister, andere Konzern- oder Ländergesellschaften sind betroffen – hier geht es schnell um Fragen der Verantwortung (Art. 26 oder 28 DSGVO, je nach Rollenmodell) und um konzernweite Kommunikation.
- Signal aus Ihrem Frühwarnsystem. Wiederkehrende Hinweise gleicher Art, Warnsignale aus Kennzahlen oder Monitoring (vgl. Kapitel 9), Beschwerden über denselben Prozess oder dasselbe Tool.

In diesen Konstellationen sollte Ihre Rolle in den ersten 60 Minuten klar sein: Sie entscheiden, ob der Vorfall nach dem 60-Minuten-Plan behandelt wird. Kein „Abwarten bis Montag“, wenn konkrete Anhaltspunkte vorliegen. Sie benennen eine verantwortliche Person für die operative Abarbeitung. Diese Person koordiniert Stoppen, Sichern, Bewerten und Dokumentieren.

Sie stellen die Verknüpfung zu Datenschutzbeauftragtem, Legal und IT sicher. Gerade bei möglichen Meldepflichten nach außen (Aufsichtsbehörde, Betroffene) sollten diese Funktionen früh wissen, dass „etwas läuft“. Sie sorgen für eine kurze, nüchterne interne Lagekommunikation. Kein Aktionismus, aber eine klare Botschaft: „Wir haben einen Verdacht, wir arbeiten strukturiert nach Plan, weiterer Status folgt.“

▶ Je größer die Sichtbarkeit, Sensibilität oder Unsicherheit eines Vorfalls, desto eher ist ein frühes Führungs-„Ja, ich bin dran“ erforderlich – nicht ein „Schicken Sie mir Montag eine Notiz“.

Die Szenarien A bis C in den folgenden Abschnitten machen diese Eskalationswege konkret – jeweils mit 60-Minuten-Fahrplan, typischen Fehlern und praxistauglichen Handlungsschritten.

10.2.4 Kurzbox: Konzern-Scope in 5–15 Minuten klären (auditfest)

Wenn mehrere Länder, Konzerneinheiten oder ein Auftragsverarbeiter im Spiel sind, entscheiden Scope und Reichweite darüber, wer handeln muss und welche Aufsicht potenziell zuständig ist. Dokumentieren Sie deshalb sofort:

- Die betroffene Ressource/„Asset“: Welches System/Tool/Share/Portal ist betroffen?

- Die betroffene Verarbeitung: Welche konkrete Verarbeitungstätigkeit (Art. 30-Referenz) hängt daran?
- Den Nutzerkreis im Konzern: Welche Gesellschaften/Einheiten nutzen diese Ressource/Verarbeitung tatsächlich?
- Den Dienstleisterbezug: Betrifft es einen Auftragsverarbeiter – und wenn ja: für welche Einheiten wird die Leistung erbracht?
- Die Arbeitsannahme bis Faktenlage steht: „Der Scope ist noch unklar; wir behandeln es vorläufig als konzernrelevant, bis Logs/Register das Gegenteil zeigen.“

Was gehört in die Akte?

Ein Screenshot/Export aus dem Art.-30-Register (Verarbeitung ↔ Asset ↔ Dienstleister), eine Liste der (vorläufig) betroffenen Einheiten, die Uhrzeit der Scope-Festlegung, die Quelle der Annahme (Register/IT-Info/Provider-Ticket).

10.3 Szenario A – Kampagne schiefgelaufen

Wenn in Marketing, Sales oder Vertrieb etwas schiefgeht, ist es oft eine Kampagne, ein Newsletter, der an die falsche Zielgruppe geht, eine Personalisierung mit fremden Namen, ein Report-Link ohne Zugangsbeschränkung oder ein Reminder an Personen, die längst widersprochen haben. Fachlich wirkt das „nur“ peinlich – datenschutzrechtlich kann es ein meldepflichtiger Vorfall sein.

Dieses Szenario übersetzt den 60-Minuten-Rahmen in konkrete Schritte für solche Kampagnenpannen: vom ersten Verdacht („Da stimmt etwas mit dem Verteiler nicht“) bis zur Entscheidung, ob der Vorfall weiter untersucht und gegebenenfalls gemeldet werden muss.

10.3.1 Startsignal: Woran Sie es erkennen

Eine schiefgelaufene Kampagne kündigt sich selten mit der Überschrift „Datenschutzvorfall“ an. Typische Startsignale sind: Einzelne Kundenbeschwerden: „Warum bekomme ich Ihre E-Mail? Ich habe nie zugestimmt.“ Rückfragen aus dem eigenen Haus: „Warum haben wir diese Aktion an Ex-Kunden geschickt?“ Auffällige Reaktionen in Social Media („Spam-Vorwürfe“, Screenshots Ihrer E-Mail). Technische Hinweise: ungewöhnlich viele Bounces, auffällige Abmelderaten, Beschwerden über einen offenen Link zu einer Landing Page oder einem Report. Hinweise der Agentur: „Uns ist ein Fehler im Verteiler aufgefallen, aber wir haben es schon korrigiert.“

Für Sie als Führungskraft gilt: Sobald ein solcher Hinweis vorliegt, behandeln Sie ihn wie einen konkreten Verdacht auf einen Datenschutzvorfall – selbst wenn noch unklar ist, wie groß der Schaden ist.

▶ Jede unerwartete Reaktion auf eine Kampagne kann das Startsignal für einen Datenschutzvorfall sein – nicht nur ein „Marketingproblem".

10.3.2 T0–15 Minuten: Alarm annehmen und stoppen

Ziel in den ersten 15 Minuten: Schaden begrenzen und Spuren sichern. Sie klären noch nicht jedes Detail, aber Sie verhindern, dass der Fehler weiterläuft. Diese Sofortmaßnahmen sollten Sie ergreifen:

- Den Versand oder die Kampagne anhalten. Veranlassen Sie, dass der Versand gestoppt oder die Kampagne pausiert wird – direkt im Tool oder über die Agentur. Bei E-Mail-Kampagnen: Versand-Jobs stoppen, nachfolgende Wellen aussetzen. Bei automatisierten Journeys: die betroffene Journey anhalten oder betroffene Pfade deaktivieren.
- Die Ansichten sichern: Lassen Sie Screenshots und exemplarische E-Mails, Landing Pages oder Tool-Ansichten sichern. Wichtig sind: Betroffene Zielgruppen-Einstellungen (zum Beispiel Segment-Definition im Tool), Beispielmails (inklusive Header, wenn möglich), aktuelle Konfiguration im Kampagnentool.
- Kurz klären: Kanal, Zielgruppe, grober Umfang. Bitten Sie das Team um eine erste Einschätzung: Über welchen Kanal lief die Kampagne (E-Mail, SMS, Push, Post, Social, Portal)? Welche Zielgruppe war geplant – und welche scheint tatsächlich betroffen? Handelt es sich eher um einige Dutzend, Hunderte oder Tausende Kontakte?

Diese erste, grobe Klärung reicht für den Moment. Detaillierte Auswertungen kommen später.

Do und Don't für Führungskräfte: Nicht herunterspielen – Sätze wie „Wird schon nichts sein" oder „Das ist bestimmt nur ein Einzelfall" erschweren später jede ernsthafte Aufarbeitung – und können gegenüber Aufsichtsbehörden als Organisationsmangel wirken. Keine spontane Kundenkommunikation: Starten Sie keine eigenmächtigen Entschuldigungs-Mails oder Social-Media-Posts, bevor klar ist, was genau passiert ist und ob eine formelle Meldung (Art. 33, 34 DSGVO) nötig sein könnte.

10.3.3 T15–30 Minuten: Sichern und erste Bewertung

In den nächsten 15 Minuten geht es um eine erste fachliche Bewertung: Ist das eher ein „ärgerlicher, aber begrenzter Fehler“ oder deutet sich ein ernsthafter Datenschutzvorfall mit Meldepflicht an?

Fragen an das Team, die Agentur: Bitten Sie das verantwortliche Team oder die Agentur um kurze, präzise Antworten – gern in Stichpunkten: Wie viele Empfänger sind ungefähr betroffen? (Zehner-, Hunderter- oder Tausenderbereich?)

Welche Kategorien von Daten wurden verarbeitet? Name, E-Mail, Buchungsdaten, Status (zum Beispiel „VIP“, „Häufigflieger“), Interessen, sensible Segmente (zum Beispiel Gesundheitsbezug, politische Themen)?

Die falsche Zielgruppe? Wurden Personen angesprochen, die: gar keine Einwilligung hatten oder widerrufen hatten oder Widerspruch eingelegt haben, besonders schutzbedürftig sind (zum Beispiel Kinder, bestimmte sensible Zielgruppen)?

Öffentliche Zugänglichkeit? Gab es frei erreichbare Inhalte (etwa eine Landing Page oder einen Report-Link ohne Authentifizierung), auf denen personenbezogene Daten weiterer Personen sichtbar waren?

Diese Informationen genügen, um eine erste Risikoindikator-Bewertung vorzunehmen.

Einordnung in eine einfache Risikoindikator-Logik

OK ☑ – eher interner Fehler mit begrenzter Reichweite, keine sensiblen Daten, kein öffentliches Zugänglichmachen, eher „nur“ Kommunikations- oder Komfortproblem: Interne Aufarbeitung und Dokumentation, meist ohne Meldepflicht – aber mit klaren Lessons Learned.

PRÜFEN ∇ – eine deutlich größere Reichweite, falsche Adressaten (zum Beispiel ehemalige Kunden, die keine Kommunikation mehr wollten), reputationskritische, aber voraussichtlich nicht hochgradig schadensträchtige Inhalte: Engere Abstimmung mit Datenschutzbeauftragten/Legal; Meldepflicht ist möglich und muss geprüft werden.

STOP ⛔ – sensible Daten oder sensible Zielgruppen, öffentlich zugängliche Inhalte mit personenbezogenen Daten, hohes Missbrauchs- oder Reputationsrisiko (zum Beispiel Preisvorteile nur für bestimmte Gruppen, Gesundheits- oder Finanzinformationen): Sofortige Einbindung von Datenschutzbeauftragten/Legal, strukturierte Vorbereitung einer möglichen Meldung nach Art. 33 DSGVO und Prüfen eines Informationsbedarfs nach Art. 34 DSGVO.

10.3.4 T30–60 Minuten: Entscheidung und Eskalation

Nach maximal einer Stunde sollten Sie nicht mehr allein „im Nebel“ suchen, sondern eine bewusste Entscheidung treffen: Wird der Vorfall als möglicher meldepflichtiger Incident weiterbearbeitet – mit Einbindung von DSB/Legal – oder bleibt er auf einer internen Ebene, aber prüffest dokumentiert?

Die Entscheidung: Wer muss jetzt eingebunden werden? Folgende Fragen helfen Ihnen: Muss der Datenschutzbeauftragte/die Rechtsabteilung jetzt aktiv eingeschaltet werden?

Spätestens bei Risikoindikator-PRÜFEN ▽ mit größerer Reichweite oder bei STOP ⛔ sollte die Einbindung nicht mehr verschoben werden. Besteht eine hohe Wahrscheinlichkeit einer Meldepflicht an die Aufsicht (Art. 33 DSGVO)? Das ist insbesondere der Fall, wenn viele Personen betroffen sind, sensible Daten oder besonders schutzbedürftige Gruppen betroffen sind oder es Hinweise auf Missbrauch oder öffentliche Verbreitung gibt.

Sie selbst müssen die Meldung inhaltlich nicht ausformulieren. Ihre Aufgabe ist, die Entscheidung zur weiteren Bearbeitung zu treffen und die notwendigen Personen zu mobilisieren:

Kommunikationslinien intern: Vereinbaren Sie einen kurzen „Drei-Zeilen-Status“ an Vorgesetzte, Datenschutzbeauftragte und IT-Security, zum Beispiel: Was ist passiert (ein Satz)? Was wissen wir aktuell (Stichworte zu Umfang/Risikoindikator)? Was sind die nächsten Schritte und wer klärt was bis wann?

Kommunikationslinien extern: Vor Abschluss der Bewertung erfolgt nur eine zwingend notwendige Kommunikation, etwa: eine knappe Eingangsbestätigung an beschwerdeführende Kunden („Wir prüfen den Sachverhalt und melden uns“), keine voreiligen Entschuldigungen oder Versprechen („Es ist alles harmlos“), solange die Fakten nicht gesichert sind, keine Zusagen, dass „auf keinen Fall etwas gemeldet wird“.

Die konkreten Textbausteine für solche Kurzstatus-Meldungen werden in Kapitel 10.6 und im Anhang 2 bereitgestellt.

Schon in dieser Phase sollte eine Minimaldokumentation angelegt werden: Ein Incident-Formular oder -Eintrag mit: Zeitpunkt des ersten Hinweises, kurze Beschreibung des Vorfalls, erste Risikoindikator-Bewertung (mit Stichworten), Beteiligte (Team, Agentur, gegebenenfalls Toolanbieter) und die Ablage der wichtigsten Belege: Screenshots der Kampagne und Zielgruppen-Einstellungen, Auszug aus dem Kampagnen-Reporting, zentrale E-Mail-Korrespondenz mit Team/Agentur.

10.3.5 Typische Fehler und Best Practices

Typische Fehler: Die Kampagne weiterlaufen lassen, um „den Erfolg nicht zu gefährden“. Aus Umsatzsicht mag das verständlich wirken, aus Sicht der Aufsicht ist es ein deutliches Zeichen mangelnder Organisations- und Kontrollpflicht: Der Schaden wird bewusst vergrößert.

Eine sofortige Massen-Entschuldigung ohne Faktenbasis. Wer hektisch Entschuldigungs-Mails versendet, bevor klar ist, was genau passiert ist, riskiert falsche oder widersprüchliche Aussagen, unnötige Verunsicherung der Kunden und spätere Korrekturen gegenüber Aufsichtsbehörden.

Best Practices: Ein klarer Kampagnen-Steckbrief im Vorfeld. Wenn jede Kampagne einen kompakten Steckbrief hat (Zweck, Zielgruppe, Rechtsgrundlage, verantwortliche Personen, Systeme, geplante Laufzeit), können Sie im Incident-Fall in Minuten nachvollziehen: wer verantwortlich ist, welche Daten betroffen sind und welche Rechtsgrundlage und Einwilligungsnachweise vorliegen. Der Aufbau solcher Steckbriefe wird in Kapitel 11 (Kampagnen, CRM und Einwilligungen) vertieft.

Ein standardisierter Pre-Send-Check. Ein dokumentierter Pre-Send-Check (Verteiler, Testläufe, „letzter Blick“ auf Zielgruppenlogik) reduziert die Wahrscheinlichkeit solcher Vorfälle – und liefert im Ernstfall einen wichtigen Nachweis: Sie können zeigen, dass Sie organisatorisch alles Zumutbare getan haben.

Eine Verzahnung mit Frühwarnsystem und Meldewegen (Kapitel 9). Wenn Meldewege klar sind und das Team weiß, dass es Verdachtsfälle ohne Angst vor Schuldzuweisungen melden kann, werden Kampagnenfehler früher entdeckt und besser beherrscht.

> ▶ Eine schiefgelaufene Kampagne ist kein Weltuntergang – aber nur, wenn Sie sie in den ersten 60 Minuten stoppen, bewerten, dokumentieren und in geordnete Bahnen lenken.

10.4 Szenario B – Agentur-/Dienstleister-Fehler

In vielen Vorfällen im Marketing und Vertrieb sitzt die eigentliche Ursache nicht im eigenen System, sondern bei einer Agentur oder einem externen Dienstleister: ein falscher Upload, ein unsauberer Verteiler, ein frei zugänglicher Link aus dem Agentur-Workspace. Rechtlich bleibt Ihr Unternehmen trotzdem Verantwortlicher – die Agentur ist nur Auftragsverarbeiter oder gemeinsam Verantwortliche.

In den ersten 60 Minuten kommt es deshalb darauf an, dass Sie den Vorfall als Ihren Vorfall begreifen und den Partner klar steuern.

10.4.1 Startsignal: „Die Agentur hat Mist gebaut“

Typische Startsignale für dieses Szenario sind: Die Agentur meldet sich von sich aus: „Uns ist bei der Kampagne ein Fehler passiert …“. Ihr Team entdeckt auf einem Agentur-Screenshot oder in einem Freigabelink fremde Daten. Ein Dienstleister informiert über einen „Fehlversand“, einen falschen Upload oder einen offenen File-Sharing-Link.

Häufige Auslöser sind falscher Verteiler (zum Beispiel Testverteiler, eine alte Liste oder „All Contacts“). Ein falscher Upload (zum Beispiel Rohdaten statt anonymisierte Liste). Unsichere File-Sharing-Links ohne Passwort oder Login oder „Testdaten“, die in Wahrheit Echtdaten sind und im Agentursystem verbleiben.

▶ Sobald eine Agentur oder ein Dienstleister mit Kundendaten arbeitet, ist jeder Fehler dort auch Ihr Vorfall – nicht nur ein „Serviceproblem“ des Partners.

10.4.2 T0–15 Minuten: Klare Rollen und Sofortstopp

In den ersten 15 Minuten müssen Sie vor allem zweierlei klären: Wer führt, und wie stoppen wir den Schaden.

Schritt 1: Die Führungsrolle klären. Stellen Sie klar, dass der Vorfall in Ihren Verantwortungsbereich fällt und Sie die Steuerung übernehmen. Benennen Sie eine Ansprechperson auf Ihrer Seite (zum Beispiel die kampagnenverantwortliche Person oder Projektleitung), die den Kontakt zur Agentur bündelt.

Schritt 2: Veranlassen Sie einen Sofortstopp. Weisungen an Agentur/Dienstleister – möglichst sofort, möglichst schriftlich (E-Mail reicht): Den Versand oder die Verarbeitung sofort stoppen (laufende Kampagne pausieren, Exporte anhalten, Zugriffe sperren). Keine eigenen „Beruhigungs-Mails“ an Betroffene verschicken, bevor mit Ihnen und gegebenenfalls DSB/Legal die Kommunikation abgestimmt ist. Relevante Logs, Datenstände, Konfigurationen und Verarbeitungsprotokolle sichern (zum Beispiel Versandlogs, Empfängerlisten, Upload-Historie, Freigabelinks).

▶ Wichtig ist in dieser Phase weniger die Vollständigkeit als die Spurensicherung: Sie verhindert, dass der Fehler sich weiter ausbreitet und dass Belege verloren gehen.

10.4.3 T15–30 Minuten: Informationsbeschaffung bei der Agentur

In den Minuten 15 bis 30 verschieben Sie den Fokus von „Stopp“ auf „Verstehen“. Ziel ist ein kurzes, aber belastbares Lagebild.

Mindestfragen an den Dienstleister: Was genau ist passiert – fachlich und technisch? (zum Beispiel falscher Verteiler ausgewählt, Datei verwechselt, Ordner öffentlich gestellt.)

Seit wann besteht der Fehler? (Erstversand, Zeitpunkt des Uploads, erste öffentliche Zugänglichkeit.) Welche Datenkategorien sind betroffen? (Name, Kontakt, Buchungsdaten, Segmente, besondere Kategorien.)

Wie viele Datensätze sind ungefähr betroffen? (enger Rahmen reicht: zum Beispiel „ca. 200“, „im niedrigen vierstelligen Bereich“.) Wer hatte Zugriff? (Nur Agentur-Mitarbeitende? Unterauftragnehmer? Öffentlichkeit über Link?)

Mit Verweis auf den AV-/JC-Vertrag: Prüfen Sie kurz, ob im Auftragsverarbeitungsvertrag oder in einer Joint-Controllership-Vereinbarung bereits Pflichten zur unverzüglichen Information, Unterstützung und Dokumentation geregelt sind. Erinnern Sie die Agentur – freundlich, aber klar daran, dass Sie auf vollständige und zügige Informationen angewiesen sind, um Ihre Pflichten als Verantwortlicher zu erfüllen.

▶ Ohne Fakten aus der Agentur gibt es keine belastbare Bewertung – und ohne Bewertung keine sichere Entscheidung zur Meldepflicht.

10.4.4 T30–60 Minuten: Bewertung und Eskalation

In der dritten Phase verbinden Sie die Informationen aus der Agentur mit Ihrer internen Risikosicht. Es folgt eine gemeinsame Bewertung mit DSB/Legal und gegebenenfalls IT/Information Security: Wie hoch ist die Wahrscheinlichkeit, dass eine meldepflichtige Verletzung des Schutzes personenbezogener Daten vorliegt (Art. 33 DSGVO)? Ist wegen des Risikos für Betroffene – etwa bei sensiblen Segmenten, Kindern, besonderen Kategorien – auch eine Information der Betroffenen nach Art. 34 DSGVO im Raum? Sind weitere Gesellschaften, Marken oder Länder betroffen (Konzernkontext)?

Prüfung von Gegenmaßnahmen: Können Zugriffe beschränkt oder Links deaktiviert werden, bevor Daten massenhaft abfließen? Können irrtümlich erhaltene Daten bei falschen Empfängern noch gelöscht oder gesperrt werden? Muss die Agentur bestimmte Systeme vorübergehend stilllegen oder Accounts sperren?

Eine Dokumentation aus Auftraggebersicht: Halten Sie fest, welche schriftlichen Vorgaben und Weisungen es vor dem Vorfall gab (Briefing, Kampagnenunterlagen, AV-/JC-Regelungen), wo die Agentur von diesen Vorgaben abgewichen ist – oder ob Lücken in Ihren eigenen Anweisungen bestehen und welche Maßnahmen Sie in den ersten 60 Minuten konkret angeordnet haben (mit Zeitangabe).

Diese Dokumentation ist später wichtig, um gegenüber der Aufsicht, Revision oder Geschäftsleitung erklären zu können, dass Sie Ihre Rolle als Verantwortlicher wahrgenommen haben.

10.4.5 Typische Fehler und Best Practices

Typische Fehler:

„Die Agentur regelt das für uns": Der Vorfall wird als Problem des Dienstleisters betrachtet, ohne dass Sie steuernd eingreifen. Keine schriftlichen Weisungen oder Nachfragen – alles läuft mündlich oder über Chat-Nachrichten ohne nachvollziehbare Spur.

Die Agentur verschickt auf eigene Faust Entschuldigungs-Mails, die rechtlich oder inhaltlich nicht abgestimmt sind. Der AV-/JC-Vertrag wird in der Hitze des Gefechts ignoriert – obwohl er gerade jetzt Ihre stärkste Grundlage wäre.

Best Practices:

Standardfragenkatalog für Dienstleister-Incidents (Was ist passiert? Seit wann? Welche Daten? Wie viele Betroffene? Wer hatte Zugriff?). Alle wesentlichen Weisungen an die Agentur kurz, aber schriftlich festhalten und sich bestätigen lassen („verstanden, wird umgesetzt").

Klare Verknüpfung zu Ihren Frühwarn- und Meldewegen (vgl. Kap. 9) und zu den organisatorischen Regeln für Dienstleistersteuerung (vgl. Kap. 8). Einfache Visualisierung des Szenarios B auf Ihrem One-Pager „Incident in 60 Minuten" – damit Ihr Team im Ernstfall sofort erkennt: „Agentur betroffen – Szenario B – wir folgen diesem Fahrplan."

So wird aus dem Satz „Die Agentur hat Mist gebaut" kein Ausweichmanöver, sondern der Ausgangspunkt für ein strukturiertes, auditfestes Vorgehen, bei dem Sie als Verantwortlicher sichtbar die Führung übernehmen.

10.5 Szenario C – Tool-/Plattform-Leak (CRM, Kampagnentool, Cloud, Data Clean Room)

In diesem Szenario liegt die Ursache nicht in einer einzelnen Kampagne oder bei einer Agentur, sondern in einem System selbst: CRM, Kampagnentool, Kundenportal, Cloud-Speicher oder Data Clean Room verhalten sich anders als vorgesehen. Plötzlich sind fremde Kundendaten sichtbar, Links sind offen erreichbar oder der Anbieter meldet einen „Security Incident“. Für Sie als Führungskraft ist entscheidend: Auch wenn der technische Fehler beim Anbieter oder in der IT-Konfiguration liegt – datenschutzrechtlich bleibt es in aller Regel Ihr Vorfall.

> ▶ Ein Tool-Leak ist nie „nur ein IT-Problem“. Es ist immer auch ein Vorfall der verantwortlichen Fachseite – mit möglichen Meldepflichten nach außen.

10.5.1 Startsignal: Meldung des Toolanbieters oder der IT

Typische Startsignale für ein Tool- oder Plattform-Leak sind:

- Eine Vendor Security Notice: Der Toolanbieter informiert über einen „Security Incident“, „Data Breach“ oder eine kritische Schwachstelle, die möglicherweise Kundendaten betrifft.
- Der Hinweis der IT oder Informationssicherheit: Interne Security-Systeme erkennen auffällige Logins, ungewöhnliche Datenabflüsse, kompromittierte Accounts oder wiederholte Zugriffsversuche.
- Ein Fund im operativen Alltag: Ein Teammitglied stellt fest, dass es in einem Portal oder Tool Fremddaten sehen kann, obwohl diese eigentlich getrennt sein müssten – etwa andere Kunden, fremde Mandanten oder Testdaten mit Echtdaten.
- Ein weiteres Warnsignal sind Kundenbeschwerden wie: „In Ihrem Portal sehe ich Daten eines anderen Kunden“, „Ihr Report enthält Kennzahlen eines fremden Unternehmens“ oder „Ich konnte über den Link Dokumente anderer Firmen herunterladen“.

In all diesen Fällen gilt: Der Vorfall ist systemisch. Es geht nicht nur um eine einzelne E-Mail oder einen Einzelfehler, sondern potenziell um viele Datensätze und eine größere Reichweite.

10.5.2 T0–15 Minuten: Zugang sichern und Scope eingrenzen

In den ersten 15 Minuten geht es darum, das Leck einzudämmen und zu verstehen, welches System betroffen ist – ohne hektisch „den Stecker zu ziehen", wo es nicht nötig ist.

Sofortige Maßnahmen:

Zugänge sichern: Betroffene Nutzerkonten sperren, Passwörter ändern, gegebenenfalls erweiterte Authentifizierung aktivieren (zum Beispiel MFA). Offene Freigaben einschränken: Öffentliche oder „jeder mit dem Link"-Freigaben deaktivieren, Download-Optionen vorübergehend sperren. Ansichten einfrieren, nicht löschen: Screenshots der auffälligen Ansichten, gespeicherte Konfigurationen und relevante Logs sichern. Das hilft später bei der Aufklärung und gegenüber der Aufsicht.

Eine erste Eingrenzung („Scope"): Welche Systeme sind betroffen? Nur ein einzelnes Kampagnentool – oder zusätzlich CRM, Kundenportal, Reporting-Plattform, Data Clean Room? Welche Art von Zugriff liegt vor? Konnte nur „gelesen" werden (unbefugte Einsicht) oder auch verändert, gelöscht oder exportiert werden? Welche Nutzergruppen sind potenziell betroffen? Nur interne Nutzer, bestimmte Kundengruppen, Agenturen oder externe Partner?

Für Sie als Führungskraft zählt: Sie müssen in dieser Phase nicht alle technischen Details verstehen, aber zügig klarstellen, welches System im Fokus steht und ob der Vorfall eher lokal (ein einzelner Account) oder strukturell (Konfiguration, Rechte, Schnittstelle) ist.

10.5.3 T15–30 Minuten: Informationen vom Toolanbieter/der IT einholen

In den nächsten 15 Minuten brauchen Sie eine fachlich belastbare Grundlage, um Schweregrad und Reichweite einschätzen zu können.

Vom Anbieter oder Tool-Owner ist anzufordern: Ein Incident-Report oder eine Security-Mitteilung, soweit vorhanden: Was ist aus Sicht des Anbieters passiert? Welche Kunden sind grundsätzlich betroffen? Welche Maßnahmen wurden bereits ergriffen?

Konkrete Fragen an IT/Tool-Owner: Welche Datenkategorien sind in dem betroffenen Bereich gespeichert (zum Beispiel Stammdaten, Kontaktdaten, Buchungsdaten, Segmentierungsmerkmale, besondere Kategorien)? Wie viele Datensätze sind maximal betroffen (Größenordnung, nicht jede einzelne ID)? Gibt es Hinweise auf tatsächlichen Missbrauch – etwa umfangreiche Downloads, Exporte, API-Zugriffe oder bekannte Angreifer-IP-Adressen? Ist die Ursache eher eine

Fehlkonfiguration (zum Beispiel zu weite Rollenrechte, falsche Mandantentrennung) oder eine technische Schwachstelle im System selbst?

Mit Blick auf Berechtigungen und Konfigurationen: Wurden Admin- oder Superuser-Rechte zu großzügig vergeben (vgl. Kapitel 6 – Geräte, Schatten-IT und mobile Arbeit)? Gibt es alte Test- oder Projektzugänge, die nie deaktiviert wurden? Sind mehrere Mandanten, Marken oder Konzerngesellschaften in einer Instanz zusammengeführt worden, ohne saubere Trennung?

Sie halten in dieser Phase die Fäden zusammen: IT und Anbieter liefern die technische Analyse – Sie steuern die Fragen und achten darauf, dass die datenschutzrelevanten Aspekte (Personenkreise, Datenarten, Reichweite) klar beantwortet werden.

10.5.4 T30–60 Minuten: Bewertung, Meldepflicht und Kommunikationslinie

Auf Basis der gewonnenen Informationen geht es nun um die zentrale Frage: Handelt es sich um einen technischen Aussetzer ohne Risiko – oder um eine meldepflichtige Datenpanne mit Relevanz für Aufsichtsbehörden und Betroffene?

Bewertung mit DSB/Legal: Risikoeinschätzung nach Art. 33/34 DSGVO: Sind identifizierbare Personen betroffen (Kunden, Leads, Beschäftigte)? Sind sensible oder besonders schützenswerte Daten im Spiel (zum Beispiel Gesundheitsbezüge, Profiling, Bonusprogramme mit hohem Missbrauchspotenzial)? Ist ein Missbrauch naheliegend (zum Beispiel Download durch unbefugte Dritte, öffentlich zugängliche Links, Hinweise von außen)?

Konzern- und Internationalitätsbezug: Sind mehrere Gesellschaften, Länder oder Marken betroffen (vgl. Kapitel 13)? Muss die Konzern- oder Gruppen-DS-Funktion eingebunden werden?

Kommunikationslinie intern festlegen: Kurzstatus an die Geschäftsleitung, Datenschutzbeauftragten und IT-Security: „Was wissen wir, was wissen wir nicht, was sind die nächsten Schritte?“ Klare Verantwortlichkeiten („Wer klärt was bis wann – Anbieter, IT, Fachbereich?“).

Kommunikationslinie gegenüber dem Anbieter festlegen: Eine sachliche, aber klare Erwartungshaltung: eine vollständige Aufklärung, eine Dokumentation der Ursache, Vorschläge für dauerhafte Abhilfe (zum Beispiel zusätzliche Sicherheitsmechanismen, Bereinigung von Logs und Daten) mit Hinweis auf vertragliche Pflichten aus Auftragsverarbeitungs- oder Joint-Controller-Vereinbarungen.

In dieser Phase entscheiden Sie gemeinsam mit DSB/Legal, ob eine Meldung an die Aufsichtsbehörde und/oder eine Information der betroffenen Personen erforderlich ist. Die Detailausgestaltung (Formulierung, Kanäle, Zeitpunkte) wird in späteren Kapiteln und den Anhängen vertieft – für die ersten 60 Minuten reicht eine belastbare Tendenz („eher meldepflichtig"/„voraussichtlich nicht meldepflichtig") und ein klarer Fahrplan.

10.5.5 Typische Fehler und Best Practices

Typische Fehler:

„Es war ja nur ein technisches Problem, kein Datenschutzthema." Wenn ein Leak als rein technisches Ereignis behandelt wird, ohne Risikoabschätzung und Dokumentation, fehlt später die Grundlage für jede Argumentation gegenüber der Aufsicht – selbst wenn die Ursache beim Anbieter lag.

Überhastetes Abschalten kritischer Tools ohne Plan B. Wer im Schockzustand das gesamte CRM oder Portal stilllegt, ohne Notfallplan für Vertrieb, Betreuung oder laufende Kampagnen, erzeugt unter Umständen einen größeren geschäftlichen Schaden als der Vorfall selbst – und riskiert, dass Teams sich aus der Not heraus in Schatten-IT flüchten.

Keine saubere Trennung von Ursache und Verantwortung. Entweder wird dem Anbieter reflexartig die Schuld zugeschoben („Die sind schuld, also sollen die sich kümmern") oder umgekehrt intern alles auf „fehlende Freigabeprozesse" reduziert. Beides greift zu kurz – und hilft Ihnen vor der Aufsicht nicht weiter.

Best Practices:

Eine zentrale „Toolliste" mit fachlicher Verantwortung (Kapitel 3 und 5): Zu jedem System ist dokumentiert, wofür es genutzt wird, welche Daten dort liegen, wer fachlich verantwortlich ist und welche Dienstleister angebunden sind. Das spart im Tool-Leak-Fall wertvolle Zeit.

Vorbereitete Fragenkataloge für Toolanbieter und IT: Standardisierte Fragen zu Datenarten, Umfang, Logs, Berechtigungen und bereits ergriffenen Maßnahmen, die Sie in jedem Incident-Fall nutzen können.

Eine Verzahnung mit dem Frühwarnsystem (Kapitel 9): Klar definierte Meldewege für Vendor Notices, Security-Alarme und Teamhinweise – damit relevante Meldungen nicht im Posteingang versanden.

▶ Ein Tool-Leak ist beherrschbar, wenn Sie Zugänge schnell sichern, die richtigen Fragen stellen, den Anbieter konsequent in die Pflicht nehmen und den Vorfall als Ihr Thema dokumentieren – nicht als „Ticket in der IT".

10.6 Szenario: Szenarioübergreifende Werkzeuge

Egal, ob eine Kampagne „kippt" (Szenario A), ein Dienstleister stolpert (Szenario B) oder ein Tool leakt (Szenario C): In den ersten 60 Minuten gewinnen nicht die, die am meisten wissen – sondern die, die am saubersten führen. Dafür brauchen Sie keinen Krisenstab, sondern vier Werkzeuge, die immer gleich funktionieren: Risikoindikator, Incident-Log, Textbausteine, One-Pager.

▶ Wer strukturiert, reduziert das Risiko. Wer dokumentiert, verteidigt.

10.6.1 Risikoindikator-Logik für Führungskräfte

Die Risikoindikator-Logik ist kein juristisches Gutachten. Sie ist Ihre Eskalations- und Handlungslogik. Sie beantwortet in 60 Sekunden: Wie groß ist das Risiko – und wen muss ich jetzt einbinden?

OK ☑ – „beherrschbar und eingegrenzt". Typische Indikatoren:

Eindeutig begrenzter Vorfall (zum Beispiel intern, kleiner Verteiler, klarer Empfängerkreis), keine besonderen Daten (Art. 9 DSGVO), keine Zugangsdaten, kein Hinweis auf Missbrauch, Ursache/Scope sind schnell verifizierbar (Screenshots/Logs vorhanden). Konsequenz: Sofortmaßnahmen durchführen (Stop/Sicherung), Incident-Log starten. DSB/Legal informieren, aber ohne Alarmismus („ok – aktuell eingegrenzt"). Entscheidung „voraussichtlich nicht meldepflichtig" ist möglich – aber dokumentationspflichtig bleibt der Vorfall trotzdem (Art. 33 Abs. 5 DSGVO).

PRÜFEN ∇ – „unklar oder potenziell relevant". Typische Indikatoren: Scope unklar (zum Beispiel offener Link – wie oft aufgerufen? durch wen?), externe Empfänger/Partner sind betroffen oder nicht ausschließbar, Profiling-/Loyalty-/Portal-Kontext, mehrere Länder/Gesellschaften, Dienstleister beteiligt, Risiko kann bestehen, ist aber noch bewertbar (mehr Fakten nötig). Konsequenz: Sofortmaßnahmen und Faktenbeschaffung mit Frist („bis 30 Minuten: Umfang, Datenarten, Zugriff"). DSB/Legal und IT-Security sofort in den Loop. Kommunikationslinie: „wir prüfen, wir sichern, wir melden uns mit belastbarer Einordnung".

STOP ⊖ – „hohes Risiko/hoher Druck". Typische Indikatoren: besondere Kategorien/hochsensible Kontexte, Zugangsdaten, Identitäts-/Finanzbezug, große Reichweite, öffentlicher Zugriff, Hinweis auf Missbrauch, Presse-/Social-Media-Dynamik, Datenabfluss nicht ausschließbar oder bestätigter unbefugter Zugriff. Konsequenz: Krisenmodus: Stopp/Sicherung priorisieren, klare Rollen, stündliches Update, DSB/Legal/IT-Security/Kommunikation/Management unverzüglich einbinden, Meldelogik nach Art. 33/34 DSGVO „eher meldepflichtig" frühzeitig vorbereiten (ohne vorschnelle Festlegung).

▶ OK ☑ = führen und dokumentieren. PRÜFEN ∇ = führen, klären, eskalieren. STOP ⊖ = führen, stoppen, Krisenkommunikation andocken.

10.6.2 Incident-Log und Dokumentation

Im Ernstfall ist das Incident-Log Ihr „Gedächtnis". Und später Ihr Schutzschild. Die DSGVO verlangt ausdrücklich, dass Sie jede Verletzung des Schutzes personenbezogener Daten dokumentieren – auch wenn Sie am Ende nicht melden (Art. 33 Abs. 5 DSGVO).

Minimaldokumentation, die „auditfest" ist (Mindestfelder):

- Zeitlinie: erster Hinweis (Datum/Uhrzeit/Kanal), erste Maßnahme, weitere Schritte.
- Was ist passiert? (kurz, sachlich, ohne Spekulation).
- Welche Systeme/Prozesse sind betroffen? (CRM, Kampagnentool, Portal, Agentur-Workspace etc.).
- Welche Datenarten? (zum Beispiel Kontaktdaten, Buchungs-/Bestelldaten, Segmentzuordnung, Login-Daten).
- Welche Betroffenengruppen? (Kunden, Leads, B2B-Kontakte, Beschäftigte).
- Zugriffslage: wer konnte was sehen? öffentlich/Link/Account/Partner?
- Sofortmaßnahmen (Stopp, Link deaktiviert, Zugriff entzogen, Export gelöscht nur, wenn vorher gesichert)
- Risikoindikator und Begründung in 2–3 Stichworten.
- Einbindung/Eskalation: wen informiert (DSB/Legal/IT/Management), wann, Ergebnis.
- Entscheidungen (zum Beispiel „Meldung ja/nein – Stand heute – nächste Prüffrage") und Verantwortliche.

Gute vs. schlechte Dokumentation (typische Beispiele):

- STOP ⊖ – „War nur ein Toolproblem, IT kümmert sich.“
- OK ☑ – „15:42 Hinweis vom Vertrieb (Kundenmail). 15:45 Sofortstopp: Link deaktiviert. 15:50 Sicherung: Screenshot, Konfig-Export, Log-Anfrage an Anbieter.“
- PRÜFEN ∇ : Scope unklar, externer Zugriff möglich. 16:10 DSB/Legal/IT informiert, nächste Facts bis 16:30.“

▶ Dokumentieren Sie zeitnah und chronologisch. Eine nachträgliche Rekonstruktion wirkt vor einer Prüfung wie ein nachträgliches Drehbuch.

10.6.3 Textbausteine für interne Kommunikation

In den ersten 60 Minuten brauchen Sie Sätze, die wahr, kurz und anschlussfähig sind. Keine Schuldzuweisungen und keine Entwarnung ohne Fakten.

A) Kurzstatus an DSB/Legal/IT-Security (Erstmeldung, intern):

Betreff: Verdacht Datenschutzvorfall – [System/Prozess] – Stand [Uhrzeit] Kurzbeschreibung: [1–2 Sätze, was beobachtet wurde]. Betroffen: [Betroffenengruppe], Datenarten [Daten], System [Tool/Portal]. Erste Maßnahmen: [Stopp/Sicherung] um [Uhrzeit].

Risikoindikator (vorläufig), Begründung: [2–3 Stichworte]. Offene Punkte bis [Uhrzeit]: [Scope/Logs/Empfängerkreis]. Nächster Sync: [Zeitpunkt]. Incident-Log gestartet: [Ablage/Link].

B) Kurzstatus an Vorgesetzte/Management (ohne Panik, ohne Beschönigung):

Stand [Uhrzeit]: Verdachtsfall Datenschutzvorfall in [Bereich/System]. Wir haben [Stopp/Sicherung] veranlasst und klären bis [Uhrzeit] den Umfang. Datenschutz/Legal/IT sind eingebunden. Nächstes Update [Zeitpunkt].

C) An das eigene Team (Arbeitsfähigkeit sichern):

Bitte bis auf Weiteres keine Änderungen/Löschungen an [Tool/Folder/Kampagne] vornehmen. Sichern Sie relevante Belege (Screenshots, Versandlogs, Konfigurationen) und legen Sie alles in [Ablage] ab. Rückfragen/Beobachtungen bitte ausschließlich an [Incident-Lead/Funktionsadresse].

▶ „Wir wissen noch nicht alles“ ist zulässig. „Es ist nichts passiert“ ohne Fakten ist riskant.

10.6.4 One-Pager: „Incident in 60 Minuten“

In Stresssituationen verlieren Teams Struktur. Der One-Pager ist Ihre Notfallkarte: eine Seite, die jeder versteht – auch ohne Datenschutz- oder IT-Hintergrund. So sollte der One-Pager aufgebaut sein (eine Seite):

Kopfzeile: „Verdacht Datenpanne – Uhr läuft“ und zentrale Meldestelle/Funktionsadresse

- Zeitstrahl T0–15/T15–30/T30–60 mit jeweils 3–5 Stichworten:
- Stoppen: Versand stoppen, Link deaktivieren, Zugriff entziehen.
- Sichern: Screenshots, Exporte, Konfiguration, Logs anfordern.
- Bewerten: Datenarten, Betroffene, Zugriffslage, Risikoindikator.
- Eskalieren: DSB/Legal/IT/Management nach Risikoindikator-Logik.
- Dokumentieren: Incident-Log starten, Kurzstatus senden.

Seitenleiste: „Nicht tun“ (zum Beispiel Beweise löschen, Schuldzuweisungen, nicht freigegebene Außenkommunikation).

> ▶ Der One-Pager ist nicht für den Schreibtisch. Er ist für den Moment, in dem niemand mehr klar denkt.

Footer: Verweise auf Meldewege (Kap. 9) und die drei Szenarien (Kap. 10.3–10.5) sowie Ablageort des Incident-Logs/der Mustertexte. In den Anhängen: Checkliste A1.12. Mustertexte/Formulare A2.16 – A2.18.

10.7 Fallakte: „Checkout, Cyberangriff – und am Ende 20 Millionen Pfund“

Am Montagmorgen läuft im Vertrieb alles nach Plan: Eine große Preisaktion ist live, die Kampagnen bringen Traffic, die Buchungsstrecke glüht. Die Dashboards zeigen viele Klicks – aber die Abschlüsse wirken „komisch“, als ob etwas in der letzten Strecke hängen bleibt. Der Kundenservice meldet erste Anrufe: Einige Kunden berichten von Kartenmissbrauch kurz nach einer Buchung. Im Finance-Team steigen die Rückbelastungen, das Vertriebsteam fragt nervös, ob die Aktion „technisch kaputt“ ist. In der IT beginnt die Spurensuche – und sie wird unangenehm: Auf einer zentralen Zahlungs- oder Buchungsseite sitzt fremder Code, der Daten abgreift, während Kunden glauben, sie buchen ganz normal.

Aus einem Vertriebsproblem wird binnen Minuten ein Sicherheitsvorfall: Beweise sichern, Systeme stabil halten, Schaden begrenzen – und gleichzeitig die Kommunikation nach innen und außen sortieren. Das Bittere an solchen Fällen: Nicht der Angriff ist das eigentlich Überraschende, sondern dass er in der wertvollsten Strecke passiert – dort, wo Marketing und Vertrieb Kunden mühsam hingeführt haben.

Im bekannten Fall einer großen Airline stellte die britische Datenschutzaufsicht fest, dass persönliche und finanzielle Daten von mehr als 400.000 Kunden nicht ausreichend geschützt waren; der Angriff blieb über zwei Monate unentdeckt. Am Ende stand eine Geldbuße von 20 Millionen Pfund.[56]

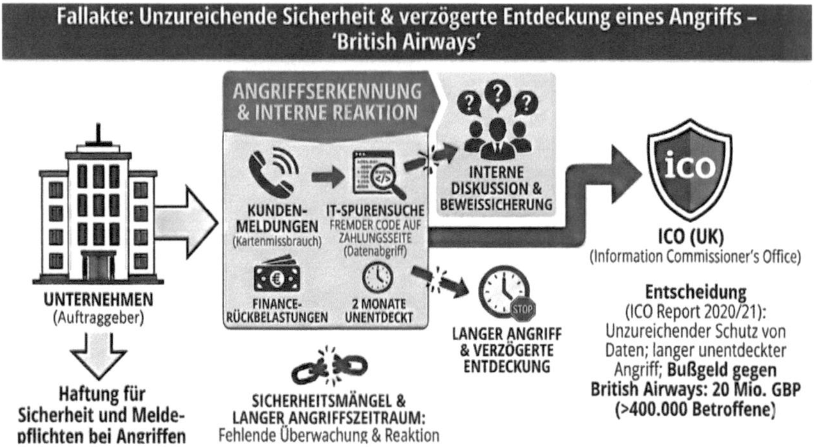

Abbildung 6: Fallakte BA

Bemerkenswert daran ist:

Der Schaden entsteht nicht „im Rechenzentrum“, sondern mitten im Vertriebserfolg – dort, wo Ihr Unternehmen besonders stolz ist: in der digitalen Abschlussstrecke. Und die Aufsicht bewertet das nicht als „Pech“, sondern als Frage von Führung, Kontrolle und Sicherheitsniveau.

Rechtskern:

Im Datenschutz ist Sicherheit kein Technik-Extra, sondern Pflicht. Maßgeblich sind vor allem Art. 32 DSGVO (angemessene technische und organisatorische Maßnahmen) und das Grundprinzip, dass personenbezogene Daten so verarbeitet werden müssen, dass Integrität und Vertraulichkeit geschützt sind. Wenn ein Vor-

56 Information Commissioner's Office (britische Datenschutzaufsicht), Annual report and accounts 2020/21, dort die Passage zu der Geldbuße gegen British Airways (20 Mio. GBP; > 400.000 Betroffene; Angriff über zwei Monate unentdeckt, S. 30 f.); (Vertiefend: Penalty Notice/Entscheidungstext im Volltext).

fall passiert, kommen Art. 33 DSGVO (Meldung an die Aufsicht binnen 72 Stunden, soweit meldepflichtig) und gegebenenfalls Art. 34 DSGVO (Benachrichtigung Betroffener bei hohem Risiko) hinzu – inklusive sauberer Dokumentation und einer nachvollziehbaren Risikobewertung.[57]

Was bedeutet das konkret für Sie als Führungskraft?

Behandeln Sie die Buchungs- und Checkout-Strecke wie eine „Kronjuwelen-Zone". Alles, was dort eingebunden ist (Analyse-Werkzeuge, Betrugsprävention, A/B-Testing, Chat-Funktionen, Tag-Manager), muss inventarisiert, freigegeben und überwacht werden – nicht nur „aus Marketinggründen", sondern als Sicherheits- und Datenschutzanforderung.

Entscheidend sind im Ernstfall die ersten 60 Minuten: Sie brauchen einen klaren „Stop-Knopf" (wer darf die Abschlussstrecke sofort pausieren?), ein festes Incident-Kernteam (inklusive Datenschutz, IT-Sicherheit, Betrieb, Kommunikation) und eine Regel, dass Beweise zuerst gesichert werden, bevor hektisch „aufgeräumt" wird.

In der Sache British Airways (BA) kündigte die britische Behörde ICO nach dem massiven Datenabfluss zunächst ein Rekordbußgeld von 183 Millionen Pfund an. Der Grund für die finale Strafe von „nur" 20 Millionen Pfund – also eine Reduktion um fast 90 % – lag neben der Berücksichtigung der wirtschaftlichen Lage durch COVID-19 darin, dass die Behörde vor allem das Krisenmanagement nach dem Vorfall honorierte. BA informierte unverzüglich, kooperierte transparent und schloss die Sicherheitslücken (zum Beispiel fehlende Multi-Faktor-Authentifizierung) sofort.[58]

Incident Management ist nicht nur Technik, es ist Schadensbegrenzung in barer Münze. Steuern Sie nicht nur Technik, sondern auch das Lagebild: Ein laufender Ticker mit Zeitstempeln („Was wissen wir gesichert? Was vermuten wir? Was tun wir als Nächstes?") ist nicht Bürokratie, sondern später Ihr Schutzschild – intern, gegenüber der Aufsicht und in möglichen Verfahren. Wer vertuscht oder zögert, zahlt am Ende den vollen Preis.

---

57 European Data Protection Board (EDPB), Guidelines 9/2022 on personal data breach notification under GDPR, Version 2.0 (Final), 4.4.2023 (insb. zu Meldelogik, Inhalt der Meldung und Vorgehen in Phasen).

58 The Guardian: BA fined record £ 20m for customer data breach, 16.10.2020, abrufbar unter: https://www.theguardian.com/business/2020/oct/16/ba-fined-record-20m-for-customer-data-breach, Stand 12/2025.

Wenn Sie das „in der Akte“ gehabt hätten …

Die Prüfung wäre deutlich leichter geworden, wenn Sie

- eine aktuelle Übersicht gehabt hätten, welche Systeme und Dienstleister in der Abschlussstrecke tatsächlich Daten sehen oder verarbeiten,
- über eine Ein-Seiten-Notfallkarte verfügen, wer im Incident welche Rolle hat und welche Entscheidungen sofort fallen dürfen,
- einen Nachweis führen, dass Sicherheitsmaßnahmen regelmäßig geprüft und verbessert werden (nicht als „IT-Projekt“, sondern als gelebter Prozess), und
- eine dokumentierte Routine nachhalten, wie Sie binnen Stunden eine belastbare Erstbewertung erstellen (Art der Daten, Umfang, Risiken, Sofortmaßnahmen, nächste Schritte). Nutzen Sie auch die neuen Beweissicherungsrechte des Data Acts gegenüber Ihren Cloud-Anbietern, um die Ursachenanalyse auditfest zu untermauern.

TEIL III – Nach der Datenpanne: Verstetigung und Auditfestigkeit

11. Kampagnen, CRM und Einwilligungen nachschärfen

Nach einer Datenpanne ist Ihr Bereich für einen Moment ungewöhnlich ehrlich: Alle sehen, was sonst gern „im Tool verschwindet". Falsche Zielgruppen. Unklare Einwilligungen. Schattenlisten. Alte Exporte. Und Prozesse, die im Alltag „schon irgendwie" funktionieren – bis sie es plötzlich nicht mehr tun.

Dieses Kapitel macht aus dem Vorfall eine Verbesserung, die bleibt. Nicht als „Großprojekt Datenschutz", sondern als handhabbares Set aus vier Bausteinen: Zielgruppenlogik, Einwilligungsnachweis, CRM-Datenqualität und Pre-Send-Disziplin. Das Ziel ist nicht Perfektion. Das Ziel ist: Sie können im Audit zeigen, dass Sie gelernt, entschieden und verankert haben.

11.1 Erkenntnisse aus dem Incident für Zielgruppen, Einwilligungen und Datenqualität

Praxisfall – „Der Verteiler, der nie sterben wollte"

Nach einem Incident stellt sich heraus, dass eine Agentur seit Monaten mit einer „praktischen Exportliste" arbeitet. Die Liste liegt in einem geteilten Ordner, wurde mehrfach kopiert und manuell ergänzt. In der Kampagnenplattform ist zwar ein Consent-Flag vorhanden – aber ohne Kontext: kein Zeitpunkt, kein Text, keine Quelle. Als ein Betroffener widerspricht, landet er im CRM korrekt auf „Opt-out". Nur: Die Exportliste kennt dieses Opt-out nicht. Beim nächsten Versand ist er wieder dabei.

Lehre/Regel – Was rechtlich (und organisatorisch) jetzt zählt

Nach der DSGVO reicht es nicht, „irgendwo" ein Ja/Nein-Feld zu haben. Sie müssen nachweisen können, dass und wofür eine Einwilligung erteilt wurde, wann, wie, und wie ein Widerruf technisch durchschlägt. Gleichzeitig gilt: Für Werbe-E-Mails ist im Kern nicht „Datenschutzgefühl", sondern elektronische Werbung nach ePrivacy/§ 7 UWG entscheidend. Der EuGH hat jüngst nochmals klargestellt, dass für das Bestandskundenprivileg (Soft-Opt-in) die Spezialregeln des Art. 13 Abs. 2 ePrivacy-Richtlinie (in Deutschland § 7 Abs. 3 UWG) maßgeblich sind; die DSGVO-Zulässigkeitsprüfung nach Art. 6 ist insoweit nicht der zusätzliche „zweite Schlüssel"[59]. Organisatorisch folgt daraus eine einfache Konsequenz: Ohne „Source of Truth" für Einwilligungen und Widersprüche steuern Sie Kampagnen wie ein Cockpit ohne Instrumente.

Was bedeutet das konkret für Führungskräfte?

Sie brauchen nach dem Incident drei klare Festlegungen – schriftlich, kurz, durchsetzbar: Eine Quelle gilt (System/Modul) als führend für Consent und Opt-out. Alles andere ist „nur Kopie" – und Kopien sind in der Praxis der Anfang vieler Pannen. Jede Zielgruppe hat eine Herkunft: Datenquelle, Selektionslogik, Update-Rhythmus. „Liste aus dem letzten Jahr" ist keine Herkunft. Jeder Kanal hat einen Nachweisweg: Was genau gilt als Einwilligung/Bestandskunde/sonstige Grundlage – und wie belegen Sie das im Streitfall.

▶ Einwilligung ist kein Häkchen. Einwilligung ist ein Beweisstück.

11.2 Typische Korrekturen in Kampagnen-Setups und CRM-Konfigurationen

Nach einem Vorfall lohnt es sich, nicht „alles" zu reparieren, sondern die typischen Bruchstellen zu schließen. Aus Auditsicht sind das fast immer dieselben.

Consent-Nachweis schärfen: vom Flag zum Datensatz. Das Problem: „Consent = ja" ohne Kontext ist juristisch dünn und operativ gefährlich. Korrektur: Speichern Sie mindestens:

- den Zeitpunkt der Einwilligung/Opt-in,
- eine Text-/Version der Einwilligung (oder Consent-ID, die auf Text/Version zeigt),
- die Quelle (Webform, Call, Messe, Portal, Vertrag, Bestandskundenprivileg),
- den Kanal (E-Mail, Telefon, SMS, Push),
- einen Nachweisartefakt (Double-Opt-in-Log/Event-ID/Ticket-Referenz).

Die Suppression technisch „hart" machen: Das Problem: Opt-outs und Widersprüche sind im CRM richtig, aber im Versandtool nicht durchgängig – oder wer-

59 EuGH, Urt. v. 13.11.2025 – C-654/23, (Inteligo Media SA/ANSPDCP), ECLI:EU:C:2025:871: Art. 13 Abs. 2 ePrivacy-RL („Soft-Opt-in") i.V.m. Art. 95 DSGVO als maßgebliche Spezialregel; Art. 6 DSGVO ist nicht als zusätzliche Rechtsgrundlage erforderlich.

den von Agenturen umgangen. Korrektur: Definieren Sie einen verbindlichen Suppression-Flow:

- eine Opt-out/Widerspruch im führenden System,
- eine automatisierte Synchronisation in alle Versand-/Kampagnentools,
- eine „harte“ Sperrlogik (Überschreibt Segmentierung) und
- eine Protokollierung: wann wurde synchronisiert, welche Systeme, Fehlerquote.

Schattenlisten verbieten – und ersetzen. Das Problem: CSV/Excel-Exporte werden zur „realen“ Zielgruppe. Korrektur: Zwei Regeln, die wirken:

- Keine operative Kampagne aus lokalen Exporten. Punkt.
- Wenn ein Export unvermeidbar ist (zum Beispiel einmalige Partneraktion): Ticket, Ablaufdatum, Löschpflicht, Verantwortlicher.

Zielgruppenlogik gegen „Scope Drift“ absichern. Das Problem: Ein Segment wächst stillschweigend (Regionen, Marken, Gesellschaften), bis plötzlich falsche Empfänger drin sind. Korrektur: Segment-Regel mit Pflichtfeldern:

- Zweck, Länder/Regionen, Personengruppen,
- Ausschlüsse (Minderjährige? sensible Kontexte?),
- Freigabevoraussetzungen (DSB/Legal ja/nein, Schwellenwert),
- Test-/Stichprobenplan.

Link-/Content-Risiken reduzieren. Das Problem: Offene Reports, frei zugängliche Landingpages, Parameter mit personenbezogenen Daten (zum Beispiel „E-Mail=…“ in URLs), oder falsche Zugriffsrechte in Tools. Korrektur: Standardisieren Sie:

- Link-Freigabecheck (Auth? Ablauf? Rollen?),
- UTM-/Parameter-Regel: keine personenbezogenen Daten in URLs,
- Takedown-Prozess: wer kann Links/Assets sofort deaktivieren?

▶ Die häufigste „Datenschutzlücke“ ist kein Hack. Es ist ein Export plus Bequemlichkeit.

11.3 Checklisten für zukünftige Kampagnen

Sie benötigen nach dem Incident keinen „Datenschutz-TÜV“ für jede E-Mail. Sie benötigen einen verbindlichen Mindeststandard, der in Stresssituationen trägt.

Risikoindikator-Logik für Kampagnen nach einem Incident

OK ☑ – Routine, aber dokumentiert

- Standardkampagne, bekannte Zielgruppe, Nachweisweg klar.
- Versand über freigegebenes Tool, Opt-out technisch sauber.

PRÜFEN ∇ – kurz stoppen, klären, DSB/Legal kurz einbinden

- Neue Segmentlogik, neue Länder/Marken, neue Datenquelle.
- Consent-Nachweis vorhanden, aber unvollständig oder unklar verlinkt.
- Neuer Kanal (zum Beispiel Telefon/SMS), neue Kooperation/Partner, neue Datenanreicherung.
- Erhöhtes Reputationsrisiko (VIP-Kunden, sensible Kontexte, große Reichweite).

STOP ⛔ – Versandstopp

- Herkunft der Liste unklar („alte Liste", „Agenturpool").
- Opt-out-/Widerspruchslogik nicht sicher.
- Hinweise auf besondere Kategorien oder sensible Rückschlüsse ohne tragfähige Ausnahme.

▶ Ein guter Standard ist eine „Zwei-Personen-Freigabe" ab PRÜFEN ∇: Fachverantwortung und Datenschutz. Nicht als Misstrauen – als Schutz.

Eine kompakte, ausfüllbare Version der Kampagnen-Checklisten (Pre-Send 2.0, Consent-Nachweis, Suppression-Flow) finden Sie im Anhang A1.13. Mustertexte/Formulare in A2.19.

11.4 30-Tage-Plan nach dem Incident

Vier Wochen reichen, um aus „Wir müssten mal" ein belastbares Minimum zu machen. Wichtig ist die Reihenfolge: erst die Beweise und Technik, dann der Prozess, dann die Schulung.

11.4.1 Woche 1 – Stabilisieren (Sofortmaßnahmen, die ab jetzt Standard sind)

Was Sie erreichen wollen: Ab jetzt gibt es nur noch eine Wahrheit zu Consent und Opt-out – und keine wilden Excel-Listen mehr.Sie bestimmen EIN System als Führungskraft. Halten Sie schriftlich fest: Wo steht verbindlich, wer Werbung bekommen darf – und wer nicht? (Beispiel: CMP/CRM/CDP). Sie suchen alle „Nebenlisten" und räumen sie weg. Gemeint sind: Exporte, Excel-Listen, lokale

Dateien, alte Zielgruppen-Sammlungen. Sie fragen: Wo liegen die? Wer nutzt sie? Wofür? Dann: abschalten oder ersetzen (keine neue Kampagne aus solchen Listen). Sofort-Regel: Kampagnen nur aus freigegebenen Quellen. Ein Satz für alle: „Versendet wird nur aus freigegebenen Zielgruppen – nichts aus Excel".

11.4.2 Woche 2 – Nachweisfähigkeit herstellen

Was Sie erreichen wollen: Wenn jemand fragt „Warum haben Sie mich angeschrieben?", können Sie es sofort belegen. Consent-Infos müssen vollständig sein. Pro Kontakt muss mindestens feststehen: Wann hat er zugestimmt? Wozu genau (Text)? Welche Version? Woher kam die Zustimmung? Über welchen Kanal? Der Opt-out muss überall gleich wirken. Prüfen Sie: Wenn jemand „Nein" sagt, landet er wirklich überall auf der Sperrliste. Messen Sie das (z. B. Stichprobe) und notieren Sie das Ergebnis. Ein Ablageort für Freigaben. Nicht verstreut in E-Mails, Teams oder Chats, sondern: ein Ordner, ein Schema und jede Kampagne mit Freigabe-Dokument.

11.4.3 Woche 3 – Prozess und Tool-Guardrails

Was Sie erreichen wollen: Der Versand wird nur noch möglich, wenn die Basics geprüft sind. Pflicht-Check vor Versand (2–3 Minuten). Ein Mini-Check, immer gleich: Kommt die Zielgruppe aus einer freigegebenen Quelle? Ist die Opt-out-Sperrliste berücksichtigt? Ist die Consent Grundlage nachvollziehbar? Ist die Freigabe abgelegt?

Links und Assets kurz prüfen (damit nichts offen liegt). Vor dem Versand klären: Wer darf den Link sehen? (Login ja/nein) Läuft der Link irgendwann ab? Wer schaltet ihn sofort ab, wenn etwas schiefgeht?

Drei einfache Kennzahlen (damit Sie steuern können). Beispiele: Wie oft können wir Consent belegen? Wie oft funktioniert die Sperrliste nicht? Wie oft geht etwas an den falschen Empfänger?

11.4.4 Woche 4 – Verankern (ohne dass es zum „Großprojekt" wird)

Was Sie erreichen wollen: Das bleibt Alltag – auch wenn der Druck hoch ist. 30-Minuten Team-Ansage: Was ist neu? Was ist ab jetzt nicht mehr erlaubt? Was ist Pflicht?

Klare Stop-Regel und klare Prüfregel. STOP: Versand sofort stoppen und DSB/Legal dazuholen (kritisch). PRÜFEN: kurz checken, dann dokumentiert freigeben (auffällig).

Mini-Audit: 3 Kampagnen rückwärts prüfen. Jeweils: Zielgruppe, Opt-out, Nachweis, Links, Ablage. Das Ergebnis kurz notieren.

▶ Auditfestigkeit ist keine Extra-Arbeit. Auditfestigkeit ist die Abwesenheit von Überraschungen.

11.5 Fallakte: „Fast eine Million SMS – ohne Consent“

Es beginnt wie ein scheinbar harmloser Wachstumstrick aus dem Vertriebsalltag: Eine Kampagne soll schnell „Leads“ liefern, also Kontaktanfragen, die später im Vertrieb zu Abschlüssen werden. Statt mühsam Reichweite aufzubauen, wird ein externer Lead-Generator eingeschaltet – mit dem Versprechen, binnen Tagen tausende Interessenten zu aktivieren. Zwischen dem 3.12.2023 und dem 3.7.2024 schickte oder veranlasste er den Versand von 966.449 SMS-Nachrichten. Die Ansprache läuft über Textnachrichten (SMS): kurze Botschaften, „Energie sparen“, „Förderung sichern“, „Rückruf anfordern“.

Am Anfang freut sich das Team: Es kommen Rückrufe, Termine, Bewegung in der Pipeline. Dann kippt die Dynamik: Immer mehr Empfänger beschweren sich, sie hätten nie eingewilligt und wollten in Ruhe gelassen werden. Die Beschwerden laufen nicht nur intern auf – sie landen massenhaft bei der Aufsicht.

In diesem Fall registrierte die britische Datenschutzaufsicht (ICO) über 19.000 Beschwerden zu nahezu einer Million SMS, die ohne wirksame Einwilligung versandt wurden. Der Absender blieb dabei für Betroffene „nebulös“: Viele Nachrichten nannten keinen klaren Verantwortlichen; die Aufsicht stellte zudem fest, dass zahlreiche vorregistrierte Prepaid-SIM-Karten genutzt wurden, was die Nachverfolgung zusätzlich erschwerte. Am Ende steht ein empfindliches Ergebnis: £ 200.000 Geldbuße und eine förmliche Untersagung/Anordnung durch die ICO.[60]

Bemerkenswert daran ist:

Die Kampagne wirkt an der Oberfläche wie „ganz normales Performance-Marketing“ – kurze Texte, schnelle Reaktion, schneller Vertriebserfolg. Das Gefährliche ist die Beweisfrage dahinter: Sobald jemand fragt „Warum haben Sie mich kontaktiert – und woher haben Sie meine Nummer?“, entscheidet nicht Ihr Bauchgefühl, sondern Ihr Nachweis.

60 Information Commissioner’s Office (ICO), Enforcement action „Bharat Singh Chand“, 16.9.2025; Monetary Penalty Notice (MPN) „Bharat Singh Chand“ (PDF), 16.9.2025.

Rechtskern:

Für Führungskräfte ist das ein Musterfall für „Consent ohne Akte ist kein Consent“. Direktmarketing per elektronischer Nachricht (E-Mail/SMS) braucht – von eng begrenzten Ausnahmen abgesehen – eine tragfähige Rechtsgrundlage, praktisch regelmäßig eine nachweisbare Einwilligung. Wer Dritte in der Leadkette einsetzt, muss sicherstellen, dass die Einwilligung konkret, informiert und für den konkreten Absender erteilt wurde. Genau daran scheitern viele Skalierungsmodelle: Man bekommt Volumen – aber keinen wasserdichten Herkunftsnachweis, keine saubere Widerspruchslogik und kein belastbares „Stop-Signal“, wenn die Qualität kippt.

Was bedeutet das konkret für Sie als Führungskraft?

Behandeln Sie Leadquellen wie ein sicherheitskritisches Bauteil – nicht wie einen Einkaufsposten. Wenn die Datenherkunft nicht in zwei Minuten erklärbar ist, können Sie sich in einer Prüfung nicht verteidigen. Bauen Sie in Ihre Kampagnenprozesse harte „Leitplanken“ ein: Versand erst nach dokumentiertem Herkunftsnachweis, sauberer Absenderkennzeichnung und funktionierender Widerspruchsmöglichkeit; und definieren Sie eine klare Abbruchregel („Stop the line“), wenn Beschwerden, Rückläufer oder Sperrlisten-Treffer auffällig werden. Denken Sie die Kette bis ins CRM zu Ende: Jede „Eintragung“ in Zielgruppen, jede Reaktivierung, jedes Retargeting verstärkt das Risiko, wenn der Ursprung nicht sauber ist – und macht aus einem lästigen Kampagnenfehler schnell ein strukturelles Governance-Problem.

Wenn Sie das „in der Akte“ gehabt hätten …

- Sie hätten eine kurze, schriftliche Herkunfts- und Einwilligungsbeschreibung je Leadquelle gehabt (wer hat wann wie wofür eingewilligt – und wie belegen Sie das),
- ein überprüfbares Kontrollpaket für den Dienstleister (Stichproben, Sperrlistenabgleich, Beschwerde-Reporting, sofortige Pausenlogik),
- eine belastbare „Consent- und Widerspruchsführung“ als Prozess (inklusive Synchronisation von Sperrlisten zwischen Dienstleister, Kampagnentool und CRM) und
- eine Freigabenotiz zur Kampagne („Pre-Send-Check“), die belegt, dass Absenderkennzeichnung, Opt-out und Nachweisführung vor dem Go-Live geprüft wurden.

12. Betroffenenrechte und Beschwerden pragmatisch abarbeiten

Nach einem Incident passiert oft etwas sehr Menschliches: Kundinnen und Kunden werden nicht zuerst „juristisch", sondern misstrauisch. Und Misstrauen hat eine Lieblingsform: Auskunftsverlangen, Löschwünsche, Widersprüche – und Beschwerden.

Dieses Kapitel macht Sie dafür handlungsfähig. Nicht mit Theorie, sondern mit einem Ablauf, der in Ihrem Bereich funktioniert: Eingang steuern, Fristen halten, sauber liefern, sauber dokumentieren. Denn Betroffenenrechte sind selten der eigentliche Schaden – aber häufig der Moment, in dem ein Incident „auditfest" wird. Oder eben nicht.

Abbildung 7: Betroffenenrechte

Praxisfall – „Schicken Sie mir alles. Wirklich alles."

Ein Kunde verlangt nach einem Zwischenfall im Kundenportal „eine Kopie aller Daten" – inklusive „aller internen Notizen, E-Mails und Scores". Ihr Team liefert schnell eine zusammengefasste Liste aus dem CRM, dazu ein PDF mit Stammdaten und den letzten Kampagnenkontakten. Der Kunde beschwert sich: Das sei keine „Kopie", das sei „Marketing".

Genau über diese Frage musste auch der EuGH entscheiden: Was schulden Verantwortliche bei der Auskunft – und was nicht? Der Gerichtshof stellt klar, dass Art. 15 DSGVO eine Kopie der personenbezogenen Daten verlangt – nicht zwingend Kopien ganzer Dokumente. Aber: Die Kopie muss so sein, dass die betroffene Person ihre Daten verstehen und prüfen kann.[61]

▶ Auskunft ist kein Geschenk. Auskunft ist eine Lieferpflicht – mit Qualitätsstandard.

12.1 Auskunfts-, Lösch- und Widerspruchsrechte im Bereich Marketing/Sales

Lehre/Regel – was rechtlich zählt (ohne Paragrafen-Nebel)

Für Ihren Bereich sind drei Rechte besonders „alltagsstark":

- Auskunft (Art. 15 DSGVO): Welche personenbezogenen Daten verarbeiten Sie? Zu welchen Zwecken? Woher kommen sie? An wen gehen sie? Wie lange speichern Sie? Und: Kopie der Daten.
- Löschung (Art. 17 DSGVO): Wenn die Voraussetzungen vorliegen, müssen Sie unverzüglich löschen – und bei Empfängern nachsteuern, soweit erforderlich und möglich. Eine Klarstellung zu „Unterlassen": Wenn Betroffene verlangen, Sie sollten eine künftige Verarbeitung „unterlassen", steckt dahinter in der Praxis meist (a) Löschung (Art. 17 DSGVO) oder (b) Einschränkung (Art. 18 DSGVO) oder (c) Widerspruch – insbesondere gegen Direktwerbung (Art. 21 Abs. 2 DSGVO). Einen eigenständigen unionsrechtlichen Unterlassungsrechtsbehelf (rein präventiv, ohne Lösch- oder Einschränkungsantrag) sieht die DSGVO nicht vor.[62] Nationale Unterlassungsansprüche können daneben be-

61 EuGH, Urt. vom 4.5.2023 – C-487/21 („F.F."), ECLI:EU:C:2023:369: zur Auslegung von Art. 15 DSGVO („Kopie" der personenbezogenen Daten, nicht zwingend Kopie ganzer Dokumente; Erforderlichkeit der Verständlichkeit).

62 EuGH, Urt. v. 4.9.2025 – C-655/23 (IP/Quirin Privatbank), Urteil 4.9.2025: ECLI:EU:C:2025:655, IP./. Quirin Privatbank, Tenor Nr. 1 sowie Rn. 52.

stehen – datenschutzseitig fahren Sie aber am sichersten, wenn Sie das Begehren schriftlich präzisieren („Meinen Sie Löschung oder Einschränkung – und für welche Daten/Systeme?“).
- Widerspruch (Art. 21 DSGVO): Für Direktwerbung ist das die Königsdisziplin: Wenn die Person widerspricht, ist Schluss. Ohne Abwägung. Ohne „aber“. Dann geht es nur noch um saubere Sperrlogik (Suppression) – nicht um Überzeugungsarbeit.

Dazu kommen zwei Praxisregeln, die viele Teams unterschätzen:

Fristlogik: Grundfrist ein Monat ab Eingang. Verlängerung um bis zu zwei Monate nur, wenn nötig – und dann innerhalb des ersten Monats begründen und ankündigen.

Identitätsprüfung ja – aber maßvoll: Sie dürfen die Identität des Betroffenen klären (Art. 12 Abs. 6 DSGVO). Sie dürfen das Recht aber nicht „totprüfen“. Wenn Sie den Kunden ohnehin eindeutig zuordnen können, brauchen Sie keinen Dokumentennachweis.

12.2 Was bedeutet das konkret für Führungskräfte?

Sie müssen nicht jede Auskunft selbst schreiben. Aber Sie müssen drei Dinge sicherstellen: Ein Eingangskanal, der nicht versickert. Betroffenenrechte gehören nicht in die Kategorie „Kann mal jemand schauen?“, sondern in die Kategorie fristgebundenes Verfahren. Eine Datenlandkarte, die antworten kann. Auskunft scheitert selten an bösem Willen – meist an „Wir wissen nicht, wo das liegt“. Wenn Kapitel 11 Ihr Consent und Ihre Suppression aufräumt, ist Kapitel 12 der Praxistest: Können Sie Daten auffinden, erklären und liefern? Ein Freigabemodus, der nicht blockiert. DSB/Legal müssen nicht jeden Standardfall „von Hand“ begleiten. Aber: Sie brauchen vorgeprüfte Standards (Bausteine, Tonalität, Scope), damit Ihr Team schnell ist, ohne kreativ werden zu müssen.

12.3 Risikoindikator-Logik – so steuern Sie Aufwand und Risiko

OK ☑ – Standardfall (im Team abarbeitbar)

Die Anfrage ist klar („Welche Daten haben Sie?“, „Bitte löschen Sie meinen Account.“), keine Hinweise auf Incident, Fremddaten, Streit oder Anwalt, Daten liegen in bekannten Systemen (CRM, Ticketing, Portal, Newsletter-Tool).

PRÜFEN ▽ – erhöht (DSB/Legal kurz einbinden)

Die Anfrage ist sehr breit („alles, inklusive Logs, Scoring, Tracking“), Profiling, Scoring oder Segmentierung betroffen, mehrere Systeme, Länder, Gesellschaften im Spiel, Verdacht auf falsche Zuordnung („Das bin nicht ich“).

STOP ⊖ – kritisch (Incident-Nähe/Eskalation)

Ein Bezug zu Datenpanne („Nach Ihrem Vorfall …“) oder eine Drohung mit Beschwerde oder Klage, mögliche Fremddaten (Daten anderer Kunden) oder Zugangsdaten-Themen, journalistische Anfrage, Anfrage eines Vorstands, Anfrage eines Großkunden, regulatorische Parallelspur, Verdacht auf Identitätsmissbrauch.

> ▶ PRÜFEN ∇ kostet Zeit. STOP ⊖ kostet Reputation. Beides sparen Sie mit sauberem Prozess.

12.4 Entscheidungsbaum – in 7 Fragen

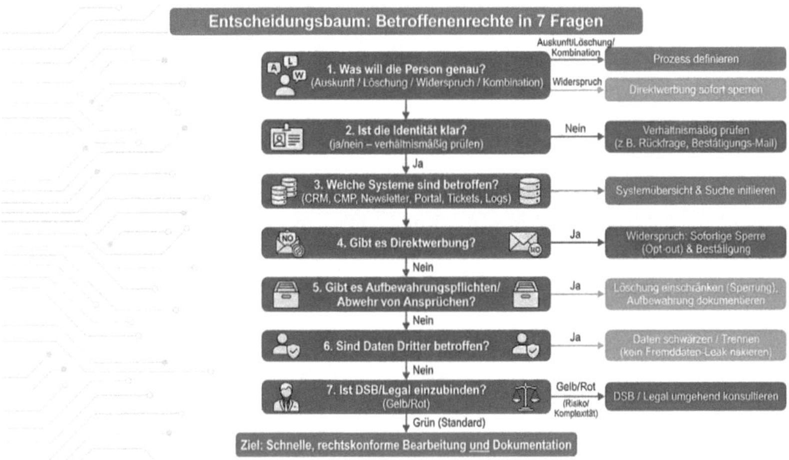

Abbildung 8: Entscheidungsbaum Betroffenenrechte

12.5 Kurz-Checkliste für Ihren Bereich (ohne Anhang-Overkill)

☐ Eingang dokumentiert (Datum/Uhrzeit, Kanal, Referenz-ID).

☐ Frist berechnet und sichtbar gemacht (Deadline).

☐ Identität geprüft (nur soweit erforderlich).

☐ System-Suche gestartet (Owner je System benannt).

☐ Widerspruch gegen Direktwerbung sofort umgesetzt (Suppression).

☐ Ergebnis auf Vollständigkeit und Fremddaten geprüft.

☐ Antwort freigegeben (Standard oder DSB/Legal).

☐ Abschluss dokumentiert (was geliefert/gelöscht/gesperrt – wann – von wem).

12.6 Umgang mit Beschwerden nach einer Panne

Lehre/Regel – Eine Beschwerde ist kein „Extra“, sondern der zweite Akt

Nach einer Panne haben Beschwerden oft nicht „die Daten“ zum Inhalt – sondern das Gefühl, die Kontrolle verloren zu haben. Rechtlich relevant wird das, wenn die betroffene Person eine Beschwerde bei der Aufsichtsbehörde einlegt (Art. 77 DSGVO), oder parallel Rechte aus Art. 15/17/21 DSGVO zieht, oder Schadensersatz behauptet (Art. 82 DSGVO).

Für Sie heißt das: Beschwerdemanagement ist Incident-Management in zivil. Es muss zur Linie aus Kapitel 10 passen: konsistent, faktenbasiert, nachweisbar.

Rechts-Update: Unterlassung und Schadensersatz – zwei getrennte Bahnen

Wie oben bereits näher ausgeführt: Wenn eine betroffene Person „Unterlassen“ fordert, ist das nicht automatisch ein DSGVO-Anspruch. Ohne (gleichzeitiges) Löschbegehren sieht die DSGVO keinen eigenen präventiven Rechtsbehelf vor, der dem Verantwortlichen die Wiederholung einer unrechtmäßigen Verarbeitung untersagt.

Parallel dazu läuft Art. 82 DSGVO. Für einen immateriellen Schaden können auch negative Gefühle wie Sorge, Ärger oder das Gefühl des Kontrollverlusts ausreichen, wenn die betroffene Person diese Auswirkungen tatsächlich erlebt hat und den Zusammenhang mit dem Verstoß nachvollziehbar darlegt.

Wichtig für die Praxis: Selbst wenn die betroffene Person eine Unterlassungsanordnung nach nationalem Recht erwirkt, mindert das den Schadensersatz nach Art. 82 DSGVO nicht und ersetzt ihn auch nicht.

▶ Unterlassen stoppt die Zukunft. Art. 82 rechnet die Vergangenheit ab.

Bei Art. 82 DSGVO ist die Linie klarer – und für Sie operativ wichtig. Ein bloßer DSGVO-Verstoß „automatisch“ reicht nicht, aber der Schaden muss auch nicht spektakulär sein: Maßgeblich ist, ob ein realer, nachvollziehbarer Nachteil (materiell oder immateriell) dargelegt wird und ein Kausalzusammenhang zur Verarbeitung besteht.[63]

In der Praxis entscheidet oft nicht die juristische Theorie, sondern Ihre Akte: Wer sauber dokumentiert, was passiert ist, wen es betraf, welche Abhilfemaßnahmen

---

63 EuGH, Urt. v. 25.1.2024 – C-687/21 (Art. 82 DSGVO; Anforderungen an Schaden/Kausalität im Einzelfall) sowie EuGH, Urt. v. 11.4.2024 – C-741/21 und EuGH, Urt. v. 20.6.2024 – C-590/22 (jeweils Art. 82 DSGVO).

sofort in Gang gesetzt wurden und welche Risiken bewertet wurden, nimmt vielen Forderungen den Druck. Nicht jede Beschwerde „erzwingt" ein Bußgeld – die Aufsichtsbehörde hat bei Sanktionen ein Ermessen,[64] muss Beschwerden aber sorgfältig bearbeiten. Und Korrekturmaßnahmen können behördlich auch dann angeordnet werden, wenn Betroffene nicht ausdrücklich eine „Löschung" verlangen.[65]

Was bedeutet das konkret für Führungskräfte?

Drei Leitplanken helfen, ohne dass Sie „zu viel" sagen: Nicht spekulieren. Keine Vermutungen, keine Schuldzuweisungen, keine technischen Details „aus dem Bauch" heraus. Nur gesicherte Fakten. Empathie ja, Schuldanerkenntnis nein. Sie dürfen sich entschuldigen, dass etwas passiert ist. Sie müssen nicht rechtlich „haftungsfreundlich" formulieren. Eine einheitliche Storyline. Was an Betroffene kommuniziert wird, muss zu Ihrer internen Bewertung, Ihrem Incident-Log und gegebenenfalls der Behördenkommunikation passen.

Risikoindikator-Logik für Beschwerden

PRÜFEN ▽ – Beschwerde intern lösbar, Ton sachlich, kein Anwalt, keine Behörde im CC, klare Erwartung („Bitte erklären Sie…", „Bitte löschen Sie…").

STOP ⛔ – Beschwerde mit Eskalationspotenzial. Die „Aufsichtsbehörde ist informiert", „Anwalt eingeschaltet", Forderung nach „Unterlassung" oder „Schadensersatz", Fristsetzung oder Klageandrohung, mehrere Gesellschaften betroffen, Forderung nach internen Dokumenten, Logs, Mitarbeitenden-Namen, Verdacht auf Identitätsdiebstahl oder Accountübernahme.

12.7 Standardantworten, Abstimmung mit DSB/Legal, interne Dokumentation

12.7.1 Lehre/Regel – Standard schlägt Spontanität

In der Praxis ist nicht „der Datenschutz" das Problem, sondern die Varianz: fünf Mitarbeitende, sieben Antworten, drei Versionen der Wahrheit. Deshalb brauchen Sie Standardisierung an drei Stellen: Standardbausteine (Auskunft, Löschung, Widerspruch, Fristverlängerung, Identitätsprüfung, Teilablehnung, Fremddaten-Abgrenzung), Freigaberegeln (wann Team selbst darf; wann DSB/Legal zwingend) und ein Dokumentationsminimum (was muss in die Akte, damit es prüffest ist).

64 EuGH, Urt. v. 26.9.2024 – C-768/21 (Ermessen der Aufsichtsbehörde bei Geldbußen; Beschwerde ≠ Anspruch auf Bußgeld).

65 EuGH, Urt. v. 14.3.2024 – C-46/23 (behördliche Abhilfemaßnahmen/Löschung auch ohne ausdrücklichen Löschantrag im Einzelfall möglich).

12.7.2 Praktische Führungsregel – „3 Ebenen der Antwort“

Ebene 1 – Sofortreaktion (innerhalb 1–2 Werktagen): Eingang bestätigen, Frist nennen, gegebenenfalls Identitätsfrage.

Ebene 2 – Substanz (innerhalb der Monatsfrist): Daten liefern/Maßnahmen umsetzen, nachvollziehbar und strukturiert.

Ebene 3 – Abschluss: Was wurde getan, wann, welche Rechte bestehen weiter, wie kann die Person nachfragen.

Damit verhindern Sie zwei Klassiker: (a) Funkstille → Beschwerde und (b) Schnellschuss → Widersprüche.

12.7.3 Mini-Standard für interne Abstimmung (DSB/Legal)

Definieren Sie schriftlich drei Schwellen: „Immer DSB/Legal“ bei STOP ⛔-Fällen (Incident-Bezug, Fremddatenrisiko, anwaltlichen Schreiben), „Optional“ bei PRÜFEN ▽ - Fällen (Profiling/Scoring, sehr breiter Scope, mehrere Gesellschaften) und „Team-Standard“ bei OK ☑-Fällen mit freigegebenen Textbausteinen.

In den Anhängen: Checkliste A1.14. Mustertexte/Formulare A2.20–A2.22.

12.8 Fallakte: „An ausgewählte Partner“ – und dann mussten Namen auf den Tisch

Ein Team fährt eine saubere Kampagne: Newsletter, Landingpage, Nachfass-E-Mail, dazu Retargeting über mehrere Plattformen. Ein Kunde merkt, dass ihn Werbung „verfolgt“ – erst im Postfach, dann auf Nachrichtenportalen, dann auf einer Social-Media-Plattform. Er schreibt freundlich, aber bestimmt: „Bitte schicken Sie mir eine Auskunft: Welche Daten haben Sie zu mir? Und an wen haben Sie sie weitergegeben?“

Die erste Antwort ist routiniert: Datenkategorien, Zwecke, Speicherdauer – und bei Empfängern der Klassiker: „an ausgewählte Dienstleister und Marketing-Partner“. Der Kunde lässt nicht locker: „Welche genau? Nennen Sie Namen.“ Intern beginnt das Stühlerücken: Das Marketing verweist auf die Agentur, die Agentur auf die Plattformen, die Plattformen auf „weitere Beteiligte“. Nebenbei läuft schon eine Beschwerde bei der Aufsichtsbehörde, weil der Kunde das Gefühl hat, man halte ihn mit Allgemeinplätzen hin. Erst jetzt wird klar: Die Auskunft ist kein „Servicebrief“, sondern eine Art Mini-Audit – und zwar gegen die eigene Lieferkette.

Am Ende muss das Unternehmen die konkreten Empfänger benennen, soweit das möglich ist, und sauber erklären, wer wann welche Daten bekommen hat. Das Ergebnis ist nicht zwingend ein Bußgeld – aber ein schmerzhafter Lernmoment: Wer seine Empfängerlandschaft nicht im Griff hat, kann Betroffenenrechte nicht verlässlich bedienen und produziert unnötig Eskalationen.[66] Genau diese Richtung hat der Europäische Gerichtshof in einem Grundsatzfall betont: Bei der Auskunft nach Artikel 15 DSGVO ist die Nennung konkreter Empfänger grundsätzlich geschuldet – „Kategorien" reichen nur ausnahmsweise.

Bemerkenswert daran ist:

Eine einzelne Auskunftsanfrage enttarnt in zwei Tagen, ob Ihr Marketing-Setup wirklich „aufgeräumt" ist – oder nur so aussieht, solange niemand nach Empfängernamen fragt.

Rechtskern:

Die betroffene Person darf bei der Auskunft grundsätzlich verlangen, wer ihre Daten erhalten hat (konkrete Empfänger), nicht nur „welche Arten von Empfängern". Der Europäische Gerichtshof stellt klar: Der Verantwortliche hat – soweit möglich – die Identität der Empfänger zu nennen; nur wenn Empfänger nicht identifizierbar sind oder der Antrag offenkundig unbegründet oder exzessiv ist, kommen Einschränkungen in Betracht.[67]

Was bedeutet das konkret für Sie als Führungskraft?

Behandeln Sie „Empfänger und Weitergaben" wie einen prüfbaren Prozess, nicht wie eine Textbaustein-Frage. Wenn Sie heute nur „Partner" sagen können, sind Sie morgen in der Eskalation. Legen Sie vor einem Kampagnenstart fest, wer im Unternehmen innerhalb von Stunden eine belastbare Empfängerliste liefern kann (inklusive Agenturen, Plattformen, Hosting-Dienstleister, Analyse-Anbieter). Nutzen Sie Auskunftsanfragen als Frühwarnsignal: Wenn das Team zwei Wochen sucht, ist das kein Betroffenenrechtsproblem – das ist ein (Ihr) Governance-Problem.

---

66 Europäischer Datenschutzausschuss (EDSA/EDPB), Guidelines 01/2022 on data subject rights – Right of access, Version 2.0 (insb. zur Pflicht, tatsächliche Empfänger zu benennen, soweit möglich).

67 EuGH, Urt. vom 12.1.2023 – C-154/21, RW ./. Österreichische Post AG, ECLI:EU:C:2023:3 (Auskunft: Empfänger sind grundsätzlich konkret zu benennen; Kategorien nur ausnahmsweise), online verfügbar unter: https://eur-lex.europa.eu/legal-content/EN/TXT/?uri=celex%3A62021CJ0154&utm, abgerufen am 30.12.2025.

Wenn Sie das in der Akte gehabt hätten …

Dann wäre die Auskunft in Stunden statt in Tagen möglich gewesen:

- eine aktuelle Liste „Wer bekommt was?“ je Kampagnenbaustein (Newsletter-Tool, Analyse-Tool, Werbeplattform, Agentur) – mit Verantwortlichem und Datum;
- ein kurzer Prozesszettel „So beantworten wir Auskunft oder Widerspruch“ inklusive Fristen, Identitätsprüfung und Eskalationsschwellen;
- einen Nachweis, woher die Daten stammen und welche Sperr- und Widerspruchslisten (Suppression-Listen) genutzt wurden;
- eine Freigabe-Notiz zum Go-Live, dass Empfänger, Zwecke und Betroffenenrechte-Prozess geprüft wurden (nicht „perfekt“, aber nachvollziehbar).

13. Internationalität und Konzernstruktur

Wenn nach einem Incident der Puls ohnehin hoch ist, wirkt „Internationalität" wie ein zusätzlicher Stressverstärker: Zeitzonen, mehrere Gesellschaften, ein US-Tool, ein globaler Dienstleister – und plötzlich fragt jemand: „Wer ist hier eigentlich verantwortlich?" Dieses Kapitel macht Sie in genau diesen Situationen handlungsfähig. Sie müssen nicht Transferrecht „studieren". Sie müssen in 15 Minuten die richtigen Fragen stellen, die richtigen Personen einbinden – und die richtigen Nachweise finden.

▶ International ist nicht kompliziert. Unklar ist kompliziert.

Praxisfall – „SCC unterschrieben, Problem gelöst?"

Ihr Bereich rollt ein neues Kampagnentool aus, das „global verfügbar" ist. Das Team freut sich: weniger Handarbeit, bessere Segmentierung, endlich saubere Automationen. Der Anbieter sitzt in den USA (Drittland), der Vertrag enthält Standardvertragsklauseln (SCC). In Woche 3 nach Go-live kommt eine Anfrage aus dem Konzern: „Bitte liefert das Transferpaket (TIA, TOMs, Subdienstleister, Datenflüsse) – und zwar bis morgen, die Datenschutz-Aufsicht fragt nach." Im Call wird klar: Niemand kann sauber erklären, welche Daten wohin fließen, wer im Konzern welche Entscheidungen trifft und welche Gesellschaft im Incident-Fall meldet. Genau an dieser Stelle hat der EuGH die Messlatte höher gelegt: SCC sind kein Freifahrtschein.[68] Sie müssen prüfen, ob der Schutz im Drittland „im Ergebnis" passt – und wenn nicht, nachschärfen oder stoppen.

13.1 Internationale Datentransfers, Konzernkonstellationen und Joint Controllership einfach erklärt

Drei Begriffe reichen für den Start:

- Drittlandtransfer (Art. 44 ff. DSGVO) Ein solcher Transfer (Daten werden außerhalb des Geltungsbereichs der DSGVO versendet und ohne dass das Zielland von der EU als DSGVO-Gleichwertig anerkannt wurde, per Angemessenheitsbeschluss – wie zuletzt am 26.1.2026 für Brasilien erfolgt) liegt nicht nur vor, wenn Sie „eine Datei in die USA schicken". Typische Transfer-Auslöser im Marketing und Vertriebs-Alltag sind: ein SaaS-Tool mit Betrieb und Sup-

68 EuGH, Urt. v. 16.7.2020 – C-311/18 („Schrems II"), ECLI:EU:C:2020:559.

port außerhalb EU/EWR, Remote-Zugriff aus einem Drittland (Support, Admin, Entwickler), Unterauftragnehmer („Subprozessor“) mit Drittlandbezug, konzerninterne Systeme, die zentral außerhalb EU/EWR betrieben werden.
- Konzern ist nicht automatisch „eine“ verantwortliche Stelle. Datenschutzrechtlich zählt die juristische Person, nicht das Konzernlogo. In der Praxis heißt das: Jede Gesellschaft ist grundsätzlich erst einmal eigener Verantwortlicher für „ihre“ Zwecke – es sei denn, Rollen und Entscheidungsstrukturen führen zu einer Auftragsverarbeitung oder gemeinsamer Verantwortlichkeit.
- Joint Controllership (Art. 26 DSGVO) – der Kurztest. Gemeinsame Verantwortlichkeit entsteht, wenn zwei (oder mehr) Parteien gemeinsam über Zwecke und wesentliche Mittel entscheiden.[69] Dafür braucht es keinen Gleichstand und keinen formellen „gemeinsamen Vertrag“. Es reicht, dass die Entscheidungen faktisch zusammenwirken. Besonders relevant wird das in gemeinsamen CRM-/CDP-Setups, konzernweiten Kampagnenstandards, Plattform- und Partnerprogrammen oder Tracking-/Audience-Konstellationen (zum Beispiel eine gemeinsame Entscheidung über Pixel, Tags und Zielgruppenlogik).[70]

> ▶ Wer das „Warum“ und das „Wie“ wesentlich entscheidet, ist verantwortlich.

Was bedeutet das konkret für Führungskräfte?

Sie müssen nicht jedes Detail entscheiden. Aber Sie müssen sicherstellen, dass Ihr Bereich die Rollen klar benennen kann – und zwar so, dass es auch im Audit trägt.

Ihre drei Führungsfragen (für jedes neue Tool oder Setup):

Wo werden die Daten verarbeitet – und wer kann aus dem Drittland zugreifen? Wer entscheidet Zweck und wesentliche Mittel – wir, der Anbieter, ein Konzernteam, mehrere gemeinsam? Wo liegt das Nachweis-Paket (Datenflüsse, Vertrag, SCC/TIA, TOMs, Subdienstleister, Ansprechpartner)?

Risikoindikator-Logik – Transfer und Rollen (in 90 Sekunden):

OK ☑ – beherrschbar: EU/EWR-Verarbeitung, klare Auftragsverarbeitung, Subdienstleister transparent, Incident-Klauseln vorhanden, Nachweise auffindbar.

69 Vgl. auch Fn. 21.
70 Vgl. auch Fn. 21.

PRÜFEN ∇ – steuerungsbedürftig: Drittlandzugriff möglich (Support/Admin), SCC vorhanden, TIA/zusätzliche Maßnahmen noch nicht sauber dokumentiert, Konzernrollen unklar („wir alle nutzen das irgendwie").

STOP ⛔ – Stopp oder sofort eskalieren: Unklare Datenflüsse, „globale Nutzung" ohne Transparenz, Anbieter erlaubt eigene Zwecke (Analytics/Produktverbesserung) ohne klare Grenzen, Subdienstleister-Kette ungeklärt, kein belastbares Transferpaket.

13.2 Zusammenarbeit mit ausländischen Gesellschaften und Dienstleistern im Incident-Fall

Der Fehler passiert lokal. Die Folgen sind oft global. Im Incident-Fall werden drei Dinge schnell kritisch:

Die 72 Stunden laufen – auch über Zeitzonen hinweg. Wenn eine Meldung an eine Aufsicht erforderlich ist, zählt die Zeit ab Kenntnis. Zeitzonen erklären nichts. Sie organisieren deshalb 24/7-fähige Kontaktwege und klare Zuständigkeiten.

„Wer meldet?" hängt an Rolle und Konzernorganisation. Bei Auftragsverarbeitung meldet grundsätzlich der Verantwortliche; der Auftragsverarbeiter liefert zu und informiert unverzüglich. Bei Joint Controllership müssen die Parteien praktisch (vorher) sicherstellen, dass eine Meldelogik funktioniert und Nachweise konsistent sind (wer spricht wann mit welcher Aufsicht, wer informiert Betroffene, wer führt die Akte).

One-Stop-Shop ist hilfreich – aber im Konzern kein Automatismus. Bei grenzüberschreitender Verarbeitung kann eine federführende Aufsicht zuständig sein. Kritisch wird es, wenn mehrere rechtlich selbstständige Konzerngesellschaften betroffen sind und jeweils eigene Verantwortliche sein können: Dann ist nicht gesichert, dass „eine Meldung" die Pflichten aller Einheiten vollständig erfüllt. Behandeln Sie One-Stop-Shop deshalb als Option mit Nachweispflicht: Sie müssen Ihre Hauptniederlassung und Steuerung, die tatsächliche Konzern-Koordination und den Scope (betroffene Einheiten) sauber belegen – und im Zweifel vorab mit der voraussichtlich federführenden Aufsicht klären, wie die Meldung auszugestalten ist.

Was bedeutet das konkret für Führungskräfte?

Sie führen im Incident nicht die juristische Abteilung. Sie führen die Koordination. Ihre fünf Sofortaufträge, wenn das Ausland im Spiel ist:

- Kontaktkette aktivieren: Wer ist bei dem Anbieter oder der Tochtergesellschaft erreichbar (Name, Rolle, Handy, Eskalationsstufe)?
- Datenflüsse fixieren: Welche Systeme, welche Standorte, welche Subdienstleister, welche Zugriffspfade?
- Beweise sichern: Logs, Exportstände, Konfigurationen, Zugriffslisten – bevor „aufgeräumt" wird.
- Kommunikationsdisziplin: Eine Storyline, keine Parallelmails in fünf Ländern.
- Rechts-/DSB-Brücke: Transfer- und Rollenfragen früh in die Bewertung – nicht erst, wenn die Aufsicht fragt.

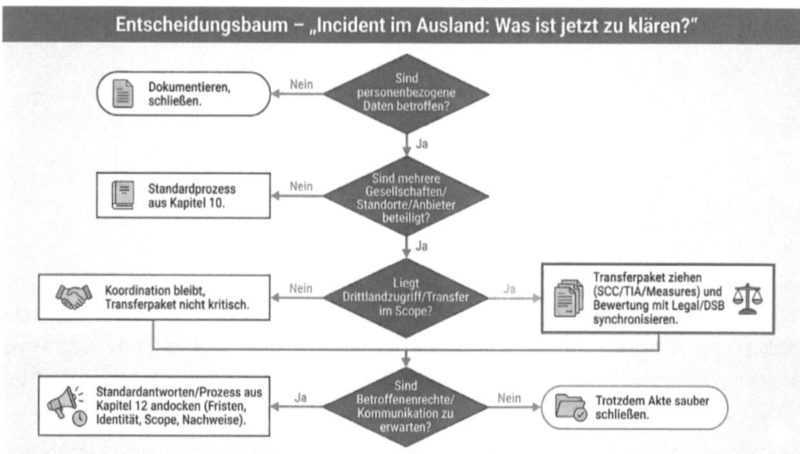

Abbildung 9: Entscheidungsbaum Incident im Ausland

13.3 Minimalanforderungen an Verträge und Dokumentation

Im Alltag scheitert es selten daran, dass „gar nichts" existiert. Es scheitert daran, dass Dokumente

- nicht zueinander passen (Vertrag sagt A, TOMs zeigen B),
- nicht auffindbar sind (liegt „bei Procurement"),
- nicht aktuell sind (Subdienstleisterliste alt),
- oder nicht zum Setup passen (Art. 28 unterschrieben, aber beide, Verantwortlicher und Auftragsverarbeiter, nutzen Daten für eigene Zwecke).

Minimalanforderungen Verträge – was Sie als Führungskraft einfordern müssen:

Wenn der Dienstleister Auftragsverarbeiter ist (Art. 28 DSGVO):

- klare Weisungslogik (was darf der Dienstleister, was nicht),
- Subdienstleister-Regelung und transparente Liste/Mechanik,
- TOMs als belastbare Anlage (nicht nur Marketing-PDF),
- Incident-Pflichten (unverzügliche Meldung, Mitwirkung, Logs, Ansprechpartner, Fristen),
- Löschung/Rückgabe bei Vertragsende,
- Unterstützung bei Betroffenenrechten.

Wenn eine gemeinsame Verantwortlichkeit möglich ist (Art. 26 DSGVO):

- klare Verteilung: Transparenzinformationen, Betroffenenrechte, Meldelogik im Incident,
- wer welche Daten zu welchen Zwecken verarbeitet,
- ein praktikabler Prozess („ein Eingangskanal“ statt Zuständigkeits-Pingpong).

Wenn ein Drittlandtransfer im Spiel ist (Art. 44 ff. DSGVO):

- Transfermechanismus (zum Beispiel SCC) sauber eingebunden,
- TIA (Transfer Impact Assessment) – „light“, aber echt: Datenarten, Zugriffsszenarien, Schutzmaßnahmen, Ergebnis/Entscheidung,
- ergänzende technische/organisatorische Maßnahmen (zum Beispiel Verschlüsselung, Schlüsselmanagement, Minimierung, Logging, Zugriffsbeschränkung),
- Dokumentation im Verzeichnis der Verarbeitungstätigkeiten (Art. 30) inklusive Drittland/Schutzmaßnahmen.

► Sie müssen kein Transfergutachten schreiben, Sie müssen verhindern, dass keines existiert.

In den Anhängen: Checkliste A1.15. Mustertexte/Formulare A2.23–A2.24.

13.4 Fallakte: „EU-Region, US-Support – und am Ende 1,2 Milliarden“

Ein Konzern will global „aus einem Guss“ arbeiten: einheitliche Kampagnen, ein zentrales Reporting, ein CRM-System, das überall gleich aussieht. Die Marketing- und Vertriebsteams in Europa bekommen die Ansage: „Nutzt die zentrale Plattform – die ist doch in einer EU-Region gehostet, also alles gut.“

Im Alltag fühlt es sich harmlos an: Segmentierung, Lead-Scoring, Customer Journeys, Support-Tickets. Dann wird es dynamisch: Der Support sitzt auch außerhalb Europas, und bei Störungen greifen Kolleginnen und Kollegen in der Zentrale auf Kundendaten zu – „nur zur Fehleranalyse“. Parallel wandern Logdaten und Diagnosedaten automatisiert in globale Auswertungen, damit das System „lernt“ und stabiler wird.

Ein paar Wochen später häufen sich Anfragen: „Warum steht in meiner Auskunft, dass meine Daten außerhalb der EU verarbeitet werden?“ Ein Datenschutzteam versucht nachzuziehen, aber es fehlt der saubere Überblick: Welche Daten gehen wann wohin? Passiert das nur im Ausnahmefall oder systematisch? Und worauf stützt man das rechtlich – wirklich belastbar, nicht nur als Bauchgefühl? Die Diskussion kippt: Was intern als „IT-Betrieb“ verkauft wurde, wird extern als Datenübermittlung in ein Drittland gelesen – mit allen Konsequenzen. Es wird unangenehm, weil es nicht um eine einzelne Panne geht, sondern um dauerhafte, wiederkehrende Datenflüsse.

Am Ende steht eine klare Botschaft der Aufsicht: „EU-Hosting“ ist kein Freifahrtschein, wenn Zugriffe, Fernwartung, Diagnosedaten oder Spiegelungen faktisch ein globales System ergeben. In dem realen Leitfall, an den diese Fallakte angelehnt ist, wurde ein Unternehmen wegen fortgesetzter Übermittlungen von EU-Daten in die USA auf Basis von EU-Standardvertragsklauseln mit einem Bußgeld von 1,2 Milliarden EUR belegt und zugleich zu Abhilfemaßnahmen und Fristen angehalten.[71]

Bemerkenswert daran ist:

Im Flurfunk bleibt es lange „nur Technik“ – bis Sie merken, dass das Atlantikkabel juristisch mit am Tisch sitzt. Und plötzlich diskutieren Führungskräfte nicht mehr über Kampagnenleistung, sondern über Beweislast, Rechtsgrundlagen und Stop-Knöpfe.

Rechtskern:

Für Kapitel-V-Transfers (Übermittlungen personenbezogener Daten an Drittländer) gilt: Sobald personenbezogene Daten in ein Drittland gelangen oder aus dem Drittland zugänglich sind, brauchen Sie ein belastbares Transfer-Fundament

---

71 Irish Data Protection Commission (Irland), Press Release vom 22.5.2023 zur abgeschlossenen Untersuchung gegen Meta Platforms Ireland Ltd. (Facebook) wegen Übermittlungen personenbezogener Daten aus EU/EWR in die USA und Feststellung eines Verstoßes unter anderem gegen Art. 46 Abs. 1 DSGVO; European Data Protection Board (EDPB), Mitteilung vom 22.5.2023 („1.2 billion euro fine for Facebook: EDPB decision“).

(zum Beispiel einen Angemessenheitsbeschluss der EU oder geeignete Garantien wie Standardvertragsklauseln) – und regelmäßig eine Transfer-Risikoabschätzung („Transfer Impact Assessment“, kurz: eine Prüfung, ob das Schutzniveau praktisch hält). Entscheidend ist nicht, wie das Projekt heißt („Global Enablement“), sondern was technisch passiert: Zugriffe, Remote-Support, Spiegelungen, Diagnosedaten, Backups, Admin-Konten.

Für Führungskräfte ist der Punkt: Wenn Ihr Bereich die Plattform nutzt, sind Sie nicht nur „Anwender“, sondern Teil der Verantwortlichkeitskette – Sie müssen dafür sorgen, dass jemand den Transfer verstanden, entschieden, dokumentiert und kontrolliert hat.

Was bedeutet das konkret für Sie als Führungskraft?

Fragen Sie nicht nur „Wo steht der Server?“, sondern „Wer kann von wo aus zugreifen – auch im Supportfall – und was wird automatisch wohin übertragen?“ Verlangen Sie vor dem Go-Live eine kurze, verständliche Transfer-Entscheidung („TIA-Light“): Datenarten, Länder, Zugriffe, Rechtsinstrument, Schutzmaßnahmen, Rest-Risiko, Freigabe. Vereinbaren Sie eine Stop-Regel: Wenn Transfer-Annahmen nicht mehr stimmen (neuer Unterdienstleister, neuer Support-Standort, neue Diagnose-Pipelines), wird die Verarbeitung für den betroffenen Use-Case pausiert, bis die Transfer-Akte wieder stimmt.

Wenn Sie das „in der Akte“ gehabt hätten …

Sie hätten

- eine 1-Seite-Übersicht gehabt, welche Kundendaten aus Marketing/Vertrieb in welche Länder gelangen können (auch durch Fernzugriff und Support);
- die kurze Transfer-Prüfung („TIA-Light“) mit Datum, Entscheidung und Verantwortlichen;
- den Nachweis der Schutzmaßnahmen, die praktisch wirken (zum Beispiel Rollen- und Rechtekonzept, Protokollierung, strikte Support-Freigaben, technische Abschirmung, Verschlüsselung, klare Prozesse für Ausnahmezugriffe); und
- einen Änderungs- und Eskalationspfad, der bei neuen Datenflüssen automatisch anspringt (wer entscheidet, wer dokumentiert, wer stoppt).

14. Selbst-Audit ohne Panik

Sie müssen kein Auditor sein, um auditfest zu führen. Entscheidend ist etwas anderes: Sie behalten Ihre Datenflüsse im Blick, Sie kennen den Zweck hinter den Maßnahmen – und Sie können belegen, dass Kontrollen funktionieren. Genau dafür ist dieses Kapitel da: Es zeigt Ihnen ein Selbst-Audit, das Sie ohne großen Aufwand in Marketing, Sales und Vertrieb verankern können – und das in Prüfungen spürbar entlastet. Auditfest heißt hier: Ihre Entscheidungen, Prozesse und Schutzmaßnahmen sind so dokumentiert, dass sie für Dritte nachvollziehbar sind – pragmatisch und konsistent.

Praxisfall – „Der unscheinbare Consent-Code“

Ein Digital-Marketing-Team setzt für eine Kampagnen-Landingpage auf einen branchenweit etablierten Standardmechanismus zur Einwilligungssteuerung im AdTech-Ökosystem (kein internes Tool). Der Nutzer klickt im Consent-Banner „Marketing: nein, Statistik: ja“. Die Consent-Plattform übersetzt diese Auswahl in einen technischen Code – einen „Consent-String“ – und gibt ihn an weitere Systeme weiter (zum Beispiel Tag-Manager, Analytics, Werbepartner). Im Alltag wirkt das harmlos: Der Code ist für Menschen kaum lesbar und läuft „automatisch“ mit – wie ein digitaler Stempel, der die Entscheidung des Nutzers maschinenverständlich weiterreicht. „Das regelt die Consent-Plattform, das ist nicht unser Thema“, hört man.

In der Prüfung kippt die Perspektive: Kann dieser Stempel einem Nutzer zugeordnet werden, wird er rechtlich relevant – als personenbezogenes Datum, mit Verantwortlichkeiten und Nachweispflichten. Genau diese Mechanik hat der EuGH als Datenschutz-Kernthema behandelt: Nicht die Absicht ist der typische Fallstrick, sondern die fehlende Nachweisfähigkeit, dass der Stempel korrekt erzeugt, korrekt verteilt und korrekt beachtet wird.[72]

▶ Ihr Risiko ist selten die Absicht – Ihr Risiko ist die fehlende Nachweisfähigkeit.

72 Siehe Fn. 47.

14.1 Einfache Audit-Checkliste für Führungskräfte in Marketing, Sales und Vertrieb

14.1.1 Was ein Selbst-Audit leisten muss – und was nicht

Ein Selbst-Audit ist kein „Prüfen um des Prüfens willen“. Es ist eine Management-Routine, die drei Fragen beantwortet: Tun wir das Richtige (Zweck, Rechtsgrundlage, Grenzen)? Tun wir es richtig (Prozess, Rollen, TOMs, Dienstleistersteuerung) und können wir es zeigen (Akte, Logs, Freigaben, Nachweise)?

Rechtlich ist das keine Kür, sondern die praktische Seite der Rechenschaftspflicht (Art. 5 Abs. 2 DSGVO) und der Organisationspflicht (Art. 24 DSGVO). In Prüfungen zählt nicht nur, dass etwas existiert – sondern dass es gelebt und dokumentiert wird.

14.1.2 Die „20-Minuten-Audit-Checkliste“

Nutzen Sie diese Liste quartalsweise oder vor großen Kampagnen, oder Tool-Rollouts. Das Ziel: brisante Punkte sichtbar machen, bevor sie ein Dritter findet.

Die Datenlandkarte

☐ Können Sie in 2 Minuten sagen, welche 5–10 Systeme in Ihrem Bereich Kundendaten verarbeiten (CRM/CDP, Kampagnentool, Lead-Formulare, Event-Tools, Fileshares, BI, Support-Tools)?

☐ Gibt es für jedes System einen fachlichen Owner (nicht nur „IT“)?

☐ Sind Exports/Reports bekannt (wohin, wozu, wie lange)?

Rechtsgrundlage und Transparenz

☐ Ist pro Kernprozess klar: Einwilligung, Vertrag, berechtigtes Interesse, rechtliche Pflicht?

☐ Bei Einwilligung: Gibt es einen Nachweis, nicht nur eine Behauptung („steht im Tool“)?

☐ Bei berechtigtem Interesse: Gibt es eine kurze, aktuelle Interessenabwägung?

Einwilligungen, Widerspruch, Suppression

☐ Gibt es eine Suppression-Logik, die tatsächlich wirkt?

☐ Ist klar, wie schnell ein Widerspruch „durchschlägt“ (Systeme, Schnittstellen, Fristen)?

☐ Können Sie belegen, dass Abmeldungen nicht wieder „hochgespült" werden (Importe, Agenturlisten, Alt-Exports)?

Rollen, Rechte, Zugriffe (RBAC light)

☐ Haben Sie eine Minimal-Rollenlogik: wer darf exportieren, wer darf Segmentierung, wer darf Admin?

☐ Gibt es Offboarding-Regeln, die auch in Stressphasen funktionieren?

Dienstleister und Agenturen

☐ Ist klar, ob der Dienstleister Auftragsverarbeiter ist oder (mit Ihnen) verantwortlich handelt?

☐ Haben Sie einen Meldeweg für Datenschutzverletzungen und eine Pflicht zur Beweissicherung/Mitwirkung?

Incident-Readiness

☐ Kennt Ihr Team den Meldeweg (Kap. 9/10) und gibt es einen „Kill-Switch" (Versand stoppen/Link sperren)?

☐ Gibt es eine Ablage für Belege, damit nichts „im Chat" verschwindet?

14.1.3 Risikoindikator-Logik „Audit-Fitness"

OK ☑ – Der Prozess steht, Nachweise sind auffindbar, der Owner benannt, wenige Einzelpunkte offen.

PRÜFEN ∇ – Der Prozess steht, aber Nachweise sind lückenhaft oder verteilt („irgendwo in Mails"). Wiederkehrende Defizite (zum Beispiel Exporte, Agenturlisten, fehlende Freigaben) und keine Nachverfolgung. Risiko: Nachweis- statt Sachproblem.

STOP ⊖ – Unklare Rolle/Rechtsgrundlage, wiederholte Beschwerden, offener Zugriff/Link, ungeklärter Dienstleister-Status oder „Schatten-Tool" mit Echtdaten.

▶ PRÜFEN ∇ ist ein Arbeitsauftrag. STOP ⊖ ist ein Halte-Signal.

14.2 Stichproben, Interviews, Maßnahmenplanung

14.2.1 Warum Stichproben besser sind als die Vollständigkeits-Illusion

Marketing- und Vertriebsprozesse sind dynamisch. Wer „alles" prüfen will, prüft am Ende nichts. Stichproben liefern Ihnen das, was Aufsicht, Revision und gute Governance interessiert: funktionieren Ihre Kontrollen wirklich – oder nur auf Folien?

14.2.2 Der Stichprobenplan „10 × 3"

Wählen Sie 10 Vorgänge aus den letzten 8–12 Wochen und prüfen Sie jeweils drei Nachweise:

- Freigabe/Verantwortung (wer hat entschieden?)
- Zweck und Rechtsgrundlage (1-Seiter/Steckbrief reicht)
- Technische/organisatorische Kontrolle (zum Beispiel Pre-Send-Check, Suppression-Log, Zugriffsliste, Export-Regel)

Vorgangstypen (Beispiele):

1. Newsletter/Kampagne (Bestandskunden)
2. Lead-Kampagne (Formular/Download)
3. Event/Webinar (Teilnehmerliste)
4. CRM-Segmentierung (neue Zielgruppe)
5. Import einer Liste (zum Beispiel Messe/Partner)
6. Agenturleistung (Targeting/Produktion)
7. A/B-Test oder neues Tracking-Setup
8. Vertriebliches 1:1-Outreach (B2B-Kontakte)
9. Dashboard/Report mit Kundendaten
10. Lösch-/Bereinigungsaktion (Suppression, Alt-Export, Backup-Schnitt)

Wenn Sie bei mehr als 2 von 10 Vorgängen an Nachweisen scheitern: Das ist kein „Pech", sondern ein Systemhinweis.

14.2.3 Interviewleitfaden (15 Minuten je Rolle)

Führen Sie kurze Interviews – nicht als Verhör, sondern als Realitätscheck.

1. Campaign Lead/Marketing Ops

- „Wo sehe ich vor Versand, welche Zielgruppe rausgeht?"
- „Wie erkenne ich, ob Suppression wirklich greift?"
- „Wer kann stoppen, wenn etwas kippt?"

2. Sales/Key Account/Inside Sales

- „Was ist bei Ihnen Service und was Werbung?“
- „Wie gehen Sie mit Widerspruch um – wo landet der?“
- „Welche Listen existieren außerhalb des CRM – und warum?“

3. Tool-Owner/Admin (fachlich)

- „Wer hat Admin-Rechte und warum?“
- „Welche Exports sind üblich – und wer löscht sie?“
- „Welche Logs/Berechtigungsberichte können wir im Falle einer Datenschutzverletzung sofort ziehen?“

4. Agentur/Dienstleister-Schnittstelle

- „Wie melden Sie Datenschutzverletzungen – und in welchem Zeitfenster?“
- „Welche Sub-Dienstleister nutzen Sie?“
- „Wie stellen Sie sicher, dass keine Schattenkopien von Listen entstehen?“

▶ Wer im Interview nur „gefühlt“ antwortet, wird im Audit „formal“ verlieren.

14.2.4 Maßnahmenplanung: Befund → Maßnahme → Owner → Termin → Nachweis

Für jeden Befund gilt: eine Maßnahme, ein Owner, ein Termin, ein Beleg. Beispielhafte Befundklassen (audittypisch):

- Dokumentationslücke: Der Prozess ist in Ordnung, der Nachweis fehlt aber → Maßnahme: Standard-Steckbrief und Ablagepflicht.
- Kontrolllücke: Ein Check existiert, wird aber nicht genutzt → Maßnahme: Pflicht-Gate im Workflow.
- Rollenlücke: Der Owner ist unklar → Maßnahme: Owner-Benennung mit Stellvertretung.
- Systemlücke: Das Tool erlaubt riskante Defaults → Maßnahme: Konfigurations-Fix und Change-Protokoll.
- Lieferkettenlücke: Der Dienstleister ist unklar gesteuert → Maßnahme: Vertrags-/Prozess-Nachschärfung.

14.3 Vorbereitung auf die interne Revision und Aufsichtsbehörden

14.3.1 Internes Audit/Revision: Was typischerweise wirklich gefragt wird

Die Interne Revision prüft selten „Datenschutz-Philosophie“. Sie prüft Kontrollumsetzung, Nachweise, Verantwortlichkeiten oder Wiederholungsrisiken.

Bereiten Sie drei Dinge vor:

Ihr Bereichs-„Privacy-Kurzprofil“ (1 Seite):

- Welche Datenarten, welche Prozesse, welche Tools, welche Top-Risiken, welche Kontrollen?

Ihre „Top-10-Nachweise“ (Akte-Starterset):

- Verarbeitungstätigkeiten-Auszug/Referenz,
- Zuständigkeiten/Rollen,
- Einwilligungs-/Widerspruchslogik (inklusive Suppression),
- Schulungsnachweise,
- Dienstleisterübersicht,
- Export-/Report-Regeln,
- Datenschutzverletzung-Meldeweg und Beleg, dass er bekannt ist.

Ihr „Maßnahmen-Backlog“ (lebend, nicht schön)

- Offene Punkte mit Priorität und Termin – das wirkt in Prüfungen oft entlastend, weil es Führung zeigt.

14.3.2 Aufsichtsbehörde: ruhig bleiben – aber strukturiert

Wenn die Aufsicht anfragt oder prüft, gelten drei Grundsätze:

- Ein Ansprechpartner, eine Linie. Keine Parallelkommunikation aus „Hilfsbereitschaft“. Sie koordinieren über DSB/Legal, aber Sie liefern als Bereich die Fakten.
- Keine Entwarnung ohne Fakten. „Es ist nichts passiert“ ist in Prüfungen ein Eigentor, wenn später doch etwas auftaucht. Zulässig ist: „Wir prüfen; Stand X; nächstes Update Y.“
- Nachweise zuerst, Narrative später. In der Praxis entscheidet oft die Nachweisqualität, wie „schwer“ ein Thema wird.

14.3.3 Typische Prüffelder der Aufsicht in Marketing/Sales (Praxis-Radar)

- Direktwerbung: Rechtsgrundlage, Widerspruch, Abmeldelogik, Dokumentation.
- Tracking/Online-Marketing: Einwilligung/Consent-Management, Datenflüsse, Partner.
- CRM/CDP: Zweckbindung, Segmentierung, Speicherdauer, Löschkonzept, Zugriffsberechtigung.
- Agenturen/Partner: Rollenmodell, Weisungen, Sub-Dienstleister, Sicherheitsmaßnahmen.
- Sicherheitsmaßnahmen: Zugriffe, Exporte, Links, Protokollierung.
- Datenschutzverletzungs-Historie: Wie wurde geführt, wie dokumentiert, welche Lessons Learned?

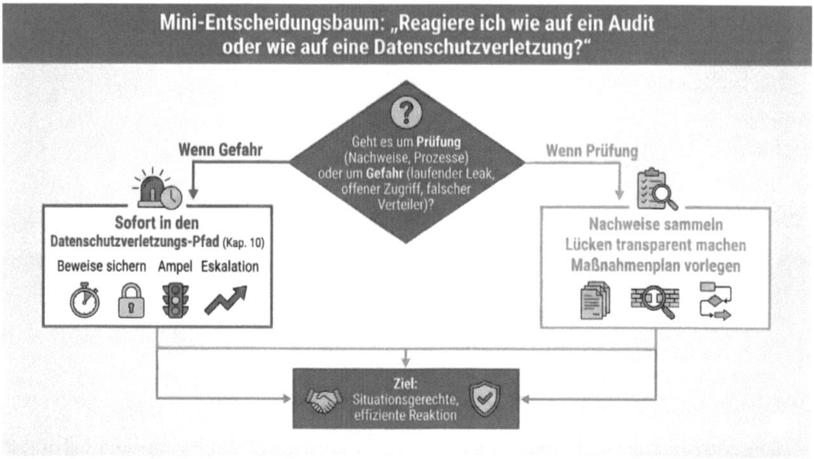

Abbildung 10: Mini Entscheidungsbaum Audit

Was bedeutet das für Führungskräfte?

Legen Sie einen festen Termin fest: vierteljährlich 45 Minuten Selbst-Audit (Stichprobe, Interview und Maßnahmenliste). Definieren Sie 5–10 Pflicht-Nachweise, die jede Kampagne, jeder Import liefern muss. Machen Sie aus „Wissen" eine Ablage: Jeder Nachweis bekommt einen Ablageort und Owner. Steuern Sie Dienstleister nicht nur über Leistung, sondern über Meldewege, Beweissicherung und Sub-Dienstleister-Transparenz. Führen Sie die Risikoindikator-Logik auch im Alltag: PRÜFEN ▽ = dokumentieren/verbessern, STOP ⊖ = stoppen/eskalieren.

14.3.4 Checkliste: „Selbst-Audit in 60 Minuten“

☐ 10 Vorgänge auswählen (letzte 8–12 Wochen).

☐ Pro Vorgang: Zweck/Rechtsgrundlage, Freigabe, Kontrolle prüfen.

☐ 3 Kurzinterviews durchführen (Marketing Ops, Sales, Tool-Owner).

☐ Top-5 Befunde priorisieren.

☐ Maßnahmenplan erstellen (Owner, Termin, Nachweis).

☐ Ergebnis im Team kommunizieren (ohne Schuldzuweisung, mit klaren Regeln).

In den Anhängen: Checkliste A1.16. Mustertexte/Formulare A2.25–A2.26.

14.4 Fallakte: „Excel mit Geheimfach – und am Ende £ 750.000“

Sie machen „nur schnell“ ein Selbst-Audit. Nichts Dramatisches: ein paar Stichproben, ein paar Screenshots, ein Export aus dem CRM, damit die Zahlen stimmen. Für das Management-Update soll es sauber aussehen: Sie bauen aus dem Export eine Excel-Datei, erstellen eine hübsche Übersicht („Audit-Status – OK ☑ / PRÜFEN ▽ / STOP ⛔“) und löschen sichtbar alles, was „zu viel“ ist. Damit niemand versehentlich Kundendaten sieht, bleibt nur eine Tabelle mit Summen, Segmenten und Maßnahmen. Sie verschicken die Datei – oder legen sie in einen Team-Ordner ab, weil das „praktischer“ ist. Zwei Tage später meldet sich jemand: „Warum kann ich auf einen Reiter klicken, der gar nicht da sein sollte?“

In Excel gibt es eben nicht nur sichtbare Tabellenblätter, sondern auch versteckte Inhalte: ausgeblendete Sheets, Filterreste, alte Pivot-Caches, manchmal sogar komplette Rohdaten, die man längst „gelöscht“ glaubte. Plötzlich steht im Raum, dass in einer versteckten Tabelle doch wieder personenbezogene Daten stecken: Namen, E-Mail-Adressen, Kennziffern, Zielgruppenmerkmale, vielleicht sogar ein Feld „Widerspruch: ja/nein“.

Und jetzt die unangenehme Dynamik: Sie wollten Auditfestigkeit – produziert haben Sie möglicherweise eine Datenpanne, ausgelöst durch das Audit selbst. Sie suchen hektisch nach dem Versandweg: Wer hat Zugriff? Wurde der Link weitergeleitet? Ist die Datei extern teilbar? Was ist in der Version-Historie noch sichtbar? Dann kommt der Moment, in dem Sie merken: Das Problem ist nicht „Excel“. Das Problem ist fehlende Routine auf dem letzten Meter: Freigabecheck, Dateiprüfung, Zugriffsbeschränkung, Vier-Augen-Prinzip.

Ein realer, besonders lehrreicher Fall verlief ähnlich: Bei der Herausgabe einer Excel-Datei wurde „verstecktes“ Personal-Datenmaterial nicht erkannt; die Aufsicht sanktionierte dies mit £ 750.000[73] – weil genau diese Art „unsichtbarer Daten“ organisatorisch beherrschbar gewesen wäre.

Bemerkenswert daran ist:

Die Datei sieht auf den ersten Blick „bereinigt“ aus – und ist es trotzdem nicht. Das Risiko steckt nicht in der Überschrift, sondern im unsichtbaren Anhang.

Rechtskern:

Das ist kein Spezialproblem von Behörden oder IT-Teams, sondern ein Klassiker aus dem Tagesgeschäft: Wer personenbezogene Daten verarbeitet, muss Vertraulichkeit und Integrität praktisch absichern – und zwar so, dass „versteckte Daten“ nicht versehentlich offengelegt werden (Grundsatz der Integrität und Vertraulichkeit; technische und organisatorische Maßnahmen). Ein Selbst-Audit ist rechtlich kein Schonraum: Wenn dabei personenbezogene Daten in Dateien, Links oder Ablagen geraten, gelten dieselben Sicherheitsanforderungen wie im Kampagnenbetrieb. Der Maßstab lautet: Voraussehbare Fehler müssen Sie durch einfache, robuste Kontrollen abfangen – gerade beim Teilen von Dateien.

Was bedeutet das konkret für Sie als Führungskraft?

Behandeln Sie jedes Teilen von Audit-Dateien wie einen Versand an externe Empfänger – selbst wenn es „nur intern“ ist. Interne Fehlverteiler und offene Links sind in der Praxis häufig der Anfang vom Ende. Setzen Sie auf Format- und Freigabedisziplin: Ergebnisse gehören als PDF oder als „nur Werte“-Export in die Umlaufmappe; Rohdaten bleiben in einem getrennten, restriktiv zugriffsgeschützten Arbeitsbereich. Definieren Sie einen Mini-Standard für die Dateiprüfung (einmal festlegen, dann immer gleich): „Datei prüfen – Zugriff prüfen – erst dann teilen“. Das kostet Minuten und spart Wochen.

Wenn Sie das sauber in Ihrer Akte gehabt hätten …

Sie hätten

- eine kurze Notiz, welche Daten fürs Audit wirklich nötig waren – und dass Rohdaten getrennt bleiben (Datenminimierung als Arbeitsregel),
- einen Nachweis, dass die Datei vor dem Teilen geprüft wurde (zum Beispiel „Dokumentprüfung/Hidden-Data-Check durchgeführt“, Vier-Augen-Freigabe).

---

73 Information Commissioner’s Office (ICO), Penalty Notice gegen den Chief Constable of the Police Service of Northern Ireland (PSNI), veröffentlicht am 26.9.2024 (unter anderem wegen unzureichender Sicherung/Prüfung von „hidden data“ in Excel bei Offenlegung), abrufbar unter: https://ico.org.uk/media2/migrated/4031177/psni-penalty-notice.pdf, Stand 12/2025.

- einen Screenshot oder Export der Zugriffsrechte (wer konnte die Datei öffnen, waren externe Freigaben ausgeschlossen, gab es ein Ablaufdatum für Links),
- eine knappe Entscheidungsvorlage: „Welche Form teilen wir?“ (PDF/Report-Link vs. Excel; und warum).

Audit-Simulation: 14 Stress-Test-Module für Marketing, Sales und Vertrieb

Executive Summary: Die neue Härte der Datenschutzprüfungen

Die Landschaft der behördlichen Datenschutzüberwachung hat sich in den letzten Jahren fundamental gewandelt. Waren Audits in der Anfangsphase der Datenschutz-Grundverordnung (DSGVO) oft formalistische Abfragen zum Vorhandensein von Verzeichnissen, agieren Aufsichtsbehörden heute zunehmend evidenzbasiert, technologisch versiert und europäisch koordiniert. Die europäischen Aufsichtsbehörden haben unter dem Dach des Europäischen Datenschutzausschusses (EDPB) das „Coordinated Enforcement Framework" (CEF) etabliert, um Prüfschwerpunkte wie das Auskunftsrecht oder die Rolle von Datenschutzbeauftragten synchronisiert und mit hoher Schlagkraft zu untersuchen. Parallel dazu führen Landesbehörden wie das Bayerische Landesamt für Datenschutzaufsicht (BayLDA) anlasslose Prüfungen mit hohem technischem Detaillierungsgrad durch, etwa zur Ransomware-Prävention oder zum Einsatz künstlicher Intelligenz.

Für Führungskräfte in Marketing, Sales und Vertrieb bedeutet dies einen Paradigmenwechsel: Die Zeit der reinen „Papier-Compliance" ist vorbei. Ein Auditor fragt heute nicht mehr nur: „Haben Sie eine Richtlinie?", sondern: „Zeigen Sie mir den Log-Auszug vom 14. März, der belegt, dass Ihre Löschroutine für inaktive Leads tatsächlich funktioniert hat."

Dieser Leitfaden stellt eine detaillierte „Audit-Simulation" bereit. Er transformiert die abstrakten Anforderungen der DSGVO in 14 konkrete „Stress-Test-Fragen", die exakt so in einem behördlichen Anhörungsschreiben oder einem Gerichtstermin gestellt werden könnten. Ziel ist es, Sie als Verantwortlichem zu befähigen, nicht nur rechtssicher zu antworten, sondern die Wirksamkeit ihrer Führungsorganisation nachzuweisen (Accountability nach Art. 5 Abs. 2 DSGVO). Die Analyse stützt sich auf aktuelle Prüfpraktiken der Aufsichtsbehörden. Es handelt sich um eine präventive Maßnahme, um im Ernstfall – dem „Incident in 60 Minuten" – handlungsfähig zu bleiben.

Methodik der Audit-Simulation

Die folgende Analyse gliedert sich in 14 Module. Sie sind an der Kapitelstruktur dieses Buches ausgerichtet. Wo ein Thema als Exkurs oder Querschnitt behandelt wird (zum Beispiel KI), verweist der Modultitel ausdrücklich auf das einschlägige Kapitel beziehungsweise den Exkurs. Jedes Modul folgt einer strengen

Logik, die darauf ausgelegt ist, im Ernstfall Zeit zu gewinnen und Haftungsrisiken zu reduzieren: Sie antworten nicht aus dem Bauch heraus, sondern aus einer dokumentierten Führungsorganisation. Simuliert wird die Perspektive eines kritischen Prüfers, der über ein tiefes technisches und juristisches Verständnis verfügt.

Die Struktur jedes Moduls:

- Die Stress-Frage: Der Wortlaut, wie er von Prüfern verwendet wird, um operative Schwachstellen aufzudecken.
- Hintergrund und Risiko: Die juristische und technische Ratio hinter der Frage (zum Beispiel Ransomware-Resilienz oder KI-Governance).
- Antwortstrategie (Best Practice): Ein auditfester Formulierungsvorschlag, der Führungskompetenz signalisiert.
- Beweisführung (Evidence): Die konkreten Dokumente (zum Beispiel Delegationsmatrix, TIA-Light), die griffbereit sein sollten.
- Sofortmaßnahmen: Schritte zur Schließung akuter Lücken vor dem Audit.

Modul 1: Verantwortung und Delegation (Kapitel 1)

(1) Die Stress-Frage

„Wer ist in Ihrem Bereich konkret für die Zwecke und Mittel der Verarbeitung (zum Beispiel des CRMs) verantwortlich – und wie ist diese Verantwortung dokumentiert? Bitte legen Sie uns Ihre Delegationsmatrix sowie die Eskalationswege für Datenschutzvorfälle vor."

(2) Analyse des Prüfungshintergrunds

Diese Frage zielt direkt auf den Kern von Artikel 24 DSGVO (Verantwortung des für die Verarbeitung Verantwortlichen) und Art. 5 Abs. 2 DSGVO (Rechenschaftspflicht). Aufsichtsbehörden wissen aus Erfahrung, dass in Marketing und Vertrieb oft eine „organisierte Unverantwortlichkeit" herrscht: Die Geschäftsführung delegiert pauschal nach unten („Kümmert euch um Datenschutz"), die Fachbereiche verweisen bei Problemen reflexartig auf die IT oder den Datenschutzbeauftragten (DSB).

Ein häufiges Defizit ist die fehlende Dokumentation der fachlichen Verantwortung. Wenn ein Head of Sales eine Kampagne freigibt oder ein neues CRM-Tool einführt, entscheidet er faktisch über „Zwecke und Mittel" der Datenverarbeitung. Ist diese Entscheidungskompetenz nicht formalisiert und mit Datenschutzpflichten verknüpft, haftet im Zweifel die Geschäftsleitung wegen Organisationsverschuldens (§ 130 OWiG), oder der Mitarbeitende gerät in eine persönliche Haftungszone, weil er Kompetenzen überschritten hat. Die Behörde prüft hier nicht die Kampagne selbst, sondern die Governance-Struktur dahinter.

(3) Auditfeste Antwortstrategie

„Die Verantwortung für Zwecke und Mittel der Datenverarbeitung liegt in unserem Unternehmen grundsätzlich bei der Geschäftsführung, wird jedoch durch eine dokumentierte und versionierte Delegationsmatrix operationalisiert. Für meinen Bereich (Marketing/Sales) fungiere ich als „Data Owner“ für die dortigen Prozesse.

Konkret bedeutet das: Ich treffe die fachlichen Entscheidungen (zum Beispiel Auswahl der Zielgruppen, Definition der Kampagnenziele), jedoch zwingend innerhalb eines definierten Rahmens, der durch unsere Datenschutzrichtlinien und Freigabeprozesse (Governance) vorgegeben ist.

Operative Aufgaben, wie die Datenpflege oder das User-Management im CRM, sind an benannte „System Owner“ delegiert. Für kritische Entscheidungen – etwa bei der Einführung neuer Tools, bei Datentransfers in Drittländer oder bei hohen Risiken für Betroffene – existiert ein definierter Eskalationspfad zum DSB und zur Rechtsabteilung. Diese Struktur stellt sicher, dass keine Entscheidung ohne die erforderliche Kompetenz und Prüfung getroffen wird.“

(4) Begründung der Antwort

Diese Antwort überzeugt, weil sie drei wesentliche Aspekte adressiert:

- Klarheit: Sie leugnet die Verantwortung nicht („das macht der DSB“), sondern nimmt sie an und strukturiert sie.
- Systematik: Sie verweist auf Prozesse (Delegationsmatrix, System Owner), statt auf Zufall oder mündliche Absprachen.
- Grenzen: Sie zeigt, dass die Führungskraft die Grenzen ihrer Kompetenz kennt und weiß, wann Experten (DSB, Legal) zwingend hinzuzuziehen sind.

(5) Erforderliche Nachweise (Die „Akte")

Dokument	Inhalt/Zweck	Referenz
Delegations-matrix	Eine Tabelle, die Rollen (zum Beispiel Campaign Manager, CRM Admin) konkrete Datenschutzaufgaben (zum Beispiel Löschung, Freigabe, Export-Kontrolle) zuweist.	
Eskalations-schema	Ein Flussdiagramm oder eine Checkliste: Wann muss der DSB oder CISO informiert werden? (Verknüpfung zu Kapitel 9/10).	
Schulungs-nachweis	Beleg, dass die delegierten Mitarbeiter für ihre Datenschutzaufgaben qualifiziert wurden (zum Beispiel Teilnahmebestätigung „Datenschutz im Marketing").	

(6) Sofortmaßnahmen

Erstellen Sie eine Matrix der Verantwortlichkeiten (RACI-Chart) für Ihre Top-5-Systeme (zum Beispiel CRM, E-Mail-Tool, Shop, Analytics) und formalisieren Sie die Ernennung von „System Ownern" schriftlich.

Modul 2: Rechtsgrundlagen und Zweckbindung (Kapitel 2)

(1) Die Stress-Frage

„Auf welche konkrete Rechtsgrundlage stützen Sie die Verarbeitung im Rahmen Ihrer aktuellen CRM-Segmentierung und des Newsletter-Versands? Bitte zeigen Sie uns die Dokumentation der Interessenabwägung oder die Einwilligungshistorie."

(2) Analyse des Prüfungshintergrunds

Hier prüfen Behörden die Einhaltung des Verbotsprinzips (Art. 6 DSGVO) und der Zweckbindung (Art. 5 Abs. 1 lit. b DSGVO). Ein klassischer Fehler im Vertrieb ist die schleichende Zweckänderung („Function Creep"): Daten, die ursprünglich zur Vertragserfüllung (Art. 6 Abs. 1 lit. b) erhoben wurden, werden ohne weitere Prüfung für werbliche Profilbildung (oft Art. 6 Abs. 1 lit. f oder a) genutzt.

Zudem prüfen Behörden oft die Schnittstelle zum Wettbewerbsrecht (UWG). Eine DSGVO-Rechtsgrundlage (zum Beispiel berechtigtes Interesse an Direktwerbung) ersetzt nicht das Einwilligungserfordernis für elektronische Werbung (E-Mail, SMS) nach § 7 UWG. Prüfer suchen gezielt nach der „Lücke" zwischen Datenschutzrecht und Wettbewerbsrecht. Wer hier „Berechtigtes Interesse" ruft, aber E-Mails an Neukunden versendet, hat den Audit schon verloren. Ein kommerzielles Interesse kann zwar grundsätzlich ein berechtigtes Interesse sein[74] (Art. 6 Abs. 1 lit. f DSGVO); die Interessenabwägung bleibt aber der Dreh- und Angelpunkt – inklusive transparenter Information und sauberer Widerspruchslogik.

Was Sie noch wissen sollten: Kollektiv-/Betriebsvereinbarungen dürfen Datenschutz konkretisieren, aber keine Verarbeitung legalisieren,[75] die nach Art. 5/6/9 DSGVO unzulässig wäre. Und „Vertragserfüllung" (Art. 6 Abs. 1 lit. b DSGVO) trägt nur, was objektiv erforderlich ist[76] – „praktisch", „komfortabel" oder „vertrieblich hilfreich" genügt nicht.

(3) Auditfeste Antwortstrategie

„Wir differenzieren bei der Rechtsgrundlage strikt nach Verarbeitungszweck, Personengruppe und Kommunikationskanal:

Bestandskunden-Kommunikation: Diese stützen wir, soweit es sich um vertragliche Informationen (Transaktionsmails) handelt, auf Art. 6 Abs. 1 lit. b DSGVO. Für werbliche Ansprache per E-Mail nutzen wir das „Bestandskundenprivileg" (§ 7 Abs. 3 UWG). Die Zulässigkeit des Kanals ergibt sich aus § 7 Abs. 3 UWG; die damit verbundene Datenverarbeitung stützen wir – soweit erforderlich – auf Art. 6 Abs. 1 lit. f DSGVO (berechtigtes Interesse) und beachten Art. 21 DSGVO (Widerspruch). Dabei prüfen wir dokumentiert die Voraussetzungen: Erhebung im Zusammenhang mit Verkauf, Bewerbung eigener ähnlicher Waren oder Dienstleistungen, kein Widerspruch, und Hinweis auf Widerspruchsmöglichkeit bei jeder Verwendung.

Lead-Nurturing/Neukunden: Hier arbeiten wir im E-Mail-Marketing ausschließlich auf Basis einer dokumentierten Einwilligung (Double-Opt-in), die die Anforderungen des Art. 6 Abs. 1 lit. a DSGVO erfüllt und zugleich das Einwilligungserfordernis nach § 7 Abs. 2 Nr. 3 UWG abdeckt (freiwillig, informiert, unmissverständlich).

CRM-Segmentierung: Soweit wir Bestandsdaten zur internen Profilbildung (zum Beispiel ABC-Analyse) nutzen, haben wir eine Interessenabwägung (LIA) nach Art. 6 Abs. 1 lit. f DSGVO durchgeführt. Diese dokumentiert, dass die Grundrechte der Betroffenen nicht überwiegen, insbesondere da wir pseudonymisierte Daten nutzen und keine sensiblen Kategorien verarbeiten."

---

74 EuGH, Urt. v. 4.10.2024 – C-621/22, *Koninklijke Nederlandse Lawn Tennisbond* (kommerzielles Interesse kann „berechtigtes Interesse" sein; Abwägung bleibt).

75 EuGH, Urt. v. 19.12.2024 – C-65/23 (Art. 88 DSGVO: Kollektiv-/Betriebsvereinbarung nur im Rahmen der DSGVO; keine „Ersatz-Rechtsgrundlage").

76 EuGH, Urt. v. 12.9.2024 – Verb. Rs. C-17/22 und C-18/22 (Art. 6 Abs. 1 lit. b DSGVO: „Erforderlichkeit" = objektiv unentbehrlich).

(4) Begründung der Antwort

Diese Antwort demonstriert ein hohes Reifegradniveau. Sie unterscheidet sauber zwischen DSGVO und UWG. Sie zeigt, dass das Unternehmen die engen Grenzen des § 7 Abs. 3 UWG kennt und prüft. Sie belegt, dass das „Berechtigtes Interesse" nicht einfach angenommen, sondern abgewogen (LIA) wurde.

(5) Erforderliche Nachweise

Verzeichnis von Verarbeitungstätigkeiten (VVT): Auszug für den Prozess „Direktmarketing" mit expliziter Nennung der Rechtsgrundlage.

Interessenabwägung (LIA): Schriftliche Dokumentation für Art. 6 Abs. 1 lit. f DSGVO (Balance-Test), insbesondere bei Profiling ohne Einwilligung.

Consent-Logs: Systemauszug, der Zeitstempel, Quell-IP, Version der Einwilligungserklärung und Bestätigungslink (DOI) zeigt.

(6) Sofortmaßnahmen

Prüfen Sie stichprobenartig 10 Datensätze im CRM: Gibt es zu jedem einen Nachweis der Rechtsgrundlage (Einwilligung oder Vertrag)? Stellen Sie sicher, dass bei Bestandskundenwerbung der Hinweis auf das Widerspruchsrecht in jeder E-Mail enthalten ist.

Modul 3: Datenlandkarte und Ransomware-Resilienz (Kapitel 3)

(1) Die Stress-Frage

„Bitte weisen Sie nach, dass Ihre Kernsysteme gegen Ransomware und Datenverlust abgesichert sind. Verfügen Sie über Offline-Backups und ein getestetes Wiederherstellungskonzept? Wie setzen Sie das „Least-Privilege"-Prinzip technisch um?"

(2) Analyse des Prüfungshintergrunds

Diese Frage reflektiert die aktuelle Prüfungspraxis, wie sie etwa das BayLDA (Bayerisches Landesamt für Datenschutzaufsicht) in seinen Ransomware-Prüfungen durchführt.[77] Es geht nicht mehr nur um „Datenschutz" im engeren Sinne (Privatsphäre), sondern massiv um die Sicherheit der Verarbeitung (Art. 32 DSGVO). Ein Datenverlust durch Verschlüsselungstrojaner (Ransomware) gilt

77 BayLDA, 10. Tätigkeitsbericht, Abschnitt zu Cyberangriffen und Ransomware-Prävention, https://www.lda.bayern.de.

als Verletzung der Verfügbarkeit und kann – je nach Risiko – meldepflichtig sein. Behörden wissen, dass Ransomware oft über veraltete Systeme (Patch-Management) oder zu weitreichende Berechtigungen (Admin-Rechte auf User-Clients) eindringt. Die „Datenlandkarte“ ist hier die absolute Basis: Man kann nicht schützen (Backup, Patching), was man nicht kennt. Eine unvollständige Asset-Liste ist ein gravierender Mangel im Audit.

(3) Auditfeste Antwortstrategie

„Unsere Sicherheitsstrategie zur Ransomware-Prävention basiert auf drei Säulen, deren Wirksamkeit wir regelmäßig überprüfen:

Transparenz (Datenlandkarte): Wir führen eine aktuelle Datenlandkarte, die alle speichernden Systeme, Schnittstellen und IT-Komponenten inventarisiert. Dies ist die Basis für unser Risikomanagement.

Resilienz (Backup-Strategie): Wir setzen eine 3-2-1-Backup-Strategie um: Wir halten mindestens 3 Kopien unserer Daten auf 2 unterschiedlichen Medientypen vor, wobei 1 Kopie an einem externen Standort oder offline (Air-Gapped) gelagert wird, um vor Verschlüsselung im Netzwerk geschützt zu sein. Wiederherstellungstests (Restore-Tests) finden quartalsweise statt; das Protokoll des letzten erfolgreichen Tests liegt vor.

Zugriffskontrolle (Least Privilege): Wir arbeiten streng nach dem Prinzip der minimalen Rechtevergabe. Berechtigungen werden rollenbasiert (RBAC) vergeben und bei Positionswechsel oder Austritt sofort entzogen. Administrative Zugänge sind strikt von Benutzerkonten getrennt und durch Multi-Faktor-Authentifizierung (MFA) gesichert.“

(4) Erforderliche Nachweise (Die „Akte“)

Dokument	Inhalt/Zweck	Referenz
Datenland-karte	Grafische oder tabellarische Übersicht aller Systeme und Datenflüsse.	
Restore-Protokoll	Nachweis des letzten erfolgreichen Rückspiel-Tests (nicht nur Backup-Log!).	
Berechtigungsmatrix	Übersicht der Rollen und Zugriffsrechte (RBAC), die das Least-Privilege-Prinzip belegt.	
Patch-Management	Richtlinie und Beleg über automatisierte Updates für Betriebssysteme und Anwendungen.	

(5) Sofortmaßnahmen

Führen Sie sofort einen Restore-Test für eine kritische CRM-Datenbank durch und protokollieren Sie das Ergebnis. Prüfen Sie, ob Backups wirklich vom Netzwerk getrennt (offline/immutable) sind.

Modul 4: Kommunikation und Datensicherheit (Kapitel 4)

(1) Die Stress-Frage

„Welche technischen und organisatorischen Maßnahmen verhindern in Ihrem Bereich Fehlversände (zum Beispiel offene CC-Verteiler) und unbefugte Datenabflüsse über Messenger oder Filesharing?“

(2) Analyse des Prüfungshintergrunds

Kommunikationspannen (zum Beispiel offener CC-Verteiler bei Newslettern) gehören zu den häufigsten meldepflichtigen Datenpannen bei Aufsichtsbehörden. Prüfer untersuchen hier, ob es sich um unvermeidbares menschliches Versagen oder ein systematisches Organisationsdefizit handelt. Fehlen Richtlinien zur Nutzung von BCC oder zur Freigabe von Cloud-Links („Jeder mit dem Link“), liegt ein Bußgeldrisiko wegen Verstoßes gegen Art. 32 DSGVO (Sicherheit der Verarbeitung) nahe. Auch die Nutzung privater Messenger (WhatsApp) für Kundendaten ist ein rotes Tuch („Schatten-IT“).

(3) Auditfeste Antwortstrategie

„Wir minimieren das Risiko menschlicher Fehler in der Kommunikation durch eine Kombination aus technischen Voreinstellungen und klaren Prozessen:

E-Mail-Sicherheit: Massenmailings erfolgen bei uns grundsätzlich nicht über Outlook, sondern ausschließlich über spezialisierte Versand-Tools, die systemseitig den Einzelversand sicherstellen. Für manuelle E-Mails an mehrere Empfänger existiert eine klare Arbeitsanweisung zur zwingenden Nutzung des BCC-Feldes.

Pre-Send-Check: Vor jedem größeren Versand greift ein dokumentiertes Vier-Augen-Prinzip. Eine Checkliste (Verteiler, Inhalt, Anhänge, Personalisierung) muss vor Freigabe abgehakt werden.

Filesharing und Messenger: Das Versenden von Kundendaten über private Messenger ist untersagt. Für den Datenaustausch nutzen wir ausschließlich freigegebene Enterprise-Lösungen. Externe Freigabe-Links dürfen technisch nur passwortgeschützt und zeitlich befristet erstellt werden; offene Links sind systemseitig deaktiviert."

(4) Erforderliche Nachweise

Kommunikationsrichtlinie: Schriftliche Anweisung zu E-Mail/Messenger-Nutzung und Verbot privater Kanäle. Pre-Send-Checkliste: Ausgefülltes Beispiel einer Kampagnenfreigabe, das die Kontrolle belegt. Schulungsunterlagen: Nachweis der Sensibilisierung der Mitarbeitenden für „Social Engineering" und Fehlversand-Risiken.

Modul 5: Beschäftigtendaten & Team-Transparenz (Kapitel 5)

(1) Die Stress-Frage

„Wie stellen Sie sicher, dass Leistungsdaten (KPIs) und Gesundheitsdaten (Krankmeldungen) Ihrer Mitarbeitenden vertraulich bleiben und nicht unzulässig im Team transparent gemacht werden?"

(2) Analyse des Prüfungshintergrunds

Im Vertrieb ist das „Ranking" von Mitarbeitenden („Sales Leaderboards") üblich, datenschutzrechtlich jedoch hochriskant (§ 26 BDSG/Art. 88 DSGVO). Öffentliche „Low Performer"-Listen oder das Teilen von Krankheitsdiagnosen („XY fällt wegen Burnout aus") verletzen Persönlichkeitsrechte massiv und verstoßen gegen den Grundsatz der Datenminimierung. Aufsichtsbehörden prüfen hier streng auf Erforderlichkeit und Verhältnismäßigkeit. Ein Verstoß kann nicht nur Bußgelder, sondern auch arbeitsrechtliche Klagen nach sich ziehen.

(3) Auditfeste Antwortstrategie

„Wir trennen in unserer Führungskultur und Datenverarbeitung strikt zwischen notwendiger Steuerung und unzulässiger Überwachung:

Leistungsdaten (Performance): Individuelle KPIs (zum Beispiel Umsatzziele) sind nur der jeweiligen Führungskraft und dem betroffenen Mitarbeitenden zugänglich (1:1-Ebene). In Team-Meetings nutzen wir ausschließlich aggregierte Daten (Team-Performance), die keine Rückschlüsse auf einzelne Personen zulassen. Ausnahmen (zum Beispiel „Sales Champion") basieren nur in eng begrenzten Fällen auf einer nachweislich freiwilligen Einwilligung; im Regelfall vermeiden wir personenbezogene Rankings und nutzen entweder eine aggregierte Darstellung oder eine arbeitsrechtlich und kollektivrechtlich sauber abgesicherte Regelung (HR/Betriebsrat), ohne Nachteile bei Nichtteilnahme.

Gesundheitsdaten: Diagnosen werden von uns als Führungskräfte niemals erfasst oder gespeichert. Wir verarbeiten lediglich die Information „arbeitsfähig oder nicht arbeitsfähig“ sowie die voraussichtliche Dauer für die Ressourcenplanung. Diese Information wird im Team nur als neutrale Abwesenheit kommuniziert, ohne Nennung von Gründen.“

(4) Erforderliche Nachweise

Berechtigungskonzept HR-Marketing, Sales und Vertriebs-Dashboard: Dokumentation, wer Zugriff auf individuelle Leistungsdaten hat (Need-to-know-Prinzip). Muster-Kommunikation: Vorlagen für Abwesenheitsnotizen (ohne Diagnose). Betriebsvereinbarung: Falls vorhanden, Verweis auf Regelungen zu Leistungsdaten und IT-Systemen (§ 87 BetrVG).

Modul 6: Geräte, BYOD & Schatten-IT (Kapitel 6)

(1) Die Stress-Frage

„Haben Sie eine vollständige Übersicht über alle Endgeräte, auf denen Unternehmensdaten verarbeitet werden? Wie unterbinden Sie wirksam die Nutzung von Schatten-IT (zum Beispiel private WhatsApp-Nutzung, ungenehmigte Cloud-Tools)?“

(2) Analyse des Prüfungshintergrunds

„Bring Your Own Device“ (BYOD) und Schatten-IT sind klassische Einfallstore für Datenverlust. Ohne ein Mobile Device Management (MDM) kann ein Unternehmen Daten auf privaten Geräten nicht löschen (zum Beispiel bei Austritt des Mitarbeitenden). Behörden werten das Fehlen einer Geräteübersicht als Verstoß gegen die Rechenschaftspflicht (Art. 5 Abs. 2) und Sicherheit der Verarbeitung (Art. 32 DSGVO). BayLDA-Prüfungen fokussieren oft auf die Trennung von privaten und dienstlichen Daten.

(3) Auditfeste Antwortstrategie

„Wir verfolgen eine konsequente „Managed Device“-Strategie, um die Kontrolle über unsere Daten zu behalten:

Inventarisierung: Alle dienstlich genutzten Geräte (Laptops, Smartphones, Tablets) werden in einem MDM-System (Mobile Device Management) zentral verwaltet. Dies ermöglicht uns, Sicherheitsrichtlinien (zum Beispiel Festplattenverschlüsselung, Pin-Code-Zwang) technisch durchzusetzen und Daten bei Verlust fernzulöschen (Remote Wipe).

BYOD-Regelung: Soweit die Nutzung privater Geräte erlaubt ist, erfolgt dies ausschließlich in einem gesicherten „Container" (Sandbox-App), der geschäftliche von privaten Daten strikt trennt und den Datenabfluss verhindert.

Bekämpfung von Schatten-IT: Wir führen regelmäßige Software-Inventuren durch. Nicht freigegebene Apps werden auf Firmenhandys technisch blockiert oder organisatorisch untersagt. Mitarbeitende haben einen definierten Prozess, um neue Tools prüfen und freigeben zu lassen, was die Motivation für Schatten-IT senkt."

(4) Erforderliche Nachweise

Geräteinventar: Liste der verwalteten Assets (Hardware und Software). MDM-Richtlinie: Screenshot der Konfiguration (zum Beispiel Zwang zur Verschlüsselung, Passwortkomplexität). Richtlinie zur Tool-Nutzung: Whitelist erlaubter Software und Prozess für neue Tools.

Modul 7: Dienstleister & Auftragsverarbeitung (Kapitel 7/8)

(1) Die Stress-Frage

„Wie klassifizieren Sie Ihre Dienstleister (Agenturen, SaaS-Anbieter)? Handelt es sich um Auftragsverarbeitung oder gemeinsame Verantwortlichkeit? Bitte zeigen Sie uns die entsprechenden Verträge und Ihre Kontrollnachweise."

(2) Analyse des Prüfungshintergrunds

Die Abgrenzung zwischen Auftragsverarbeitung (AV), Art. 28 DSGVO und gemeinsamer Verantwortlichkeit (Joint Control (JC)), Art. 26 DSGVO ist komplex und haftungsträchtig. Viele Marketing-Kooperationen (zum Beispiel Meta Fanpages, gemeinsame Gewinnspiele, Lead-Generierung) sind faktisch JC, werden aber fälschlich als AV behandelt. Dies führt zu Bußgeldern, da die erforderliche Vereinbarung nach Art. 26 fehlt. Der EuGH hat mit der „Fanpage"-Entscheidung die Hürde für Joint Control gesenkt: Wer Parameter einer Verarbeitung mitbestimmt, ist mitverantwortlich.

(3) Auditfeste Antwortstrategie

„Wir führen vor jeder Beauftragung eine strukturierte Rollenprüfung durch:

Auftragsverarbeitung (AV): Wenn der Dienstleister strikt weisungsgebunden agiert und die Daten nicht für eigene Zwecke nutzt (zum Beispiel Hosting, reiner Lettershop), schließen wir einen AV-Vertrag nach Art. 28 DSGVO. Wir prüfen dessen technische und organisatorische Maßnahmen (TOMs) vorab und dokumentieren das Ergebnis.

Gemeinsame Verantwortlichkeit (JC): Sobald wir gemeinsam mit einem Partner über Zwecke und Mittel der Verarbeitung entscheiden (zum Beispiel bei Social-Media-Fanpages, Pixel-Tracking oder gemeinsamen Kampagnen), schließen wir eine JC-Vereinbarung nach Art. 26 DSGVO ab. Diese regelt transparent, wer welche Informationspflichten erfüllt und Betroffenenrechte bearbeitet.

Kontrolle: Wir verlassen uns nicht nur auf das Papier, sondern führen anlassbezogene Reviews unserer kritischen Dienstleister durch.“

(4) Erforderliche Nachweise

Vertragsübersicht: Liste aller AV- und JC-Verträge inklusive Status. Prüfprotokoll: Dokumentation der Auswahlprüfung (TOM-Check) vor Beauftragung. JC-Vereinbarung: Exemplarisch für eine Fanpage oder Kooperation (Wesentlichkeitsvereinbarung für Betroffene).

Modul 8: Foto, Video und Events (Kapitel 7)

(1) Die Stress-Frage

„Auf welcher Rechtsgrundlage veröffentlichen Sie Fotos von Events oder Mitarbeitenden in sozialen Medien? Wie stellen Sie sicher, dass ein Widerruf der Einwilligung technisch auf allen Kanälen umgesetzt wird?“

(2) Analyse des Prüfungshintergrunds

Das „Recht am eigenen Bild“ (KUG/DSGVO) ist ein häufiger Streitpunkt. Pauschale Hinweise („Mit Betreten des Raumes stimmen Sie der Veröffentlichung zu“) sind für Einzelaufnahmen oder Social Media oft unwirksam. Das Risiko liegt in der fehlenden Dokumentation der Einwilligung und dem Prozess des Widerrufs. Wenn ein Mitarbeitender widerruft, muss das Bild von der Website, aus LinkedIn, Instagram und dem Intranet verschwinden. Oft scheitert dies an der fehlenden Übersicht, wo das Bild überall verwendet wurde.

(3) Auditfeste Antwortstrategie

„Wir unterscheiden bei Bildaufnahmen strikt nach Situation und Veröffentlichungsart:

Übersichtsaufnahmen (Events): Bei Aufnahmen, die die Veranstaltung als Zeitgeschehen dokumentieren (ohne Fokus auf Einzelpersonen), stützen wir uns auf unser berechtigtes Interesse (Art. 6 Abs. 1 lit. f DSGVO) und informieren transparent per Aushang und Einladung (Art. 13 DSGVO).

Einzelaufnahmen/Porträts: Für Fokus-Aufnahmen, Mitarbeitenden-Fotos und werbliche Nutzung holen wir grundsätzlich eine schriftliche, informierte Einwilligung ein (Art. 6 Abs. 1 lit. a DSGVO).

Widerrufs-Management: Wir führen ein zentrales Register der Einwilligungen und Verwendungsorte. Bei einem Widerruf greift ein definierter Prozess, der die Entfernung des Bildes aus allen digitalen Kanälen (Website, Social Media) und dem internen Bildarchiv veranlasst. Wir dokumentieren die Löschung."

(4) Erforderliche Nachweise

Einwilligungsformular: Muster für Foto-/Videoaufnahmen (Mitarbeitenden/Gäste). Datenschutzhinweis (Event): Foto des Aushangs/Text der Einladung. Löschprotokoll: Nachweis, dass ein Bild nach Widerruf entfernt wurde (Takedown-Prozess).

Modul 9: KI und Automatisierung (Kapitel 6, Exkurs)

(1) Die Stress-Frage

„Setzen Sie KI-Systeme (zum Beispiel ChatGPT, Marketing-Automation) ein? Haben Sie sichergestellt, dass keine personenbezogenen Daten zum Training der Modelle abfließen, und wie prüfen Sie die Ergebnisse auf Richtigkeit (Art. 22 DSGVO/KI-Verordnung)?"

(2) Analyse des Prüfungshintergrunds

Die Datenschutzkonferenz (DSK) hat 2024 (Auswahl und Einsatz[78]) und 2025 (Entwicklung und Betrieb) Orientierungshilfen zu KI veröffentlicht. Die aktuelle Orientierungshilfe (Stand: Juni 2025) arbeitet entlang des KI-Lebenszyklus (De-

78 Datenschutzkonferenz (DSK), Orientierungshilfe „Künstliche Intelligenz und Datenschutz", Stand 6.5.2024 (PDF).

sign – Entwicklung – Einführung – Betrieb/Monitoring[79]) und ordnet die Anforderungen den sieben Gewährleistungszielen des Standard-Datenschutzmodells (SDM) zu.[80]

Kritisch sind: Eingabe von Echtdaten in offene Systeme (Training der KI mit Unternehmensdaten = Zweckänderung/Datenleck), fehlende Rechtsgrundlage für automatisierte Entscheidungen (Art. 22 DSGVO) und mangelnde Transparenz. Auch die Richtigkeit der Ergebnisse (Vermeidung von „Halluzinationen" bei personenbezogenen Daten) ist ein Prüfthema.

Spickzettel für Audits: KI-Lebenszyklus nach DSK/SDM

- Design: Zweck, Rechtsgrundlage, Datenquellen/Datasheets, DSFA-Trigger, Betroffenenrechte mitdenken.
- Entwicklung: Datenminimierung, Training/Test, Bias-/Qualitäts-Checks, Schutz vor Datenvergiftung, Lösch-/Unlearning-Pfad.
- Einführung: Datenschutzfreundliche Defaults (Logging, Filter, Zugriff), Verschlüsselung, Rollenkonzept, Freigabe.
- Betrieb/Monitoring: Laufende Qualitäts- und Drift-Kontrollen, Incident-Prozess, Re-Training/Updates dokumentieren.

(3) Auditfeste Antwortstrategie

„Unser KI-Einsatz unterliegt einer strengen Governance, die sich an den Leitlinien der DSK orientiert:

Eingabekontrolle: Für offene LLMs (wie ChatGPT) gilt ein striktes Verbot für personenbezogene Daten. Wir nutzen bevorzugt Enterprise-Lösungen (API-Zugriff), bei denen vertraglich ausgeschlossen ist, dass unsere Daten zu Trainingszwecken des Anbieters genutzt werden (Zero-Data-Retention/Opt-out).

Transparenz und Rechtsgrundlage: Wir kennzeichnen KI-generierte Inhalte. Soweit KI zur Profilbildung genutzt wird, prüfen wir die Rechtsgrundlage und informieren die Betroffenen.

Human-in-the-Loop: Entscheidungen mit Rechtswirkung oder ähnlicher Beeinträchtigung (zum Beispiel Kreditwürdigkeit, Bewerberauswahl) werden niemals vollautomatisiert getroffen. Es findet immer eine finale Prüfung durch eine qua-

79 Datenschutzkonferenz (DSK), Orientierungshilfe „Technische und organisatorische Maßnahmen bei der Entwicklung und beim Betrieb von KI-Systemen", Version 1.0, Stand Juni 2025 (PDF).

80 Datenschutzkonferenz (DSK), Standard-Datenschutzmodell (SDM), Methode Version 2.0, Beschl. v. 6.11.2019 (PDF); vgl. auch BfDI, Das Standard-Datenschutzmodell (SDM) (Webseite).

lifizierte Person statt, um Diskriminierung oder Fehler zu vermeiden (Wahrung Art. 22 DSGVO). Lebenszyklus-Steuerung (DSK/SDM): Für jeden KI-Use-Case dokumentieren wir die TOMs entlang der Phasen Design, Entwicklung, Einführung, Betrieb (unter anderem Datenquellen-Nachweis, Test-/Bias-Report, Rollenkonzept, Monitoring).“

(4) Erforderliche Nachweise

KI-Richtlinie: Arbeitsanweisung zur Nutzung von KI-Tools inklusive Prompt-Regeln (keine personenbezogenen Daten), Freigabeprozess. Anbieterprüfung/Vertrag: DPA/AV-Regelung beziehungsweise Rollenklärung; Nachweis zu Zero-Data-Retention/Opt-out.

SDM-Lifecycle-Check: Kurzblatt pro Use-Case (Design, Entwicklung, Einführung, Betrieb) mit TOM-Mapping. Test- und Qualitätsnachweise: Dokumentierte Tests (Bias/Fairness, Fehlerquote, Halluzinations-Kontrollen).

Monitoring-Protokolle: Drift-Kontrolle, Incident-Tickets, Update-/Re-Training-Log. DSFA: Bei hohem Risiko (zum Beispiel Scoring, Profiling) mit Maßnahmen und Freigabe zwingend erforderlich. Schulungsnachweis: Beleg für „AI Literacy“-Schulungen der Mitarbeitenden.

Modul 10: Incident Management (Kapitel 10)

(1) Die Stress-Frage

„Zeigen Sie uns Ihr Incident-Log für den letzten Sicherheitsvorfall. Wann genau hatten Sie Kenntnis (T0), und wie haben Sie innerhalb der ersten 60 Minuten reagiert, um den Schaden zu begrenzen?“

(2) Analyse des Prüfungshintergrunds

Art. 33 DSGVO setzt eine harte 72-Stunden-Frist für Meldungen an die Aufsicht. Die Frist beginnt mit „Kenntnis“. Behörden prüfen oft rückwirkend, ob ein Vorfall „verschleppt“ wurde. Entscheidend ist die Dokumentation der Sofortmaßnahmen (Containment) und der Risikobewertung. Fehlt ein Log, das zeigt, was in der ersten Stunde passiert ist, wirkt der Prozess unkontrolliert.

(3) Auditfeste Antwortstrategie

„Wir arbeiten nach einem definierten „Incident-Response-Plan“, der sofort bei Verdacht greift:

T0 bis T60 (die erste Stunde): Unser Fokus liegt auf Eindämmung (zum Beispiel Abschaltung des Systems, Trennung vom Netz) und Beweissicherung (Screenshots, Logs). Wir dokumentieren jede Entscheidung und Maßnahme chronologisch im Incident-Log.

Bewertung: Wir nutzen eine standardisierte Risikomatrix (Risikoindikator-Logik/ENISA-Methode), um objektiv zu entscheiden, ob ein Risiko für die Rechte und Freiheiten der Betroffenen besteht.

Meldung: Bei einer Einstufung als „Rot" (hohes Risiko) wird unverzüglich der DSB und die Geschäftsleitung eingebunden, um die 72-Stunden-Frist für die Meldung an die Aufsichtsbehörde sicher einzuhalten."

(4) Erforderliche Nachweise

Incident-Log: Formular mit Zeitstempeln, Maßnahmen und Entscheidungen. Risikomatrix: Bewertungsschema für Datenpannen (zur Objektivierung der Meldepflicht). Meldeweg-Aushang: Nachweis, dass Mitarbeitende wissen, wohin und wie schnell sie melden müssen.

Modul 11: Kampagnen-Hygiene und CRM (Kapitel 11)

(1) Die Stress-Frage

„Wie stellen Sie technisch sicher, dass ein Werbewiderspruch (Opt-out) in System A (zum Beispiel CRM) sofort auch in System B (zum Beispiel E-Mail-Tool) wirksam wird? Zeigen Sie uns den „Pre-Send-Check"."

(2) Analyse des Prüfungshintergrunds

Werbewidersprüche nach Art. 21 DSGVO müssen unverzüglich beachtet werden. Ein häufiger technischer Mangel ist die asynchrone Datenhaltung (Datensilos). Wenn ein Kunde im CRM widerspricht, aber aufgrund veralteter Export-Listen (Excel!) noch eine E-Mail aus dem Newsletter-Tool erhält, ist dies ein klarer Verstoß und ein Bußgeldtreiber.

(3) Auditfeste Antwortstrategie

„Wir vermeiden Datensilos durch eine „Single Source of Truth"-Strategie:

Zentrales Opt-out: Widersprüche werden zentral im CRM als führendem System erfasst.

Synchronisation: Unsere Versand-Tools sind per Schnittstelle angebunden und gleichen Sperrlisten (Suppression Lists) vor jedem Versand automatisch ab. Die Nutzung manueller Excel-Exporte für Kampagnen ist auf ein Minimum reduziert und unterliegt einem strengen Verfallsdatum und Löschzwang.

Pre-Send-Check: Jede Kampagne durchläuft vor dem Versand eine obligatorische Checkliste: Ist die Zielgruppe aktuell? Wurden die Sperrlisten geladen? Liegt die Rechtsgrundlage für alle Empfänger vor?“

(4) Erforderliche Nachweise

Pre-Send-Checkliste: Das ausgefüllte und abgezeichnete Protokoll vor Kampagnenstart. Suppression-List-Log: Technischer Nachweis des Abgleichs der Sperrlisten. Prozessdiagramm: Datenfluss zwischen CRM und Marketing-Automation (Synchronisation).

Modul 12: Betroffenenrechte (Kapitel 12)

(1) Die Stress-Frage

„Wie stellen Sie sicher, dass eine Auskunft nach Art. 15 DSGVO vollständig ist – also auch Daten bei Dienstleistern, in Archiven und in E-Mails umfasst? Nennen Sie uns die konkreten Empfänger Ihrer Daten, nicht nur Kategorien.“

(2) Analyse des Prüfungshintergrunds

Der Europäische Gerichtshof (EuGH) hat in der Rechtssache C-154/21 klargestellt, dass Betroffene ein Recht auf Nennung der konkreten Empfänger (Namen) haben, nicht nur auf Kategorien (zum Beispiel „IT-Dienstleister“).[81] Pauschale Aussagen reichen nicht mehr. Zudem ist die Vollständigkeit der Auskunft ein Schwerpunkt der europäischen Prüfaktionen (CEF 2024 zum Auskunftsrecht, CEF 2025 zum Löschrecht). Unvollständige Auskünfte führen oft zu Beschwerden und Bußgeldern.

(3) Auditfeste Antwortstrategie

„Unser Prozess zur Erfüllung von Betroffenenrechten ist standardisiert und europarechtskonform:

81 Vgl. EuGH, Urt. vom 12.1.2023 – C-154/21 (Österreichische Post), Rn. 36 ff., wonach der Betroffene grundsätzlich das Recht hat, die konkrete Identität der Empfänger zu erfahren.

Vollständigkeit: Wir nutzen unsere „Datenlandkarte“ als Suchindex, um sicherzustellen, dass wir alle relevanten Speicherorte (inklusive produktiver Archive und externer Dienstleister) abfragen. Wir verlassen uns nicht nur auf das CRM.

Konkrete Empfänger: Wir führen eine aktuelle Liste aller Datenempfänger. Auf Wunsch des Betroffenen benennen wir diese konkret namentlich, wie vom EuGH gefordert. Wir verstecken uns nicht hinter Kategorien.

Identifikation und Frist: Wir prüfen die Identität des Anfragenden angemessen (keine exzessiven Datenabfragen), um Datenlecks zu vermeiden, und überwachen die Monatsfrist durch ein Ticketsystem.“

(4) Erforderliche Nachweise

Prozessbeschreibung Betroffenenrechte: Ablaufdiagramm von Eingang bis Antwort. Empfängerliste: Aktuelle Liste der Partner/Dienstleister mit Klarnamen. Muster-Antwortschreiben: Vorlagen für Auskunft und Löschung, die alle Pflichtangaben nach Art. 15 enthalten.

Modul 13: Internationaler Datentransfer (Kapitel 13)

(1) Die Stress-Frage

„Nutzen Sie US-Cloud-Dienste? Auf welche Transfergrundlage stützen Sie sich (DPF, SCC)? Haben Sie ein „Transfer Impact Assessment“ (TIA) durchgeführt und geprüft, ob Ihre Dienstleister zertifiziert sind?“

(2) Analyse des Prüfungshintergrunds

Seit dem „Schrems II“-Urteil und dem neuen „EU-US Data Privacy Framework“ (DPF) ist der Drittlandtransfer ein Minenfeld. Die bloße Unterschrift unter Standardvertragsklauseln (SCC) reicht oft nicht mehr aus; es muss geprüft werden, ob das Schutzniveau im Zielland faktisch gewährleistet ist (TIA). Behörden prüfen, ob Unternehmen blind auf US-Dienste setzen oder eine bewusste Risikoentscheidung getroffen haben.

(3) Auditfeste Antwortstrategie

„Wir verfolgen beim internationalen Datentransfer einen zweistufigen, risikobasierten Ansatz:

Vorrang für EU: Wo immer möglich, bevorzugen wir Hosting und Verarbeitung innerhalb der EU/EWR.

Drittlandtransfers (USA/Andere): Für US-Dienste prüfen wir primär die Zertifizierung unter dem „Data Privacy Framework“ (DPF). Ist ein Dienstleister dort gelistet, stützen wir uns auf den Angemessenheitsbeschluss. Falls nicht (oder bei Transfers in andere Drittländer), nutzen wir die aktuellen EU-Standardvertragsklauseln (SCC) und führen ergänzend ein „Transfer Impact Assessment“ (TIA) durch. Dabei bewerten wir die Rechtslage im Drittland und implementieren bei Bedarf zusätzliche technische Schutzmaßnahmen (zum Beispiel Verschlüsselung mit Customer-Managed-Keys), um den Zugriff Dritter zu verhindern.“

(4) Erforderliche Nachweise

TIA-Dokumentation: Risikoeinschätzung für Drittlandtransfers. SCC-Verträge: Unterschriebene Standardklauseln (Modul 1-4). DPF-Check: Screenshot der Zertifizierung des Anbieters auf der DPF-Website.

Modul 14: Der „30-Tage-Plan“ und Selbst-Audit (Kapitel 14)

(1) Die Stress-Frage

„Wann haben Sie Ihre Datenschutzprozesse zuletzt auf Wirksamkeit überprüft? Zeigen Sie uns den Bericht Ihres letzten internen Audits und den Status der Maßnahmenumsetzung.“

(2) Analyse des Prüfungshintergrunds

Art. 32 Abs. 1 lit. d DSGVO fordert explizit ein Verfahren zur regelmäßigen Überprüfung, Bewertung und Evaluierung der Wirksamkeit der technischen und organisatorischen Maßnahmen. Wer hier kein Audit vorweisen kann, handelt fahrlässig. Behörden wollen sehen, dass Datenschutz kein einmaliges Projekt, sondern ein lebender Prozess ist (PDCA-Zyklus: Plan-Do-Check-Act). Ein Audit-Bericht mit offenen Punkten ist besser als gar kein Bericht.

(3) Auditfeste Antwortstrategie

„Wir verstehen Datenschutz als kontinuierlichen Verbesserungsprozess und praktizieren ein aktives Qualitätsmanagement:

Selbst-Audit: Einmal jährlich führen wir einen strukturierten „Health Check“ für unseren Bereich durch, basierend auf unserer internen Checkliste und aktuellen Prüfungsschwerpunkten der Aufsichtsbehörden.

30-Tage-Plan: Identifizierte Lücken werden nicht ignoriert, sondern in einen Maßnahmenplan überführt. Dieser weist jedem Defizit eine klare Verantwortlichkeit und eine Frist zu.

Change Management: Bei wesentlichen Änderungen (neue Software, neue Strategie) führen wir anlassbezogene Reviews durch („Privacy by Design"). Der Bericht unseres letzten Audits vom XX liegt vor und zeigt den Fortschritt der Maßnahmen."

(4) Erforderliche Nachweise

Audit-Bericht: Protokoll der letzten Selbstprüfung mit Feststellungen. Maßnahmenplan: Liste offener und erledigter To-dos (Action Plan). Change-Log: Dokumentation von wesentlichen Änderungen an Systemen oder Prozessen.

Fazit: Von der Angst zur Routine

Diese 14 Fragen sind keine theoretische Übung, sondern spiegeln den aktuellen Standard behördlicher Prüfungen wider. Sie decken die gesamte Bandbreite von der grundlegenden Organisation (Kapitel 1) über technische Sicherheit (Kapitel 3) bis hin zu spezialisierten Themen wie KI (Kapitel 6) und internationalen Transfers (Kapitel 13) ab.

Wer diese Fragen beantworten kann, beweist nicht nur Compliance, sondern Management-Qualität. Datenschutz ist im Jahr 2026 kein Nischenthema der Rechtsabteilung mehr, sondern eine Kernkompetenz für Führungskräfte, die operative Risiken (Ransomware, Bußgelder, Vertrauensverlust) minimieren wollen.

Empfehlung: Nutzen Sie diesen Fragenkatalog als Living Document. Führen Sie einmal im Jahr eine interne „Mock Audit"-Session durch, bei der Sie diese Fragen im Führungskreis simulieren. Wenn Sie die Antworten flüssig geben und die Nachweise („die Akte") innerhalb von Minuten vorlegen können, sind Sie „auditfest".

Epilog

Vom Bremsklotz zum Wettbewerbsvorteil – Ein neues Mindset für Vertrieb, Marketing und Sales

Wir sind am Ende dieses Buches angelangt. Vermutlich schwirrt Ihnen etwas der Kopf vor Paragrafen, Urteilen, Checklisten zur Einwilligung und Anforderungen an die Datenlöschung. Es ist nur allzu verlockend, dieses Buch nun mit einem tiefen Seufzer zu schließen und den Datenschutz im Arbeitsalltag weiterhin als das zu betrachten, was er in vielen Unternehmen nach Meinung vieler Mitarbeitenden angeblich immer noch ist: eine lästige Pflichtübung, ein bürokratischer Bremsklotz, der kreative Kampagnen verlangsamt, den Vertriebsprozess verkompliziert und Ressourcen bindet, die Sie lieber in die Kundenakquise stecken würden.

Doch ich lade Sie ein, diesen Perspektivwechsel, den wir in den vergangenen Kapiteln angestoßen haben, nun konsequent zu Ende zu denken. Was wäre, wenn wir den Datenschutz nicht länger als Limitierung Ihres Geschäftsmodells begreifen, sondern als dessen ultimative Qualitätssicherung? Was, wenn der Datenschutzbeauftragte nicht der „Verhinderer" vom Dienst ist, sondern Ihr wichtigster Verbündeter im Kampf um die wertvollste Ressource des 21. Jahrhunderts: das Vertrauen Ihrer Kunden?

Sie geben eine Kampagne frei. Das Tracking läuft. Dashboards füllen sich. Segmente werden schärfer, Lookalikes größer, Scores feiner. Und irgendwo zwischen „Conversion" und „Customer Lifetime Value" liegt eine Frage, die im Meeting selten auf der Agenda steht: Was machen wir mit der Macht, die wir gerade aufbauen?

Moderne Datenanalyse ist längst mehr als Reichweitenmessung. Sie ist Verhaltensprognose. Sie ist Selektion. Und manchmal – leise, effizient, gut begründet – ist sie Ausschluss. Datenschutz ist der Versuch, diese technische Macht an etwas zu binden, das älter ist als jedes Tool: an die Würde und Freiheit des Menschen.

Das strategische Fundament der digitalen Ökonomie heißt Vertrauen

In einer vernetzten Welt, in der Daten oft als das „neue Öl" bezeichnet werden, ist Vertrauen die Währung, die den Datenfluss erst ermöglicht. Die Bundesbeauftragte für den Datenschutz und die Informationsfreiheit (BfDI), Prof. Dr. *Louisa Specht-Riemenschneider*, brachte diese strategische Dimension in einem Interview prägnant auf den Punkt: „Datenschutz ist Vertrauensfaktor und Vertrauen in einen digitalen Dienst kann einen wirtschaftlichen Vorteil bedeuten.“[82]

Ihre Kunden – ob im B2B- oder B2C-Bereich – sind sensibler denn je. Sie wissen, dass ihre Daten einen monetären Wert haben, und sie spüren das wachsende Unbehagen einer ständigen digitalen Überwachung. Skandale um Datenlecks und intransparente Datenbroker haben eine Atmosphäre der Skepsis geschaffen. Wenn Ihr Unternehmen in diesem Umfeld glaubhaft signalisiert: „Wir schützen deine Daten nicht nur, weil wir es müssen, sondern weil wir dich und deine Privatsphäre respektieren“, dann verwandeln Sie eine abstrakte Rechtspflicht in ein konkretes, emotionales Kundenversprechen. Datenschutz wird so zu einem integralen Bestandteil Ihrer Marke, zu einem „Location Advantage“ in einem globalen Markt, der oft durch Wildwest-Methoden geprägt ist.

Tim Cook, CEO von Apple, formulierte es drastisch, aber treffend: „Wir lehnen die Vorstellung ab, dass unsere Kunden zwischen Privatsphäre und Sicherheit [oder Komfort] wählen müssen.“[83] Sie müssen es nicht. Sie können beides bieten – und genau das wird in Zukunft Ihr stärkster USP (Unique Selling Proposition) sein. Ein Kunde, der Ihnen vertraut, kauft nicht nur einmal; er kauft wieder und empfiehlt Sie weiter.

Datenschutz als knallhartes Qualitätsmanagement

Lassen Sie uns für einen Moment die Datenschutz-Brille ablegen und auf die nackten Zahlen schauen. Hand aufs Herz: Wie viel Prozent Ihrer CRM-Datenbank sind wirklich wertvoll? Wie viele Datensätze sind veraltet, Dubletten, Karteileichen oder Kontakte, die eigentlich nie wirkliches Interesse hatten? Schlechte Datenqualität kann erhebliche Effizienz- und Umsatzeffekte haben; zugleich binden veraltete oder redundante Datensätze messbar Zeit in Vertrieb und Marketing.

Der Datenschutz zwingt uns hier zu einer längst überfälligen Datenhygiene. Die Prinzipien der Datensparsamkeit, der Richtigkeit und der Speicherbegrenzung sind keine behördliche Schikane, sondern eine unternehmerische Tugend. Indem

82 Prof. Dr. Specht-Riemenschneider, Louisa (2024/2025): „Datenschutz ist Vertrauensfaktor.“ Interview in: Karriereführer – Recht, Ausgabe 2024/2025, S. 2 (zu finden unter: karrierefuehrer.de)

83 Cook, Tim (2015): Rede beim „Champions of Freedom“-Event des Electronic Privacy Information Center (EPIC). Washington, D.C., 2.6.2015. (Zitat: „We reject the idea that our customers should have to make tradeoffs between privacy and security.“); vgl. auch Cook, Tim (2018): Keynote auf der 40. Internationalen Konferenz der Datenschutzbeauftragten, Brüssel (Zitat: „Privacy is a fundamental human right“).

die DSGVO Sie zwingt, alte und irrelevante Daten zu löschen, reinigt sie Ihren Vertriebstrichter. Weniger Streuverlust: Wer nur die Daten sammelt, die er wirklich braucht, und nur die Kunden kontaktiert, die wirklich eingewilligt haben, erhöht automatisch seine Effizienz. Höhere Konversionsraten: Eine Datenbank mit 5.000 hochrelevanten, aktuellen Kontakten ist wertvoller als eine „Daten-Müllhalde“ mit 50.000 Adressen, von denen die Hälfte nicht mehr existiert.

Seth Godin, einer der Vordenker des modernen Marketings, erkannte schon lange vor der DSGVO: „Permission Marketing turns strangers into friends and friends into loyal customers.“[84] Eine datenschutzkonforme Einwilligung (Opt-in) ist weit mehr als ein Haken in einer Checkbox; sie ist das digitale Äquivalent eines Kunden, der Ihnen die Tür öffnet und Sie hereinbittet. Wer diese Tür eintritt (durch Dark Patterns, unklare Banner oder gekaufte Adressen), wird hinausgeworfen. Wer anklopft, transparent erklärt, warum er da ist, und höflich um Erlaubnis fragt, wird zum willkommenen Gast.

Rechtssicherheit als Innovationsmotor

Oft wird geklagt, der Datenschutz verhindere Innovationen, gerade im Bereich KI und Big Data. Doch ein robuster Datenschutzprozess schafft klare Leitplanken, innerhalb derer Sie Vollgas geben können. Wer das Prinzip „Privacy by Design“ (ein Konzept von Dr. *Ann Cavoukian*, das auf ein „Positivsummenspiel“ setzt[85]) ernst nimmt, baut Produkte und Kampagnen, die nicht nachträglich von der Rechtsabteilung gestoppt werden müssen. Das spart Kosten, Zeit und Nerven. Anstatt Ressourcen in die Umgehung von Regeln zu stecken, investieren Sie in kreative Lösungen, die innerhalb der Regeln begeistern.

Fazit: Agieren statt Reagieren

Hören Sie auf, nach Lücken im Gesetz zu suchen. Fangen Sie an, Lücken im Vertrauen Ihrer Kunden zu schließen. Nutzen Sie den Datenschutz als Filter, der das Rauschen aus Ihren Systemen entfernt und die klaren Signale echter Kundeninteressen übriglässt.

---

84 *Godin, Seth* (1999): Permission Marketing: Turning Strangers Into Friends And Friends Into Customers. Simon & Schuster, New York. (Hierin begründet Godin das Konzept, dass Aufmerksamkeit ein Privileg ist, kein Recht)

85 *Cavoukian*, Ann (2011): Privacy by Design: The 7 Foundational Principles. Information & Privacy Commissioner of Ontario, Kanada. Insb. Prinzip 4: „Full Functionality – Positive-Sum, not Zero-Sum“.

Nehmen Sie die Rolle des Datenschützers in Ihrem Team nicht als „Bedenkenträger" wahr, sondern als „Qualitätsmanager". Wenn Marketing, Vertrieb und Datenschutz an einem Strang ziehen, entsteht eine Synergie, die weit mächtiger ist als die Summe ihrer Teile. Sie schaffen ein Unternehmen, das nicht nur legal operiert, sondern legitim. Und in der Wirtschaft von morgen ist Legitimität der Schlüssel zum dauerhaften Erfolg.

Lassen Sie uns den Datenschutz also nicht als das Ende des Marketings begreifen, sondern als den Beginn eines besseren, respektvolleren, effizienteren und letztlich erfolgreicheren Dialogs mit unseren Kunden.

Viel Erfolg bei der Umsetzung!

Abbildung 11: Epilog

Anhänge

Anhang 1 – Muster-Checklisten

A1.1 Checkliste „Rolle der Führungskraft im Datenschutz“

Kreuzen Sie an, was in Ihrem Bereich bereits umgesetzt ist. Alles, was Sie nicht ankreuzen können, ist ein Kandidat für Ihren 30-Tage-Plan.

A. Verantwortung und Delegation

☐ Für jede zentrale Verarbeitung (zum Beispiel Kampagnen, CRM, Portale, Loyalty-Programme, Partnerprogramme) ist ein fachlich verantwortlicher Owner benannt.

☐ Zuständigkeiten und Vertretungen sind schriftlich dokumentiert (zum Beispiel Delegationsmatrix, Rollenbeschreibungen).

☐ Es ist klar geregelt, welche Entscheidungen bei der Bereichsleitung bleiben (zum Beispiel Freigabe neuer Kanäle, neuer Datenquellen, neuer Kooperationen) und welche delegiert sind.

☐ Delegierte Personen verfügen über ausreichende Befugnisse, Zeit und Qualifikation, um ihre Aufgabe wahrzunehmen.

B. Zusammenarbeit mit DSB, IT, HR, Legal

☐ Es gibt einen klaren Standardprozess, wie neue Projekte, Tools oder Kooperationen frühzeitig mit Datenschutzbeauftragten, IT, HR und Legal abgestimmt werden.

☐ Für Datenschutzfragen im Bereich gibt es klare Ansprechpersonen und Meldewege (zum Beispiel Funktionspostfächer, Ticketsystem oder feste Datenschutzkoordinatoren).

☐ Ergebnisse von Beratungen (zum Beispiel „Tool freigegeben mit Auflagen“, „Kampagne nur mit bestimmten Zielgruppen“) werden kurz protokolliert und abgelegt.

C. Rechenschaft und Dokumentation

☐ Für wesentliche Verarbeitungen liegen Kurzbeschreibungen vor (Zwecke, Datenarten, Rechtsgrundlage, Empfänger, Löschfristen).

☐ Die Prozesse des Bereichs sind im Verzeichnis von Verarbeitungstätigkeiten erfasst und aktuell.

☐ Es gibt Nachweise über Schulungen im Bereich (zum Beispiel Teilnahme an E-Learnings, Präsenzschulungen, Team-Workshops, Webinare).

☐ Die Ablageorte für Datenschutzdokumente (Verzeichnis, Verträge, Freigaben, Datenschutzverletzungs-Dokumentationen) sind bekannt und zentral zugänglich.

D. Typische Fehlannahmen (Reality-Check)

☐ Im Führungskreis ist klar, dass B2B-Daten häufig personenbezogene Daten sind (zum Beispiel vorname.nachname@firma.de).

☐ Es ist bekannt, dass der Datenschutzbeauftragte berät, aber nicht die Verantwortung übernimmt.

☐ Einwilligungen werden nicht nur als „Häkchen im Tool“, sondern als rechtlich wirksame Einwilligung verstanden (Transparenz, Widerruf, Koppelungsverbot).

☐ Datenschutz wird nicht nur als „Bremse“, sondern als Faktor für Vertrauen und Reputation gesehen.

A1.2 Checkliste „Was gehört in die Akte?“ – prüffeste Dokumentation

Tragen Sie jeweils auch den Ablageort (zum Beispiel Pfad im Intranet, SharePoint, Laufwerk) und die verantwortliche Person ein.

A. Organisationsunterlagen

☐ Aktuelles Organigramm des Bereichs mit Zuordnung der wesentlichen Datenverarbeitungen (zum Beispiel CRM, Portale, Loyalty, Kampagnen, Partnerprogramme).

Ablageort: ____________________

Verantwortlich: ________________

☐ Delegationsmatrix, aus der hervorgeht: Wer verantwortet welche Prozesse? Wer entscheidet über Kampagnen, Tools, Dienstleister, Budgets?

Ablageort: ____________________

Verantwortlich: ________________

☐ Schriftliche Vertretungsregelungen für Schlüsselrollen (Kampagnenverantwortliche, CRM-Owner, Portal-Owner, Projektverantwortliche für Datenkooperationen).

Ablageort: ____________________

Verantwortlich: ________________

B. Rollen- und Aufgabenbeschreibungen

☐ Kurzbeschreibungen der Rollen mit Datenbezug (zum Beispiel „CRM-Owner", „Campaign Lead", „Key Account Manager", „Project Lead Data Cooperation").

Ablageort: ____________________

Verantwortlich: ________________

☐ Dokument, das die Einbindung von DSB, IT, HR, Legal beschreibt (zum Beispiel „ab welchen Schwellen" welche Funktion zu beteiligen ist).

Ablageort: ____________________

Verantwortlich: ________________

C. Kommunikations- und Entscheidungsdokumente

☐ Bereichs-Memo oder E-Mail, in dem Zuständigkeiten und Meldewege im Datenschutz festgelegt sind (vgl. Mustertext in Anhang 2).

Ablageort: ____________________

Verantwortlich: ________________

☐ Protokolle wichtiger Abstimmungsrunden (zum Beispiel Einführung neuer Tools, Start von Loyalty-Programmen, Datenkooperationen mit Partnern, größere Kampagnenprojekte).

Ablageort: ____________________

Verantwortlich: ________________

D. Nachweise zur Rechenschaftspflicht

☐ Auszüge aus dem Verzeichnis von Verarbeitungstätigkeiten für Prozesse im Bereich Marketing/Sales/Vertrieb.

Ablageort: ____________________

Verantwortlich: ________________

☐ Kurznotizen oder Risikoabschätzungen zu kritischen Themen (zum Beispiel Rechtsgrundlage, Interessenabwägung, Auswahl von Dienstleistern, Data-Clean-Room-Konzepte).

Ablageort: ____________________

Verantwortlich: ________________

☐ Schulungsnachweise für Mitarbeitende und Führungskräfte (zum Beispiel Teilnahmeberichte, E-Learning-Auszüge, Präsentationen von Team-Sessions).

Ablageort: ____________________

Verantwortlich: ________________

E. Relevante Unterlagen für Datenschutzverletzungen

☐ Beschreibung der Meldewege bei Datenschutzvorfällen (Flussdiagramm, One-Pager, Verweis auf Datenschutzverletzungs-Prozess in Teil II/Teil III).

Ablageort: ____________________

Verantwortlich: ________________

☐ Vorlagen/Formulare für Datenschutzverletzungs-Meldungen und -Logs (siehe Anhang 2, Incident-Log-Muster).

Ablageort: ____________________

Verantwortlich: ________________

A1.3 Checkliste „Was gehört in die Akte?" – prüffeste Dokumentation für Rechtsgrundlagen, Einwilligungen, UWG, TDDDG

Diese Checkliste hilft Ihnen, für jede relevante Maßnahme in eine prüffeste Akte zu Rechtsgrundlagen, Einwilligungen, Interessenabwägungen und Werbebeschränkungen aufzubauen.

A. Basisdokumentation der Verarbeitung

Für jede wichtige Maßnahme sollte mindestens Folgendes in der Akte liegen:

1. Kurzbeschreibung der Maßnahme

☐ Titel der Maßnahme/Kampagne

☐ Kurzbeschreibung in 2–3 Sätzen

☐ Verantwortlicher Fachbereich und Kontaktperson

2. Zweck(e) der Verarbeitung

☐ Primärer Zweck (zum Beispiel Kampagne, CRM-Pflege, Reporting, Upselling)

☐ Gegebenenfalls sekundäre Zwecke (zum Beispiel interne Statistik, Optimierung)

☐ Abgrenzung: Was ist Service-/Vertragskommunikation, was ist Werbung?

(1) Betroffene Personengruppen

☐ Bestandskunden

☐ ehemalige Kunden

☐ Leads/Interessent:

☐ Mitarbeitende (zum Beispiel interne Newsletter)

☐ B2B-Ansprechpartner (zum Beispiel Key Accounts, Travel Manager)

(2) Datenarten

☐ Stammdaten (Name, Adresse, Kontaktdaten)

☐ Vertrags-/Buchungsdaten

☐ Nutzungs-/Trackingdaten

☐ Profil-/Segmentinformationen (zum Beispiel Branche, Status, Präferenzen)

☐ Gegebenenfalls besondere Kategorien (nur in Ausnahmefällen; mit ausdrücklicher Einwilligung)

B. Rechtsgrundlagen nach DSGVO

1. Rechtsgrundlagen nach Art. 6 DSGVO

☐ Art. 6 Abs. 1 lit. b – Vertrag/Vertragsanbahnung

☐ Art. 6 Abs. 1 lit. c – rechtliche Verpflichtung (zum Beispiel Aufbewahrungspflichten)

☐ Art. 6 Abs. 1 lit. f – berechtigtes Interesse (zum Beispiel Direktwerbung, CRM-Pflege)

☐ Art. 6 Abs. 1 lit. a – Einwilligung (zum Beispiel Newsletter, Tracking)

☐ Begründung, warum die gewählte Rechtsgrundlage passt (1–3 Sätze)

☐ Gegebenenfalls dokumentierte Interessenabwägung bei Art. 6 Abs. 1 lit. f DSGVO

2. Besondere Kategorien (Art. 9 DSGVO) – nur wenn relevant

☐ Klare Prüfung, ob besondere Kategorien betroffen sind

☐ Gegebenenfalls ausdrückliche Einwilligung nach Art. 9 Abs. 2 lit. a DSGVO dokumentiert

C. Werberecht (§ 7 UWG) und Kommunikationskanäle

Kanalbezogene Prüfung nach § 7 UWG:

- E-Mail/SMS
  - ☐ Liegt eine Einwilligung vor?
  - ☐ Oder greifen die Voraussetzungen des Bestandskundenprivilegs (§ 7 Abs. 3 UWG)?
  - ☐ Widerspruchsmöglichkeiten sind in jeder Nachricht klar ausgewiesen.
- Telefon
  - ☐ B2C: dokumentierte Einwilligung
  - ☐ B2B: sachlicher Bezug und „mutmaßliche Einwilligung“ plausibel begründet

- Postalische Werbung
  - ☐ Berechtigtes Interesse dokumentiert (Art. 6 Abs. 1 lit. f DSGVO)
  - ☐ Widersprüche werden in Sperrlisten geführt und beachtet

In der Akte sollte liegen:

☐ Kurzvermerk, warum Werbung auf dem jeweiligen Kanal zulässig ist

☐ Gegebenenfalls Mustertexte (zum Beispiel Hinweis auf Widerspruch) in der verwendeten Fassung

D. Telekommunikations-Datenschutz (§ 25 TDDDG)

Einsatz von Cookies/IDs/Tracking-Technologien

☐ Auflistung der eingesetzten Tools (Analytics, A/B-Testing, Remarketing etc.).

☐ Zuordnung: technisch notwendige Funktionen, Statistik/PerformanceMarketing/Personalisierung.

☐ Einwilligungspflicht geprüft (insb. § 25 TDDDG).

☐ Consent-Mechanismus dokumentiert (zum Beispiel CMP, Banner-Layout, Kategorien).

☐ Formale Trennung dokumentiert: § 25 TDDDG-Prüfung (Endgerät) und Art. 6 DSGVO-Prüfung (personenbezogene Daten) – Ergebnis je Tool festgehalten.

☐ Einwilligungs-Nachweis belastbar: Consent-Logs/Export (Zeitstempel, Version, Banner-Text, Kategorie, Widerruf), nicht nur „Consent = ja.

☐ Vendor-Kette abgesichert: Verträge/DP-Anhänge/Order-Formulare mit Tracking-Anbietern und Agenturen prüfen: Wer setzt was wann? Wer liefert den Consent-Nachweis?

☐ Kontrollpunkt: Stichproben-Test (Tag-Audit): Lädt „Marketing“ wirklich erst nach Opt-in? (Browser-DevTools/Tag-Manager-Preview).

☐ Rechtsrisiko-Hinweis in der Akte: Toolanbieter kann bei fehlendem Einwilligungs-Nachweis in Anspruch genommen werden flicht geprüft.

In der Akte sollte liegen:

☐ Screenshots des Consent-Banners (Stand, Version, Datum).

☐ Kurzbeschreibung, wann welche Kategorien geladen werden.

☐ Hinweis, wo und wie Consent-Logs gespeichert werden (System, Felder).

☐ Export/Protokoll der CMP-Konfiguration (Version, Vendor-Liste, Kategorien).

☐ Tool-Liste (Tag-Inventory) mit Zweck, Kategorie, Trigger, Rechtsgrundlage.

☐ Nachweis der letzten technischen Prüfung (Datum, Prüfer, Ergebnis).

E. Prozesse: Widerspruch, Widerruf, Betroffenenrechte

1. Widerspruch/Widerruf

☐ Dokumentierte Prozesse, wie Widersprüche gegen Werbung erfasst werden.

☐ Technische Umsetzung: Sperrlisten/Opt-out-Felder im CRM/in den Mailing-Systemen.

☐ Klarer Ansprechpartner im Fachbereich für Rückfragen.

2. Weitere Betroffenenrechte

☐ Prozessbeschreibungen für Auskunft, Berichtigung, Löschung, Einschränkung.

☐ Klare Zuständigkeiten: Fachbereich/DSB/Legal/IT.

F. Freigabe, Gültigkeit und Versionierung

1. Freigabe der Maßnahme

☐ Fachliche Freigabe (zum Beispiel Marketing-/Sales-Verantwortliche:r).

☐ Datenschutz-/Legal-Freigabe, wenn erforderlich.

☐ Datum und Versionsstand der geprüften Unterlagen.

2. Versionierung

☐ Klar erkennbar, welche Textversion (Einwilligung, Banner, Datenschutzhinweis) wann galt.

☐ Alte Versionen archiviert, aber als „nicht mehr gültig" gekennzeichnet.

A1.4 Checkliste „Ihre Datenlandkarte in 10 Schritten"

Diese Checkliste können Sie direkt für Ihren Bereich nutzen.

- Scope festlegen: Bereich/Gesellschaft/Regionen definieren, die in die Landkarte einbezogen werden.
- Kernprozesse benennen: 5–7 Prozesse aus Marketing, Sales und Vertrieb (Kampagnen, CRM, Portale, Lead-Management, Loyalty, B2B) auflisten.
- Systeme pro Prozess erfassen: Für jeden Prozess: Welche Systeme werden genutzt (inklusive Test- und Reporting-Systeme)?
- Personengruppen und Datenkategorien zuordnen: Pro System: Bestandskunden, Leads, B2B-Kontakte, Tracking-Daten? Welche Datenkategorien?
- Schnittstellen skizzieren: Einfaches Diagramm oder Tabelle: Wer sendet Daten an wen – intern und extern?
- Verantwortliche benennen: Pro System und Schnittstelle: fachlich Verantwortliche und technische Ansprechpartner.

- Dienstleister und Verträge ergänzen: Welche Auftragsverarbeiter oder gemeinsam Verantwortliche sind angebunden? Wo liegen Verträge und AV- beziehungsweise JC-Vereinbarungen?
- Blinde Flecken identifizieren: Exporte, Schattenlisten, Agenturtools, Alt-Systeme zusammentragen.
- Pflegeprozess definieren: Wer aktualisiert die Landkarte? In welchen Abständen? Wie werden Änderungen angestoßen (zum Beispiel bei neuen Tools, Kampagnen, Kooperationen)?
- Verzahnung mit Datenschutzverletzungs- und Meldewegen: Verweis auf Kapitel 9 und 10: Wo ist die Landkarte im Datenschutzverletzungs-Playbook verankert? Wer nutzt sie im Ernstfall?

▶ Halten Sie die Landkarte so einfach, dass sie genutzt wird. Lieber eine Seite mit 90 % Treffsicherheit als ein perfektes, aber veraltetes Monster-Diagramm.

A1.5 Checkliste „Was gehört in die Akte?“ – prüffeste Dokumentation zur Datenlandkarte

Für eine prüffeste Dokumentation sollten Sie zu diesem Kapitel eine eigene Akte anlegen (physisch oder digital). In die Akte gehören insbesondere:

Kurzbeschreibung der Datenlandkarte:

- Ziel und Scope (Bereich, Gesellschaft, Regionen)
- Datum der letzten Aktualisierung
- Verantwortliche Person/Stelle

Übersichtsdokument(e):

- Visuelle Darstellung der Prozesse und Systeme (zum Beispiel eine Seite „Datenlandkarte“)
- Tabelle mit:
  - Prozess
  - System
  - Personengruppen
  - Datenkategorien
  - Verantwortliche
  - Dienstleister/Verträge

Schnittstellen- und Exportübersicht:

- Liste der wesentlichen Schnittstellen (intern/extern).
- Beschreibung kritischer Exporte (CSV, Excel, Reports), inklusive Löschfristen.

Blinde-Flecken-Protokoll:

- Kurznotizen zu identifizierten Schattenlisten, Alt-Systemen, Agenturtools.
- getroffene Maßnahmen (zum Beispiel Löschung, Migration, Formalisierung).

Abstimmungs- und Freigabedokumente:

- Protokolle oder E-Mails zur Abstimmung mit DSB, IT, Legal.
- Freigabe der Datenlandkarte durch Bereichsleitung.

Verknüpfung mit anderen Nachweisen:

- Verweis auf relevante Auszüge aus dem Verzeichnis von Verarbeitungstätigkeiten (Art. 30 DSGVO).
- Verweis auf Datenschutzverletzungen-Playbook (Kapitel 9 und 10) und Löschkonzept.

▶ Wenn Sie in einer Prüfung Ihre Datenlandkarte zeigen können – mit Stand, Owner und Schnittstellen – haben Sie einen bedeutenden Teil der Rechenschaftspflicht bereits erfüllt.

A1.6 Checkliste „Was gehört in die Akte?" – prüffeste Dokumentation zur Kommunikation

Für dieses Kapitel empfiehlt sich eine eigene Unterakte „Kommunikation und Kampagnenorganisation". Darin sollten Sie insbesondere ablegen:

- Standard-Kampagnenbriefing für Ihren Bereich mit Feldern für Zweck, Zielgruppe, Systems, Rechtsgrundlage, Dienstleister.
- Beschreibung des Kampagnen-Workflows (Kurzleitfaden oder Prozessgrafik) mit Rollen und Freigabepunkten.
- Kurzprotokolle relevanter Kampagnen mit höherem Risiko (Zweck, Zielgruppenlogik, Rechtsgrundlage, Freigabe, besondere Schutzmaßnahmen).
- Beispiele für Pre-Send-Checks, aus denen hervorgeht, dass Zielgruppen, Inhalte und Technik vor Versand geprüft wurden.
- Abstimmungsnachweise mit DSB/Legal, soweit diese eingebunden waren (zum Beispiel Einwilligungstexte, Sonderkampagnen, neue Kanäle).

A1.7 Checkliste „Was gehört in die Akte?" – Beschäftigtendaten im Team

Diese Checkliste hilft Ihnen, alle arbeits- und datenschutzrelevanten Unterlagen zum Umgang mit Leistungsdaten, Feedback und Krankheitsinformationen in einer eigenen Unterakte zu bündeln. Tragen Sie jeweils auch Ablageort und verantwortliche Person ein.

A. Grundlagen und interne Regelungen

☐ Aktuelle Richtlinie(n) oder Betriebs-/Dienstvereinbarung(en) zum Umgang mit Leistungs- und Verhaltensdaten (zum Beispiel Zielvereinbarungen, Leistungsbewertung, Reporting, Monitoring).

Ablageort: ______________________

Verantwortlich: __________________

☐ Regelungen zu Arbeitszeit, Abwesenheiten und Krankmeldungen (zum Beispiel Prozessbeschreibung „Krankmeldung", Vorgaben zur Informationsweitergabe im Team).

Ablageort: ______________________

Verantwortlich: __________________

☐ Kurze Bereichsregel „Umgang mit Beschäftigtendaten im Team" (zum Beispiel 1–2 Seiten Leitlinien: Was gehört in die Personalakte, was darf im Team kommuniziert werden, was nicht?).

Ablageort: ______________________

Verantwortlich: __________________

B. Rollen, Berechtigungen und Systeme

☐ Übersicht, welche Führungskräfte welche Beschäftigtendaten sehen dürfen (zum Beispiel Leistungskennzahlen, Zielvereinbarungen, Feedbackprotokolle, Abwesenheitsübersichten).

Ablageort: ______________________

Verantwortlich: __________________

☐ Rollen- und Rechtekonzept für die relevanten Systeme (zum Beispiel HR-Tool, Performance-Management-System, CRM-/Reporting-Tools mit Mitarbeitendenkennzahlen).

Ablageort: ______________________

Verantwortlich: __________________

☐ Kurzbeschreibung der Systeme, in denen Beschäftigtendaten des Bereichs verarbeitet werden (zum Beispiel Name des Systems, Zweck, Datenarten, Personenkreis mit Zugriff).
Ablageort: ____________________
Verantwortlich: ________________

C. Prozesse zu Leistung, Feedback und Entwicklung

☐ Standardprozess für Zielvereinbarungen und Leistungsbeurteilungen (zum Beispiel Ablaufdiagramm oder kurze Beschreibung mit Rollen, Fristen, Ablageorten).
Ablageort: ____________________
Verantwortlich: ________________

☐ Muster für Gesprächsprotokolle bei Feedback-, Entwicklungs- und Zielgesprächen (inklusive Hinweis, welche Inhalte in die Personalakte gehören und welche nicht).
Ablageort: ____________________
Verantwortlich: ________________

☐ Kurze Beschreibung, wie und in welchem Umfang Leistungskennzahlen in Berichten und Dashboards genutzt werden (zum Beispiel welche Kennzahlen auf Einzelpersonenebene, welche nur aggregiert dargestellt werden).
Ablageort: ____________________
Verantwortlich: ________________

D. Umgang mit Abwesenheiten und Krankheit

☐ Prozessbeschreibung „Umgang mit Krankheitsinformationen“ im Bereich (zum Beispiel wer erhält Informationen zur Arbeitsunfähigkeit, welche Inhalte sind zulässig, welche Kommunikationswege sind vorgesehen).
Ablageort: ____________________
Verantwortlich: ________________

☐ Musterformulierung(en) für Mitteilungen zu Abwesenheiten im Team (zum Beispiel Krankheit, Urlaub, Schulung), ohne Diagnosen und ohne Detailangaben.
Ablageort: ____________________
Verantwortlich: ________________

☐ Dokumentation, wo Gesundheitsdaten geführt werden dürfen (zum Beispiel ausschließlich in HR-/Gesundheitsakten, nicht in Teamordnern oder Projektprotokollen).
Ablageort: ____________________
Verantwortlich: ________________

E. Schulung, Information und Kommunikation

☐ Nachweise über Schulungen zum Umgang mit Beschäftigtendaten (zum Beispiel E-Learnings, Team-Sessions, Führungskräfteschulungen).
Ablageort: ____________________
Verantwortlich: ________________

☐ Informationsmail oder Leitfaden an das Team (zum Beispiel wie Leistungsdaten erhoben, ausgewertet und genutzt werden; wer Einblick hat und wie mit Fehlzeiten umgegangen wird).
Ablageort: ____________________
Verantwortlich: ________________

☐ Kurze FAQ-Liste oder One-Pager für Führungskräfte („Was gehört in die Personalakte?“, „Was darf im Team geteilt werden?“, „Was darf nicht in E-Mails/Chats stehen?“).
Ablageort: ____________________
Verantwortlich: ________________

F. Datenschutzverletzungen, Prüfungen und Stichproben

☐ Dokumentation von Vorfällen im Zusammenhang mit Beschäftigtendaten (zum Beispiel Offenlegung von Krankheitsinformationen, unzulässige Rankings, Fehlversand von Auswertungen).
Ablageort: ____________________
Verantwortlich: ________________

☐ Kurzberichte zu ergriffenen Maßnahmen nach solchen Vorfällen (zum Beispiel Anpassung von Berechtigungen, Änderung von Berichten, Nachschulung).
Ablageort: ____________________
Verantwortlich: ________________

☐ Stichprobenprotokolle (zum Beispiel Kontrollen von Zugriffsrechten, Berichtsinhalten, Einhaltung der Kommunikationsleitlinien im Team).
Ablageort: ____________________
Verantwortlich: ________________

▶ Wenn Sie diese Checkliste weitgehend abhaken können, sind Sie im Umgang mit Beschäftigtendaten nicht nur organisatorisch, sondern auch prüffest aufgestellt.

A1.8 Checkliste „Was gehört in die Akte?" – Geräte, Schatten-IT und mobile Arbeit

Diese Checkliste bündelt alle Unterlagen, mit denen Sie nachweisen können, dass Geräte-Einsatz, mobile Arbeit und der Umgang mit Schatten-IT in Ihrem Bereich bewusst organisiert und dokumentiert sind. Tragen Sie jeweils auch Ablageort und verantwortliche Person ein.

A. Bereichsregeln und Richtlinien

☐ Es gibt eine kurze Bereichsregel „Geräte, Tools und mobile Arbeit" (1–2 Seiten) mit Vorgaben zu

- Nutzung von Dienstgeräten,
- Umgang mit privaten Geräten (BYOD),
- Nutzung von Messengern und Kollaborationstools,
- Cloud-Speichern und Datei-Sharing,
- Screenshots und Fotos von Whiteboards,
- Umgang mit Schatten-IT und neuen Tools.

Ablageort: ______________________

Verantwortlich: ________________

☐ Relevante Konzern- oder Unternehmensrichtlinien (zum Beispiel Informationssicherheit, Mobile Work, BYOD, Cloud-Nutzung) sind bekannt und in der Bereichsregel verlinkt.

Ablageort: ______________________

Verantwortlich: ________________

☐ Es ist dokumentiert, ob und in welchem Umfang BYOD im Unternehmen/Bereich zugelassen ist (zum Beispiel Verbot, Container-Lösung, Sondervereinbarungen).

Ablageort: ______________________

Verantwortlich: ________________

B. Freigegebene Geräte, Tools und Plattformen

☐ Es liegt eine aktuelle Übersicht über die im Bereich eingesetzten Dienstgeräte vor (zum Beispiel Laptop-, Smartphone-, Tablet-Typen) inklusive grundsätzlicher Sicherheitskonfiguration (Verschlüsselung, MDM, VPN).

Ablageort: ____________________

Verantwortlich: ________________

☐ Es existiert eine Liste der freigegebenen Messenger- und Kollaborationstools (zum Beispiel Teams, Slack, Webex) mit Hinweis auf die zugelassenen Einsatzzwecke (intern, extern, keine Kundendaten etc.).

Ablageort: ____________________

Verantwortlich: ________________

☐ Es gibt eine Übersicht der freigegebenen Cloud-Speicher und Datei-Sharing-Plattformen (zum Beispiel SharePoint, OneDrive, definiertes Agenturportal) mit Standardregeln für Linkfreigaben (zum Beispiel „nur intern", „zeitlich befristet", „passwortgeschützt").

Ablageort: ____________________

Verantwortlich: ________________

☐ Zu jedem zentralen System (CRM, Kampagnen-Tool, Reporting, Portale) ist dokumentiert, welche Exporte zulässig sind und wo diese Exporte abgelegt beziehungsweise bis wann sie gelöscht werden sollen.

Ablageort: ____________________

Verantwortlich: ________________

C. Schatten-IT und Inventuren

☐ Es gibt Kurzprotokolle zu regelmäßig durchgeführten „Schatten-IT-Inventuren" im Bereich (zum Beispiel einmal jährlich): Welche Tools, Listen und Workarounds wurden identifiziert?

Ablageort: ____________________

Verantwortlich: ________________

☐ Für gefundene Schatten-IT liegen dokumentierte Entscheidungen vor, ob – die Nutzung beendet, in eine freigegebene Lösung überführt oder in engen Grenzen geduldet wird.

Ablageort: ____________________

Verantwortlich: ________________

☐ Agenturen und externe Dienstleister haben keine eigenen „Parallel-CRMs“ oder unkontrollierte Plattformen für Kundendaten – oder deren Einsatz ist ausdrücklich geprüft und dokumentiert.

Ablageort: ____________________

Verantwortlich: ________________

D. Prozesse für mobiles Arbeiten, Screenshots und Fotos

☐ Es liegt eine kurze Prozessbeschreibung „Mobiles Arbeiten im Bereich“ vor, die regelt: Nutzung von Geräten unterwegs (Zug, Hotel, Flughafen), Umgang mit vertraulichen Unterlagen und Bildschirmen in öffentlichen Räumen, Sperr- und Verschlüsselungsvorgaben.

Ablageort: ____________________

Verantwortlich: ________________

☐ Es gibt klare Vorgaben zum Umgang mit Screenshots, Bildschirmfotos und Whiteboard-Fotos (zum Beispiel wann erlaubt, wo zu speichern, wann zu löschen, keine Nutzung privater Messenger/Foto-Clouds).

Ablageort: ____________________

Verantwortlich: ________________

☐ Standards für Datei-Sharing und Linkfreigaben sind dokumentiert (zum Beispiel „keine „Jeder mit dem Link“-Freigaben für sensible Inhalte“).

Ablageort: ____________________

Verantwortlich: ________________

E. Schulung, Information und Kommunikation

☐ Es gibt Nachweise über Schulungen oder Team-Sessions zu mobilem Arbeiten, Gerätesicherheit, Schatten-IT und neuen Tools, Umgang mit Whiteboards, Screenshots und Messengern.

Ablageort: ____________________

Verantwortlich: ________________

☐ Ein Bereichs-Memo oder eine Informationsmail an das Team informiert über die wichtigsten Regeln (vgl. Muster in Anhang 2, A2.8).

Ablageort: ____________________

Verantwortlich: ________________

☐ Neue Mitarbeitende erhalten beim Onboarding Hinweise zu Geräten, Tools und mobilem Arbeiten, inklusive Verweis auf die Bereichsregel und die wichtigsten „Do's und Don'ts".

Ablageort: ____________________

Verantwortlich: ________________

F. Datenschutzverletzungen, Prüfungen und Stichproben

☐ Vorfälle im Zusammenhang mit Geräten, mobilen Arbeiten oder Schatten-IT (zum Beispiel Geräteverlust, Fehlversand über Messenger, ungesicherte Cloud-Ordner) sind dokumentiert – inklusive der getroffenen Maßnahmen.

Ablageort: ____________________

Verantwortlich: ________________

☐ Es gibt Stichprobenprotokolle (zum Beispiel regelmäßige Prüfungen von Cloud-Freigaben, Rechteprüfungen in Kollaborationstools, Durchsicht von Agenturzugriffen).

Ablageort: ____________________

Verantwortlich: ________________

☐ Erkenntnisse aus Datenschutzverletzungen oder Prüfungen wurden genutzt, um Regeln anzupassen (zum Beispiel Nachschärfung der Bereichsregel, Anpassung der Standardfreigaben, zusätzliche Schulung).

Ablageort: ____________________

Verantwortlich: ________________

▶ Wenn Sie diese Checkliste weitgehend abhaken können, sind Sie im Umgang mit Geräten, Schatten-IT und mobiler Arbeit nicht nur organisatorisch, sondern auch gegenüber Aufsichtsbehörden prüffest aufgestellt.

A1.9 „Was gehört in die Akte?" – Foto, Video und Social Media

In die Akte „Foto, Video und Social Media" gehören insbesondere:

A. Grundlagen und Zuständigkeiten

- Kurzbeschreibung der typischen Foto-/Video- und Social-Media-Aktivitäten im Bereich (zum Beispiel Events, Mitarbeitenden-Portraits, Social-Media-Kampagnen).

- Benennung der verantwortlichen Stelle und der internen Ansprechpersonen (Marketing/Kommunikation, HR, Datenschutz).
- Verweis auf das Verzeichnis der Verarbeitungstätigkeiten (Eintrag „Foto-/Videoaufnahmen und Social Media“ o. Ä.).
- Dokumentation der Rechtsgrundlagen (Art. 6 DSGVO, gegebenenfalls Art. 9 DSGVO, § 26 BDSG, Hausrecht, Einwilligung).

B. Planung von Foto- und Videoeinsätzen

- Event- oder Kampagnenkonzept mit Beschreibung von Zweck, Zielgruppen und Verwertungswegen der Aufnahmen.
- Risikoabwägung/gegebenenfalls DSFA-Bewertung (falls besondere Kategorien, Kinder, große Öffentlichkeitswirkung o. Ä. betroffen sind).
- Nachweis der Abstimmung mit Datenschutzbeauftragten/Legal (E-Mails, Freigabevermerke, Protokolle).

C. Informationspflichten und Einwilligungen

- Aktuelle Versionen der Foto-/Video-Hinweise für Einladungen, Landingpages und Aushänge vor Ort (vgl. Mustertexte Anhang 2 A2.10).
- Gegebenenfalls mehrsprachige Fassungen der Hinweise (Deutsch/Englisch oder weitere Sprachen).
- Muster-Einwilligungsformulare für Mitarbeitende und andere Beteiligte (vgl. Mustertext Anhang 2 A2.11).
- Dokumentierter Prozess zur Erfassung, Ablage und Löschung/Widerruf von Einwilligungen.

D. Verträge und Rollenklärung

- Verträge mit Fototeams, Film- und Media-Agenturen (inklusive Auftragsverarbeitung/Joint-Controllership, falls erforderlich).
- Gegebenenfalls NDAs/Vertraulichkeitsvereinbarungen mit Dienstleistern.
- Übersicht der genutzten Plattformen (zum Beispiel Social-Media-Plattformen, Media-Server, Cloud-Speicher) mit Rollenklärung (Verantwortlicher, Auftragsverarbeiter, Plattformbetreiber).

E. Technische und organisatorische Maßnahmen

- Dokumentation der Speicherorte (Server, Cloud, lokale Laufwerke, Systeme).
- Lösch- und Aufbewahrungskonzept für Foto- und Videoaufnahmen (Fristen, Verantwortlichkeiten, Ausnahmen).
- Regelungen zum Zugriff (wer darf Sichtung, Auswahl, Bearbeitung und Veröffentlichung vornehmen).

F. Durchführung von Events und Shootings

- Briefing-Unterlagen für Fototeams/Agenturen (Do's und Don'ts, No-Foto-Bereiche, sensible Situationen).
- Verfahren zur Kennzeichnung von Personen, die keine Aufnahmen wünschen (zum Beispiel farbige Badges, Sitzbereiche).
- Dokumentation von Widersprüchen und Widerrufen (Datum, betroffene Dateien/Kanäle, ergriffene Maßnahmen).

G. Veröffentlichung und Nutzung der Inhalte

- Freigabeprozess (interne Freigabe durch Fachbereich, Kommunikation/Brand, gegebenenfalls Rechtsabteilung).
- Übersicht der Veröffentlichungen (Welche Motive werden auf welchen Kanälen genutzt: Website, Social Media, Intranet, Print, Präsentationen).
- Standard-Hinweise in Social-Media-Guidelines und internen Regeln (vgl. Mustertext Anhang 2 A2.12).

H. Beschwerden, Vorfälle und Löschung

- Dokumentation von Anfragen, Beschwerden oder Löschbegehren zu Bildern/Videos (inklusive Reaktionszeiten und Ergebnissen).
- Incident-Log bei möglichen Datenschutzverletzungen (zum Beispiel unzulässige Veröffentlichung, falscher Personenkreis).
- Nachweis der Löschung/Depublikation (Screenshots, Bestätigungen von Dienstleistern/Plattformen).

I. Schulung und Awareness

- Inhalte und Unterlagen zu Schulungen/Briefings für Führungskräfte und Mitarbeitende (Foto-/Videoeinsatz, Social Media).
- Nachweise über durchgeführte Schulungen (Teilnehmerlisten, E-Learning-Berichte).

A1.10 „Was gehört in die Akte?" – Dienstleister und Agenturen

In die Akte „Dienstleister und Agenturen" gehören insbesondere:

A. Grundlagen und Zuständigkeiten

- Kurzbeschreibung der wichtigsten Dienstleister und Agenturen im Bereich Marketing/Sales/Vertrieb (zum Beispiel Kreativ-, Media-, Performance-Agenturen, Call-Center, Plattform- und SaaS-Anbieter).

- Zuordnung der jeweiligen Rolle: Auftragsverarbeitung (Art. 28 DSGVO), gemeinsame Verantwortlichkeit (Art. 26 DSGVO) oder eigener Verantwortlicher.
- Benennung der zuständigen fachlichen Owner im Bereich (zum Beispiel „Agentur-Owner“, „Tool-Owner“, „kampagnenverantwortliche Person“) und der Ansprechpersonen in Datenschutz/Legal.

B. Verträge und Leistungsbeschreibungen

- Hauptverträge (Rahmenvertrag, Agenturvertrag, SaaS-Vertrag, SOW/Leistungsbeschreibungen) mit Bezug zu personenbezogenen Daten.
- Dokumentierte Rollenklärung (zum Beispiel „Anlage Rollenmodell“ oder Abschnitt „Datenschutz“ im Vertrag). Gegebenenfalls Verweise auf konzernweite Musterverträge oder Zentralvereinbarungen, die im Bereich genutzt werden.

C. Datenschutzrechtliche Vereinbarungen

- Vereinbarungen zur Auftragsverarbeitung nach Art. 28 DSGVO inklusive Anhänge (Gegenstand, Dauer, Art der Daten, Kategorien betroffener Personen, TOMs).
- Gegebenenfalls Vereinbarungen zur gemeinsamen Verantwortlichkeit nach Art. 26 DSGVO (inklusive grober Aufgabenverteilung, Informationspflichten, Ansprechpartner für Betroffene).
- Dokumentation zu internationalen Datentransfers: Einsatzländer, Standardvertragsklauseln, gegebenenfalls Transfer Impact Assessment (TIA) und ergänzende Maßnahmen.

D. Technische und organisatorische Maßnahmen (TOMs)

- Übersicht der vom Dienstleister zugesicherten TOMs (zum Beispiel als Anlage zum AV-Vertrag, ISO-Zertifikate, SOC-Berichte, ISMS-Nachweise).
- Dokumentation der Zugriffs- und Berechtigungskonzepte für Agenturaccounts in den Systemen des Unternehmens (personalisierte Zugänge, keine Sammel-Logins, 2FA, Löschung bei Projektende).
- Vereinbarte Lösch- und Aufbewahrungsfristen für Daten beim Dienstleister, inklusive Verfahren zur Rückgabe/Löschung nach Vertrags- oder Projektende.

E. Auswahl, Onboarding und Steuerung

- Kurzprotokoll oder Entscheidungsnotiz zur Auswahl des Dienstleisters (zum Beispiel Gründe für Auswahl, Datenschutz- und Sicherheitsbewertung, Alternativen).
- Standard-Briefingunterlagen für Agenturen/Dienstleister (zum Beispiel „Do’s und Don’ts“, Umgang mit Testdaten, Freigabeprozesse, Meldewege für Inci-

dents). Gegebenenfalls interne Checkliste oder Fragenkatalog, der vor Beauftragung beziehungsweise größeren Änderungen (neue Tools, neue Datenkategorien, neue Länder) abgearbeitet wird.

F. Kontrollen, Audits und KPIs

- Dokumentation von stichprobenartigen Kontrollen (zum Beispiel Review von Reports/Exports, Einhaltung von Löschfristen, Nutzung der Systeme nur für vereinbarte Zwecke).
- Protokolle oder Reports aus Audits, Security-Assessments oder „Vendor Reviews", soweit sie den Bereich betreffen.
- Vereinbarte und überwachte KPIs mit Datenschutzbezug (zum Beispiel Fehlerraten bei Versand, Ticket-Volumina zu Datenschutz-Beschwerden, Reaktionszeiten bei Incident-Meldungen).

G. Incidents, Änderungen und Lessons Learned

- Übersicht der Datenschutzvorfälle mit Dienstleisterbezug (Kurzbeschreibung, Datum, betroffene Systeme, ergriffene Maßnahmen).
- Dokumentation wesentlicher Changes beim Dienstleister (zum Beispiel Systemwechsel, neue Subunternehmer, neue Standorte, neue Datenkategorien) inklusive kurzer Risikobewertung und Freigabe.
- „Lessons Learned"-Notizen zu kritischen Fällen (Was wurde angepasst? Welche Prozesse wurden nachgeschärft? Welche Vorgaben für Agenturen wurden geändert?).

▶ Wenn Sie diese Punkte strukturiert in einer Akte zusammenführen, können Sie im Prüf- oder Incident-Fall schnell zeigen, dass der Einsatz von Dienstleistern und Agenturen nicht „im Nebel", sondern nachvollziehbar und kontrolliert erfolgt.

A1.11 Checkliste „Was gehört in die Akte?" – Frühwarnsystem und Meldewege

Diese Checkliste hilft Ihnen, alle Unterlagen zu bündeln, mit denen Sie Ihr Frühwarnsystem und die Meldewege bei Datenschutzvorfällen im Bereich Marketing/Sales/Vertrieb prüffest dokumentieren. Tragen Sie jeweils Ablageort und verantwortliche Person ein.

A. Grundlagen zum Frühwarnsystem

☐ Kurze Beschreibung des Frühwarnsystems im Bereich (zum Beispiel 1–2 Seiten: typische Startsignale, zuständige Rollen, Verknüpfung zu Kapitel 9 und 10).

Ablageort: ____________________

Verantwortlich: ________________

☐ Übersicht der typischen Startsignale für Datenpannen (zum Beispiel Kunden-Beschwerden, auffällige Kennzahlen, Hinweise von Dienstleistern, Zufallsfunde) mit Zuordnung, wer diese Signale regelmäßig prüft.

Ablageort: ____________________

Verantwortlich: ________________

B. Monitoring, Kennzahlen und Systemhinweise

☐ Dokumentierte Beschreibung, welche Kennzahlen und Systemmeldungen als Warnsignale gelten (zum Beispiel ungewöhnliche Bounce-Raten, Abmeldespitzen, Security-Alerts, auffällige Logins).

Ablageort: ____________________

Verantwortlich: ________________

☐ Benennung der Personen/Teams, die diese Kennzahlen und Meldungen regelmäßig sichten (zum Beispiel CRM/BI, Kampagnen-Team, Portal-Owner) inklusive Turnus.

Ablageort: ____________________

Verantwortlich: ________________

☐ Beispiele oder Screenshots von Dashboards/Reports, in denen solche Frühwarnsignale sichtbar werden.

Ablageort: ____________________

Verantwortlich: ________________

C. Meldewege und Kontaktlisten

☐ Flussdiagramm oder One-Pager „So melden Sie einen Datenschutzvorfall“ (mit Schritten: Wer meldet? An wen? In welcher Zeit? Über welchen Kanal?).

Ablageort: ____________________

Verantwortlich: ________________

☐ Aktuelle Kontakt- und Eskalationsliste für Datenschutzvorfälle (zentrale Incident-Adresse, DSB, IT-Security, Legal, Bereichsleitung; inklusive Vertretungen).

Ablageort: ____________________

Verantwortlich: ________________

☐ Bereichsinterne Regelung zu Reaktionszeiten (zum Beispiel „Verdachtsmeldungen werden innerhalb von X Stunden an DSB/Incident-Stelle weitergeleitet").

Ablageort: ____________________

Verantwortlich: ________________

D. Standardformulare und Mindestinformationen

☐ Standard-Kurzmeldeformular oder Textbaustein für Verdachtsmeldungen (Mindestangaben: Was ist passiert? Wann? Welche Daten? Welche Zielgruppen? Welches System? Erste Maßnahmen).

Ablageort: ____________________

Verantwortlich: ________________

☐ Verweis auf Incident-Log und detailliertere Dokumentation nach Kapitel 10 (zum Beispiel „Nach der Kurzmeldung wird der Vorfall im Incident-Log nach Muster A2.17 erfasst").

Ablageort: ____________________

Verantwortlich: ________________

☐ Kurzleitfaden „Was eine Meldung mindestens enthalten sollte" (zum Beispiel als Checkliste oder One-Pager, abgestimmt mit DSB/Legal).

Ablageort: ____________________

Verantwortlich: ________________

E. Schulung, Kommunikation und Fehlerkultur

☐ Unterlagen zu Team-Sessions, Schulungen oder Bereichsmeetings (in denen Frühwarnsystem, Meldewege und Fehlerkultur besprochen wurden).

Ablageort: ____________________

Verantwortlich: ________________

☐ Informationsmail oder Bereichs-Memo, in dem die Führungskräfte ausdrücklich um frühzeitige Meldungen bitten („Lieber einmal zu viel melden als zu wenig"; Hinweis, dass Meldungen nicht sanktioniert werden).
Ablageort: ____________________
Verantwortlich: ________________

☐ Kurze FAQ oder Leitfaden für Mitarbeitende (zum Beispiel „Wann sollte ich melden?", „Wen informiere ich zuerst?", „Was passiert nach meiner Meldung?").
Ablageort: ____________________
Verantwortlich: ________________

F. Vorfälle und Lessons Learned

☐ Übersicht der tatsächlich gemeldeten Vorfälle aus Marketing/Sales/Vertrieb (zum Beispiel Auszug aus Incident-Log mit Datum, Kurzbeschreibung, Status).
Ablageort: ____________________
Verantwortlich: ________________

☐ Kurzberichte „Lessons Learned" nach ausgewählten Vorfällen (zum Beispiel 1 Seite: Ursache, Maßnahmen, Anpassung von Prozessen/Meldewegen).
Ablageort: ____________________
Verantwortlich: ________________

☐ Nachweise, dass auf Basis der Lessons Learned Meldewege oder Frühwarnsignale angepasst wurden (zum Beispiel aktualisierter One-Pager, geänderte Kontaktliste, ergänzte Schulungsunterlagen).
Ablageort: ____________________
Verantwortlich: ________________

▶ Wenn Sie diese Checkliste weitgehend abhaken können, ist Ihr Frühwarnsystem nicht nur organisatorisch, sondern auch gegenüber Aufsichtsbehörden gut belegbar.

A1.12 Checkliste „Was gehört in die Akte?" – Incident in 60 Minuten

Diese Checkliste hilft Ihnen, einen Datenschutzvorfall prüffest zu dokumentieren (Rechenschaftspflicht, Art. 5 Abs. 2 DSGVO; Dokumentation der Verletzung, Art. 33 Abs. 5 DSGVO). Tragen Sie Ablageort und verantwortliche Person ein.

A. Basisdaten und Zuständigkeiten

☐ Incident-ID/Aktenzeichen (eindeutig, durchgängig verwendet)

☐ Datum/Uhrzeit des Ersthinweises (inklusive Zeitzone), Meldekanal, meldende Person/Stelle

☐ Benannter Incident-Lead (fachlich) und IT-Security-Lead und Datenschutz/Legal-Ansprechperson

☐ Kontakt-/Eskalationsliste, die im Incident tatsächlich genutzt wurde (inklusive Vertretungen)

Ablageort: ____________________

Verantwortlich: ________________

B. Zeitleiste (T0–60) und Risikoindikator-Entscheidungen

☐ Chronologisches Kurzprotokoll (minutengenau, „Was war wann bekannt/entschieden/getan?“)

☐ Risikoindikator-Einstufung(en) mit kurzer Begründung

☐ Eskalationen: wer wurde wann informiert (DSB/Legal/IT/Management), inklusive Kommunikationskanal

☐ Aufgabenliste „wer klärt was bis wann“ (mit Fristen/Deadlines)

Ablageort: ____________________

Verantwortlich: ________________

C. Sicherung und Beweise (ohne Beweise keine Verteidigung)

☐ Screenshots/Exports relevanter Oberflächen, Reports, Verteiler, Zielgruppen, Konfigurationen.

☐ Log-Anforderungen und Log-Auszüge (zum Beispiel Zugriffe, Versandlogs, Admin-Aktionen).

☐ „Vorher/Nachher“-Nachweise: welche Änderung hat den Stopp/Fix bewirkt (zum Beispiel Link deaktiviert, Versand gestoppt, Rechte entzogen).

☐ Nachweise zu Sofortmaßnahmen (Tickets, Freigaben, Changes, Bestätigungen von Dienstleistern).

Ablageort: ____________________

Verantwortlich: ________________

D. Faktenblatt: Betroffenheit und Daten

☐ Betroffenengruppen (zum Beispiel Kunden, Leads, Mitarbeitende, Geschäftspartner).

☐ Datenkategorien (zum Beispiel Kontaktdaten, Buchungs-/Portal-/CRM-Daten, Segmente/Tags).
☐ Besondere Kategorien i. S. d. Art. 9 DSGVO? (ja/nein, kurz begründen).
☐ Umfang/Skalierung (Schätzung mit Quelle, laufende Aktualisierung).
☐ Zugriffslage: intern/extern, authentifiziert/öffentlich, Missbrauchshinweise ja/nein.
☐ Systeme/Prozesse/Regionen/Gesellschaften, die betroffen sein können.

Ablageort: ____________________

Verantwortlich: ________________

E. Risikobewertung und Melde-/Informationslogik

☐ Vorläufige Risikoeinschätzung (für Rechte/Freiheiten; Kernargumente in 5–8 Zeilen).
☐ Entscheidung Meldung an Aufsicht (Art. 33 DSGVO): ja/nein/offen – mit Begründung.
☐ Entscheidung Information der Betroffenen (Art. 34 DSGVO): ja/nein/offen – mit Begründung.
☐ Falls Meldung/Information erfolgt: Entwurf/Finalfassung, Freigaben, Versandnachweise, Rückfragen/Antworten.
☐ Dokumentation, welche Informationen zunächst noch unklar waren und wie/bis wann sie geklärt werden sollten.

Ablageort: ____________________

Verantwortlich: ________________

F. Kommunikation und Steuerung (intern/extern)

☐ Interne Status-Updates (DSB/Legal/IT/Management) – Versionen und Zeitpunkte.
☐ Weisungen an Team (zum Beispiel „nichts löschen/ändern", Belege sichern, Ablageort).
☐ Dienstleister-/Agentur-Kommunikation (Tickets, Vendor Notice, Stellungnahmen, Zusagen, Maßnahmen).
☐ Presse/Comms (falls beteiligt): Abstimmung, Freigaben, QundA, Sprachregelung.

Ablageort: ____________________

Verantwortlich: ________________

G. Abschluss, Lessons Learned, Nachschärfung

☐ Root Cause (Ursache) und beitragende Faktoren (Prozess, Tool, Berechtigung, Training).

☐ Korrekturmaßnahmen (kurzfristig) und Präventionsmaßnahmen (mit Owner/Termin).

☐ Aktualisierung von Dokumentation/Playbooks (zum Beispiel One-Pager, Kontaktliste, Toolliste, Checklisten).

☐ Abnahme/„Closure“-Entscheidung (wer schließt wann, auf Basis welcher Fakten).

Ablageort: ______________________

Verantwortlich: ___________________

A1.13 „Was gehört in die Akte?“ – Kampagnen, CRM und Einwilligungen (nach dem Incident)

In die Akte „Kampagnen/CRM/Einwilligungen – Nachschärfung“ gehören insbesondere:

A. Incident-Bezug und Maßnahmen

☐ Kurzbeschreibung: Was war der Fehler (Zielgruppe/Consent/Link/Tool), wann erkannt, welche Kampagne/Segment-ID war betroffen?

☐ Lessons Learned (max. 1 Seite): Ursache, Abstellmaßnahmen, Verantwortliche, Termine.

☐ Nachweis der Umsetzung (Tickets, Change-Requests, Screenshots von Einstellungen, Release Notes).

B. „Source of Truth“ für Consent und Opt-out

☐ Festlegung des führenden Systems/Moduls für Einwilligungen und Widersprüche (Datum, Owner, Freigabe).

☐ Datenmodell/Minimalfelder für Consent-Nachweis (Zeitpunkt, Text/Version/ID, Quelle, Kanal, Nachweisartefakt).

☐ Prozessbeschreibung Widerruf/Opt-out: Eingang → Verarbeitung → Synchronisation → Bestätigung.

C. Suppression/Sperrlisten

☐ Beschreibung des Suppression-Flows inklusive Systeme, Sync-Intervall, Fehlerhandling.

☐ Stichprobenprotokolle (zum Beispiel monatlich 5 Datensätze: Opt-out im CRM = Opt-out im Versandtool).

☐ Vereinbarung/Anweisung an Agenturen: Sperrlisten sind verbindlich; keine lokalen Kopien.

D. Zielgruppen- und Segmentsteuerung

☐ Definitionen kritischer Segmente (Regionen, Gesellschaften, Marken) inklusive Ausschlusslogik.

☐ Kampagnenfreigaben (wer hat wann freigegeben, auf welcher Grundlage, inklusive Pre-Send-Check).

☐ Verbot/Regelung von Exportlisten (Ausnahmeprozess mit Ablaufdatum und Löschpflicht).

E. Link-/Asset-Sicherheit

☐ Standard für Links/Reports/Landingpages (Authentisierung, Ablauf, Rollen, Takedown).

☐ Nachweis des Takedown-Prozesses (Owner, Zugriffsrechte, Notfallkontakt).

F. Schulung und Verankerung

☐ Kurzbriefing/Schulung (Teilnehmerliste, Folien, Datum).

☐ KPI-/Monitoring-Notiz (zum Beispiel Consent-Nachweisquote, Suppression-Fehlerquote, Fehlversandrate).

▶ Audit-Logik: Wenn Sie diese Akte zeigen können, zeigen Sie nicht „Papier". Sie zeigen: Kontrolle.

A1.14 Checkliste „Pre-Send 2.0" (für Kampagnen nach einem Incident)

Vor Versand/Go-Live mindestens abhaken:

A. Zielgruppe und Quelle

☐ Segment/Verteiler ist im freigegebenen System definiert (keine lokale Exportliste).

☐ Quelle und Selektionslogik sind dokumentiert (Kriterien, Länder/Marken, Aktualität).

☐ Ausschlüsse greifen (Opt-out/Widerspruch, Sperrlisten, interne Testadressen).

B. Rechtsgrundlage und Nachweis

☐ Für den Kanal ist der Nachweisweg klar (Einwilligung/Bestandskundenprivileg/sonstige Grundlage).

☐ Consent-/Opt-out-Daten sind mit Zeit/Quelle/Version nachvollziehbar (nicht nur „ja/nein").

C. Inhalt und Risiko

☐ Keine sensiblen Rückschlüsse/„internen Labels" im Inhalt oder Betreff.

☐ Pflichtangaben (Abmeldelink/Widerspruch) sind enthalten und getestet.

D. Technik und Links

☐ Versand über freigegebenes Tool (nicht über persönliches Postfach/Teampostfach).

☐ Links/Assets geprüft: Zugriff, Ablauf, Rollen; keine personenbezogenen Daten in URL-Parametern.

☐ Takedown-Owner benannt (wer kann sofort deaktivieren?).

E. Freigabe

☐ Freigabe dokumentiert (Fachverantwortung; ab Orange/Rot zusätzlich DSB/Legal).

F. Schnellcheck: „Suppression-Flow" (Opt-out/Widerspruch)

☐ Opt-out im führenden System erfasst (Zeitpunkt, Kanal).

☐ Synchronisation ins Versandtool läuft automatisiert.

☐ Konfliktregel definiert („Opt-out sticht Segment").

☐ Fehlerhandling definiert (Sync-Fehler → Stopp/Workaround/Incident-Log).

☐ Monatliche Stichprobe dokumentiert.

A1.15 Checkliste „Was gehört in die Akte?" – Betroffenenrechte und Beschwerden

A. Aktendeckel:

Fall-/Ticket-ID: ______________________________

Datum Eingang: ______________________________

Frist (1 Monat): ______________________________

Verantwortlich (fachlich): ______________________

DSB/Legal eingebunden: ☐ ja ☐ nein

Ablageort (Ordner/Link): _______________________

B. Eingang, Identität, Scope:

☐ Eingangskanal dokumentiert (E-Mail/Portal/Brief/Telefon) inklusive Screenshot/Scan.

☐ Art der Anfrage geklärt:

☐ Auskunft ☐ Löschung ☐ Widerspruch ☐ Beschwerde ☐ gemischt.

☐ Identitätsprüfung dokumentiert (angemessen, risikobasiert) inklusive Ergebnis.

☐ Scope festgelegt (welche Konten/Marken/Regionen/Zeiträume; welche Kanäle).

☐ Vollmacht/Vertretung geprüft (falls über Anwalt/Agentur) inklusive Nachweis.

C. Fristensteuerung und Kommunikation:

☐ Fristberechnung dokumentiert (Start, Ende, interne Meilensteine).

☐ Eingangsbestätigung versendet (Datum/Versandnachweis).

☐ Falls nötig: Fristverlängerung begründet und rechtzeitig kommuniziert (Datum/Nachweis).

☐ Interne Zuständigkeiten festgehalten (Fachbereich/IT/CRM-Owner/Marketing Ops/DSB/Legal).

D. Datensuche und Ergebnisnachweis:

☐ Suchplan erstellt (welche Systeme/Datenquellen werden geprüft?).

☐ Systemliste abgearbeitet (jeweils mit Datum/Owner/Ergebnis).

☐ CRM/CDP ☐ Kampagnentool/ESP ☐ Consent/CMP ☐ Portal/Account ☐ Ticketing/Support ☐ Analytics/Tracking ☐ Data Warehouse/BI ☐ Dateiablagen (SharePoint/Teams).

☐ Empfänger-/Weitergaben geprüft (Agenturen/Dienstleister/Partner) – Ergebnis dokumentiert.

☐ Export-/Ausleitungsnachweis: Welche Datensätze wurden gezogen (Zeit, Filter, verantwortliche Person)?

E. Bewertungsentscheidungen (Auskunft/Löschung/Widerspruch):

Auskunft (Art. 15 DSGVO):

☐ Datenkopie zusammengestellt (verständlich, prüfbar; keine „Marketing-Folien").

☐ Drittbezug/Geheimnisse geprüft (Schwärzungen/Abgrenzung begründet, wenn nötig).

☐ „Nicht geschuldet"-Positionen begründet (zum Beispiel interne Bewertungen nur soweit personenbezogen).

Löschung (Art. 17 DSGVO):

☐ Löschfähigkeit geprüft (Pflichten/Aufbewahrung/Verträge) – Entscheidung dokumentiert.

☐ Löschung in führenden Systemen umgesetzt (Datum/Protokoll/Screenshot).

☐ Downstream-Schnittstellen/Sync geprüft (Versandtool, Reporting, Drittsysteme).

☐ Falls Löschung nicht vollständig möglich: Einschränkung/Begründung dokumentiert.

Widerspruch gegen Direktwerbung (Art. 21 Abs. 2 DSGVO):

☐ Widerspruch im führenden System erfasst (Zeit, Kanal, Quelle).

☐ Suppression/Sperrlogik umgesetzt (inklusive Sync-Check) – Nachweis abgelegt.

☐ Sicherstellung „kein Re-Opt-in durch Kampagnenprozesse" dokumentiert (Guardrail).

F. Antwort, Versand, Abschluss:

☐ Antwortschreiben final und Versionierung (Draft/Final, Freigabeweg).

☐ Versandnachweis (E-Mail-Header/Brief, Einschreiben optional) abgelegt.

☐ Inhaltliche Qualität geprüft (vollständig, konsistent, keine Widersprüche).

☐ Abschlussvermerk: „Erledigt am …/Nächste Schritte …" inklusive Owner.

G. Beschwerden nach einer Panne (Verknüpfung Incident):

☐ Bezug zum Incident hergestellt (Incident-ID, Kurzlage, Abhilfemaßnahmen).

☐ Kommunikationslinie abgestimmt (kein Vorgriff auf Ursachen, keine vorschnellen Zusagen).

☐ Eskalationskriterien dokumentiert (wann Legal/DSB/Kommunikation).

☐ Ergebnis:

☐ beantwortet ☐ Nacharbeit nötig ☐ Aufsicht/Schlichtung droht.

H. Was Sie aus dem Fall lernen (auditfest):

☐ Root-Cause-Notiz (1 Absatz): Was war der Auslöser?

☐ Präventionsmaßnahme definiert (zum Beispiel Datenfelder, Prozesse, Schulung, Tool-Guardrail).

☐ Nachverfolgung im Maßnahmen-Log (Owner, Deadline, Status).

A1.16 Checkliste „Was gehört in die Akte?" – Internationalität und Konzernstruktur

A. Aktendeckel:

Vorgang/Projekt: ______________________________

Datum/Version: ______________________________

Betroffene Länder/Regionen: ____________________

Owner (fachlich): ______________________________

DSB/Legal eingebunden: ☐ ja ☐ nein

Ablageort (Link/Pfad): __________________________

B. Konzernrollen und Verantwortlichkeiten (Art. 4 Nr. 7, Art. 26, Art. 28 DSGVO):

☐ Konzern-/Partnerbild (kurz): Welche Gesellschaften/Partner sind beteiligt (Organigramm/1-Pager).

☐ Rollenentscheidung je Verarbeitung:

☐ Verantwortlicher ☐ Auftragsverarbeiter ☐ gemeinsame Verantwortliche.

☐ Begründung „Zwecke und Mittel" (1 Absatz): Wer entscheidet was – und warum folgt daraus die Rolle?

☐ RACI/Delegationsmatrix (min. Owner, Freigabe, Incident-Kontakt, Fachverantwortung).

☐ Falls Art. 26: Kernpunkte der Vereinbarung dokumentiert (insb. Zuständigkeiten und Betroffenenrechte und Informationspflichten).

☐ Falls Art. 28: DPA/AVV-Nachweis inklusive TOM-Anlage und Subprocessor-Regime.

C. Transfer-Inventar (Kapitel V DSGVO):

☐ Transfer-Matrix: Welche Daten gehen wohin (System/Tool, Datenarten, Empfänger, Land, Zweck, Häufigkeit).

☐ Drittland-Trigger sauber markiert (auch Remote-Support/Admin-Zugriffe zählen, wenn personenbezogen).

☐ Aktuelle Empfänger-/Subprocessor-Liste des Dienstleisters (mit Ländern).

☐ Datenminimierung/Trennung dokumentiert (welche Daten bleiben EU/EEA, welche müssen raus – und warum).

D. Transfer-Mechanismus und Risiko („TIA-Light“):

☐ Mechanismus festgehalten:

☐ Angemessenheitsbeschluss ☐ SCC ☐ BCR ☐ Ausnahme Art. 49 (begründet).

☐ TIA-Light (1–2 Seiten): Risikoannahmen, Zugriffsmöglichkeiten, Schutzmaßnahmen, Restrestrisiko, Entscheidung.

☐ Zusatzmaßnahmen (wenn nötig) belegt: Verschlüsselung, Key-Management, Pseudonymisierung, Zugriffskontrollen, Logging.

☐ „Stop/Go“-Entscheidung mit Datum/Owner/DSB/Legal-Freigabe dokumentiert.

E. Incident-Zusammenarbeit „cross border“ (Art. 33/34 DSGVO operativ)

☐ Kontaktkette (24/7 oder mit Vertretung): EU-Owner, ausländische Gesellschaft, Dienstleister-Security, Legal/DSB.

☐ Meldewege und Fristen schriftlich: interne Erstmeldung (zum Beispiel 2–4 Stunden), Updates, Abschlussbericht.

☐ Beweissicherung geregelt (Logs, Exporte, Snapshots, „No delete/no change“-Hinweis).

☐ Kommunikationsregeln: „Single source of truth“, keine Parallelkommunikation, Freigabepunkte.

F. Vertrags-Minimum (prüffest, ohne Vollgutachten)

☐ Incident-Clause/SLA: Meldefrist, Mindestinfos, Mitwirkung, Log-Sicherung, Subprocessor-Einbindung.

☐ Audit-/Nachweisklausel light: Recht auf relevante Nachweise (zum Beispiel SOC/ISO, Pen-Test-Summary, TOM-Update).

☐ Lösch-/Rückgaberegeln (inklusive Backups/Archiv) nachvollziehbar.

☐ Change-/Subprocessor-Control: Informationspflicht, Widerspruchs-/Genehmigungsprozess, Exit-Option.

G. Review und Pflege (damit es nicht veraltet)

☐ Review-Termin (mind. jährlich oder bei Tool-/Länder-/Subprocessor-Änderung) gesetzt.

☐ Änderungslog: Was hat sich geändert, wer hat freigegeben, welche Dokumente wurden aktualisiert?

☐ Kurzschulung/Briefing fürs Team dokumentiert („So erkennen Sie Drittland-Transfers und Joint-Control-Risiken").

A1.17 Checkliste „Was gehört in die Akte?" – Selbst-Audit ohne Panik

A. Aktendeckel

Audit/Check: ______________________________

Datum/Version: ______________________________

Scope (Bereich/Marke/Region): ____________________

Zeitraum der Prüfung: ________________________

Audit-Lead: ______________________________

Ablageort (Ordner/Link): ______________________

B. Auftrag, Zielbild, Spielregeln

☐ Anlass dokumentiert:
☐ Routine ☐ nach Incident ☐ interne Revision ☐ Aufsicht
☐ sonst: ________________

☐ Ziel in 2–3 Sätzen festgehalten (zum Beispiel „Nachweisfähigkeit erhöhen, Risiken priorisieren").

☐ Scope und Grenzen dokumentiert (Systeme, Länder, Kanäle, Kampagnenarten).

☐ Rollen/Ansprechpartner festgelegt (Fachbereich, DSB, IT, Legal, Security, gegebenenfalls Einkauf).

☐ Zeitplan (Start/Meilensteine/Abschluss) und Berichtsempfänger benannt.

C. „Landkarte": Systeme, Datenflüsse, Verantwortliche

☐ Liste der 5–10 Kernsysteme inklusive Owner (CRM/CDP, CMP/Consent, ESP/Newsletter, Ads/Tag-Manager, Analytics, Portal, Ticketing, DWH/BI, Fileshares).

☐ Pro System: Datenkategorien, Quellen, Empfänger/Exporte, Lösch-/Aufbewahrungslogik (Kurzform).

☐ Externe Empfänger/Dienstleister/Partner inklusive Rolle (Art. 28/Art. 26/eigene Verantwortlichkeit) dokumentiert.

☐ Drittlandbezug geprüft (ja/nein) – Kurzvermerk und Verweis auf TIA/SCC, falls relevant.

D. Rechtliche Nachweise (kurz, aber belastbar)

☐ Auszug(e) aus dem Verzeichnis von Verarbeitungstätigkeiten (VVT) für die relevanten Prozesse abgelegt.

☐ Rechtsgrundlagen-Kurznotizen je Kernprozess (zum Beispiel Newsletter, CRM-Profiling, Custom Audiences, Lead-Management).

☐ Consent-Nachweislogik: Wo liegt der Nachweis? Wie wird Widerruf/Opt-out synchronisiert?

☐ Interessenabwägungen/DSFA/TIA vorhanden beziehungsweise „nicht erforderlich" begründet (Kurzvermerk).

☐ Informationspflichten/Datenschutzhinweise: Versionsstand und Change-Nachweis (wer hat wann freigegeben?).

E. Technische und organisatorische Kontrollen (TOM-Kurzcheck)

☐ Rollen-/Rechtekonzept (RBAC) für Kernsysteme (wer darf was?) – Stand/Datum.

☐ Offboarding/Wechsel von Rollen geregelt (Entzug von Zugängen, Shared Accounts, Admin-Rechte).

☐ Logging/Protokollierung: Was wird protokolliert? Wer schaut rein? Wie lange?

☐ Lösch- und Sperrkonzept (inklusive Backups/Exports/Downstream-Systeme) in Kurzform belegt.

☐ Schulungs-/Briefing-Nachweise (Team, Agenturen, neue Mitarbeitende) abgelegt.

F. Stichprobenplan (damit es „Audit“ ist – nicht „Gefühl“)

☐ Stichprobenkriterien dokumentiert (zum Beispiel letzte 3 Kampagnen, 2 Zielgruppenimporte, 1 Agentur-Projekt).

☐ Auswahlmethode festgehalten (zufällig/risikobasiert/zeitbasiert) und Stichprobengröße.

☐ Pro Stichprobe: Artefakte gesammelt (Briefing, Freigaben, Segmentdefinition, Consent-Check, Versandliste, Opt-out-Check, Link-/Export-Kontrolle).

☐ Ergebnis pro Stichprobe in 5 Zeilen dokumentiert: „OK/Befund/Maßnahme/Owner/Termin“.

G. Interviews und Mini-Begehungen (kurz, aber strukturiert)

☐ Interviewliste (wen) und Leitfragen (max. 10) abgelegt.

☐ Gesprächsnotizen/Protokolle je Interview (Datum, Teilnehmende, Kernaussagen, Zusagen).

☐ Abweichungen zwischen „so machen wir es“ und „so ist es im System“ dokumentiert.

H. Befunde, Risikoklasse, Entscheidung

☐ Befundliste mit Risikoindikator-Logik:
☐ OK ☑ ☐ PRÜFEN ▽ ☐ STOP ⛔.

☐ Root-Cause-Notiz je wesentlichem Befund (1 Absatz, ohne Schuldzuweisung).

☐ Eskalationen dokumentiert (wann DSB/Legal/IT eingeschaltet, welche Entscheidung).

☐ Entscheidung „akzeptieren/mitigieren/stoppen“.

I. Maßnahmenplan und Nachverfolgung (das ist der eigentliche Audit-Gewinn)

☐ Maßnahmenmatrix geführt (Maßnahme, Owner, Deadline, Aufwand, Nachweis, Status).

☐ Quick-Wins markiert (≤ 14 Tage) und priorisiert.

☐ Abschlusskontrolle vorgesehen („erledigt“ nur mit Nachweis: Screenshot/Log/Protokoll/Link).

☐ Management-Kurzsummary (½ Seite): Top-3 Risiken, Top-5 Maßnahmen, Termine.

J. Abschluss und Archivierung

- ☐ Abschlussvermerk („Audit abgeschlossen am …, nächste Review am …").
- ☐ Ablage vollständig, nachvollziehbar, versioniert (Draft/Final, Freigaben).
- ☐ Lessons Learned in den Bereichsprozess zurückgespielt (zum Beispiel Pre-Send-Check angepasst).

Anhang 2 – Muster-Formulare und Textbausteine

A2.1 Muster-E-Mail/Bereichs-Memo – „Zuständigkeiten und Meldewege im Datenschutz“

Der Text ist so formuliert, dass er direkt als E-Mail oder internes Memo (zum Beispiel PDF im Intranet) verwendet werden kann. Platzhalter in eckigen Klammern bitte anpassen.

Mustertext:

> Betreff: Zuständigkeiten und Meldewege im Datenschutz – Bereich Marketing/Sales
>
> Liebes Team,
>
> wir arbeiten täglich mit Kundendaten, Partnerdaten und Beschäftigtendaten. Damit wir hier verlässlich und auditfest handeln, legen wir für unseren Bereich folgende Zuständigkeiten und Meldewege fest:
>
> A: Fachliche Verantwortung
>
> Für Kampagnen in den Kanälen E-Mail, Newsletter, Social Media und Portale ist jeweils eine Kampagnenverantwortliche beziehungsweise ein Kampagnenverantwortlicher benannt. Diese Personen stimmen Maßnahmen frühzeitig mit dem Datenschutzbeauftragten, IT und Legal ab und dokumentieren die Ergebnisse. Für unser CRM-System, unser Loyalty-Programm und die Business-Portale sind eigene fachliche Owner benannt. Sie sorgen dafür, dass Zugriffe, Datenfelder, Löschfristen und Schnittstellen in Abstimmung mit IT und Datenschutz organisiert sind.
>
> B. Delegation und Vertretung
>
> Delegierte Aufgaben (zum Beispiel Pflege von Zielgruppenlisten, Anlage von Kampagnen, Abstimmung mit Agenturen) werden schriftlich festgehalten. Jede Delegation umfasst Aufgaben, Befugnisse, Grenzen und Vertretungen. Fachliche Entscheidungen mit Datenschutzbezug (zum Beispiel neue Datenquellen, neue Tracking-Methoden, besondere Zielgruppen) werden von den verantwortlichen Führungskräften getroffen – nach Beratung durch den Datenschutzbeauftragten, IT und Legal.
>
> C. Meldewege bei Datenschutzfragen und Vorfällen
>
> Datenschutzfragen und Anliegen zu unseren Prozessen richten Sie bitte zunächst an Ihre jeweilige Führungskraft oder den fachlichen Owner. Verdachtsfälle oder tatsächliche Datenschutzvorfälle (zum Beispiel Fehlversand, falsche Zielgruppen, unberechtigte Zugriffe) melden Sie bitte unverzüglich an Ihre

Führungskraft und direkt an die zentrale Meldestelle beziehungsweise den Datenschutzbeauftragten. Nutzen Sie dafür bitte das Incident-Formular im Intranet beziehungsweise die Funktionsadresse [Incident-Adresse].

D. Dokumentation

Wichtige Entscheidungen zu Kampagnen, Systemen und Dienstleistern werden kurz protokolliert (Zweck, Rechtsgrundlage, wesentliche Risiken, empfohlene Maßnahmen). Diese Protokolle, Delegationsnachweise und Incident-Berichte werden im Bereichsordner „Datenschutz" abgelegt und stehen für interne Prüfungen zur Verfügung.

Vielen Dank, dass Sie mithelfen, Datenschutz in unserem Bereich pragmatisch und verlässlich umzusetzen.

Mit freundlichen Grüßen [Name] [Funktion]

A2.2 Muster – Kurzvermerk zur Rechtsgrundlage (intern) für Kampagnen, CRM-Maßnahmen, Tools und Tracking

Hinweis zur Nutzung: Der Kurzvermerk soll auf maximal 1 Seite bleiben und zu jeder wichtigen Maßnahme abgelegt werden (zum Beispiel im Projektordner oder in der Tool-Dokumentation).

Kurzvermerk Rechtsgrundlage – [Titel der Maßnahme]

1. Maßnahme/Projekt

- Titel: [Name der Maßnahme/Kampagne/des Tools]
- Kurzbeschreibung (1–3 Sätze): [Worum geht es? Was wird mit wem gemacht?]

2. Betroffene Personen und Kanäle

- Betroffene Personengruppen: [zum Beispiel Bestandskunden, Leads, B2B-Ansprechpartner:innen, Mitarbeitende]
- Eingesetzte Kanäle: [zum Beispiel E-Mail, Telefon, SMS, Post, Website, App, Social Media]

3. Verarbeitete Datenarten

- [zum Beispiel Stammdaten, Kontaktdaten, Buchungs-/Vertragsdaten, Nutzungs-/Trackingdaten, Profil-/Segmentdaten]
- Besondere Kategorien (Art. 9 DSGVO): [Ja/Nein – falls Ja: nur mit ausdrücklicher Einwilligung]

4. Zweck(e) der Verarbeitung

- Primärer Zweck: [zum Beispiel Information zur gebuchten Leistung, Upselling, Cross-Selling, Reaktivierung, CRM-Pflege]
- Gegebenenfalls weitere Zwecke: [zum Beispiel interne Statistik, Erfolgskontrolle der Kampagne]

5. Rechtsgrundlage nach DSGVO (Art. 6 Abs. 1 DSGVO)

☐ Art. 6 Abs. 1 lit. b – Vertrag/Vertragsanbahnung
☐ Art. 6 Abs. 1 lit. c – rechtliche Verpflichtung
☐ Art. 6 Abs. 1 lit. f – berechtigtes Interesse
☐ Art. 6 Abs. 1 lit. a – Einwilligung

Begründung (2–4 Sätze): [Warum ist diese Rechtsgrundlage passend? Bei lit. f bitte kurz Zweck, Erforderlichkeit und Interessenabwägung schildern.]

6. Werberechtliche Bewertung (§ 7 UWG)

- Kommunikationsarten: [zum Beispiel E-Mail-Werbung, SMS, Telefon, postalische Werbung]
- Rechtsgrundlage nach UWG:
  ☐ Einwilligung (§ 7 Abs. 2 UWG)
  ☐ Bestandskundenprivileg (§ 7 Abs. 3 UWG – eigene ähnliche Waren/Dienstleistungen, kein Widerspruch, Hinweis auf Widerspruch)
  ☐ Mutmaßliche Einwilligung bei Telefonwerbung im B2B. Kurzbegründung (2–3 Sätze): [Warum ist die Werbung auf den gewählten Kanälen zulässig?]

7. Einsatz von Cookies/IDs/Tracking (§ 25 TDDDG)

- Eingesetzte Tools: [zum Beispiel Webanalyse, A/B-Testing, Remarketing, CMP]
- Kategorien:
  ☐ technisch notwendig
  ☐ Statistik
  ☐ Marketing/Personalisierung
- Einwilligung erforderlich? [Ja/Nein – gegebenenfalls Begründung]
- Implementierung: [zum Beispiel Einwilligung über CMP; keine Marketing-Skripte ohne Opt-in]

8. Widerspruch/Widerruf/Opt-out

- Widerspruch gegen Werbung: [zum Beispiel Abmeldelink in jeder E-Mail, zentrale Sperrliste im CRM]
- Widerruf der Einwilligung: [zum Beispiel gleiche Wege wie bei Erteilung, einfache Umsetzung]

9. Freigaben und Gültigkeit

- Fachliche Freigabe (Name, Funktion, Datum): [...]
- Datenschutz/Legal (falls erforderlich): [...]
- Gültig ab: [Datum], Version: [vX.X]

A2.3 Muster – Einwilligung für Newsletter/E-Mail-Kommunikation

Hinweis: Das Muster ist als Grundtext gedacht. Inhalte (Produkte, Häufigkeit, Personalisierung) sollten zur jeweiligen Maßnahme konkretisiert und mit den Datenschutzhinweisen abgestimmt werden.

A. Einwilligungstext (Langfassung, zum Beispiel im Formular)

> Einwilligung in den Erhalt von E-Mail-Informationen
>
> Ich willige ein, dass das [Unternehmen/Marke] meine oben angegebenen Kontaktdaten (insbesondere meine E-Mail-Adresse) verwendet, um mir regelmäßig Informationen und Angebote zu – [Produkten/Dienstleistungen, zum Beispiel Flugangeboten, Sondertarifen, Partneraktionen, Veranstaltungen] – sowie [gegebenenfalls zusätzlichen Kategorien, zum Beispiel Bonusprogramme, Unternehmensnews] per E-Mail zuzusenden. Die E-Mails können auf Basis meiner bisherigen Buchungen, Interessen und Nutzung von Angeboten personalisierte Inhalte enthalten, soweit ich hierzu in den Datenschutzhinweisen informiert wurde.
>
> Ich kann diese Einwilligung jederzeit mit Wirkung für die Zukunft widerrufen, zum Beispiel über den Abmeldelink in jeder E-Mail oder durch eine Nachricht an [Kontaktadresse/E-Mail]. Weitere Informationen zur Datenverarbeitung (einschließlich Empfänger, Speicherdauer und meinen Rechten als betroffene Person) finde ich in den Datenschutzhinweisen unter [Link zu den Datenschutzhinweisen].

B. Kurztext für Checkbox/UI-Element

Direkt an der Checkbox oder Schaltfläche:

> Ja, ich möchte den [Name des Newsletters] mit Informationen und Angeboten von [Unternehmen/Marke] per E-Mail erhalten. Ich kann meine Einwilligung jederzeit über den Abmeldelink in jeder E-Mail widerrufen.

C. Double-Opt-in-Bestätigung (E-Mail-Betreff und -Text)

> Betreff: „Bitte bestätigen Sie Ihre Anmeldung zum [Name des Newsletters]“
>
> Textvorschlag: Guten Tag [Name], vielen Dank für Ihr Interesse am [Name des Newsletters] von [Unternehmen/Marke]. Bitte bestätigen Sie Ihre Anmeldung, indem Sie auf den folgenden Link klicken: [Bestätigungslink]
>
> Erst nach Ihrer Bestätigung erhalten Sie regelmäßig Informationen und Angebote zu [kurze Beschreibung der Inhalte]. Wenn Sie sich nicht angemeldet haben oder keine E-Mails erhalten möchten, ignorieren Sie diese Nachricht – Ihre Daten werden dann nicht für den Newsletterversand verwendet.
>
> Freundliche Grüße [Unternehmen/Marke]

D. Pflichtangaben im Fuß der E-Mails (Abmeldelink)

> In jeder versendeten E-Mail sollte am Ende ein Block stehen:
>
> Sie erhalten diese E-Mail, weil Sie dem Erhalt des [Name des Newsletters] von [Unternehmen/Marke] zugestimmt haben. Sie können Ihre Einwilligung jederzeit widerrufen, indem Sie
>
> – auf den Abmeldelink klicken oder
>
> – uns eine Nachricht an [Kontaktadresse/E-Mail] senden.
>
> Weitere Informationen zum Datenschutz finden Sie unter [Link zu den Datenschutzhinweisen].

A2.4 Mustertext: Einladung zur „Datenlandkarte“ im Bereich

Diesen Text können Sie als Bereichs-Memo oder E-Mail an Ihr Führungsteam und ausgewählte Key-User anpassen.

Mustertext:

> Betreff: Erstellung unserer Datenlandkarte Marketing, Sales, Vertrieb
>
> Liebes Team,
>
> wir arbeiten in unserem Bereich täglich mit Kundendaten, Leads und B2B-Kontakten – in Kampagnen, im CRM, in Portalen, Loyalty-Programmen und

> über verschiedene Dienstleister. Damit wir hier verlässlich und auditfest handeln, erstellen wir eine aktuelle Datenlandkarte für Marketing, Sales und Vertrieb. Das Ziel ist eine kompakte Übersicht, welche Prozesse wir mit personenbezogenen Daten betreiben, welche Systeme und Dienstleister beteiligt sind, welche Personengruppen und Datenkategorien betroffen sind und wer fachlich verantwortlich ist.
>
> In den kommenden Wochen kommen wir mit einem kurzen Fragen-Set auf Sie zu, um die für Ihren Bereich relevanten Systeme, Schnittstellen und eventuelle „Schattenlisten" zu erfassen. Bitte unterstützen Sie uns dabei aktiv – Ihre Kenntnisse aus dem Alltag sind dafür unverzichtbar. Die Datenlandkarte hilft uns, Incidents schneller und besser zu managen, Anfragen von Kundinnen und Kunden oder Aufsichtsbehörden fundiert zu beantworten und unsere Prozesse kontinuierlich zu verbessern.
>
> Vielen Dank für Ihre Unterstützung.
>
> Freundliche Grüße [Name, Funktion]

A2.5 Musterformulierung „Information über Abwesenheiten im Team"

Sachliche Information des Teams über Abwesenheiten ohne Preisgabe von Diagnosen oder sensiblen Details.

Variante 1 – neutrale Information (Empfehlung)

> Betreff: Abwesenheit von [Name]
>
> [Name] ist aktuell nicht im Dienst und voraussichtlich bis einschließlich [Datum] abwesend. Vertretung für laufende Themen übernehmen [Name Vertretung/das Team [Teamname]. Bitte berücksichtigen Sie dies bei der Planung von Terminen und Anfragen.
>
> Vielen Dank.

Variante 2 – mit ungefährem Grund, wenn dies im Unternehmen üblich und zulässig ist

> Betreff: Abwesenheit von [Name]
>
> [Name] ist derzeit wegen Urlaub/Teilnahme an einer Schulung/eines externen Termins abwesend und voraussichtlich bis einschließlich [Datum] nicht erreichbar.
>
> Vertretung: [Name Vertretung].
>
> Vielen Dank.

Hinweis: Keine Diagnosen („wegen Burn-out“, „wegen Depression“ etc.). Keine Details zur privaten Situation („wegen familiärer Probleme“). Wenn Sie unsicher sind, nutzen Sie die neutrale Variante ohne Begründung.

A2.6 Musterformulierung „Einladung zu Feedback- und Zielgesprächen“

Einladung zum Feedback- oder Zielgespräch, sachlich und klar, ohne Druck und ohne unnötige Detailangaben.

> Betreff: Einladung zu unserem Feedback- und Zielgespräch
>
> Guten Tag [Name],
>
> ich möchte mit Ihnen in Ruhe auf die vergangenen Wochen/Monate zurückblicken und gemeinsam unsere Ziele und Schwerpunkte für die nächste Zeit besprechen.
>
> Vorschlag: Datum: [Datum] Uhrzeit: [Uhrzeit] Dauer: ca. [Dauer] Minuten Ort: [Raum/Videocall-Link]
>
> Inhalte des Gesprächs werden insbesondere sein: Ein Rückblick auf Ziele und Aufgaben, ein Feedback in beide Richtungen, Ihre Weiterentwicklung und meine Unterstützung. Wenn der Termin für Sie nicht passt, schlagen Sie mir bitte zwei alternative Zeitfenster vor.
>
> Mit freundlichen Grüßen [Name] [Funktion]

Optionaler Zusatz, wenn Sie auf eine Dokumentation hinweisen möchten:

Hinweis: Wesentliche Ergebnisse (zum Beispiel geänderte Ziele, vereinbarte Maßnahmen) dokumentieren wir in der dafür vorgesehenen Vorlage beziehungsweise im HR-System.

A2.7 Mustertext „Hinweis auf Nutzung von Leistungs- und Feedbackdaten“

Transparenter Hinweis an das Team, wie Leistungsdaten genutzt werden, ohne Angst oder ein Überwachungsgefühl zu erzeugen.

> Betreff: Informationen zur Nutzung von Leistungskennzahlen im Team
>
> Liebes Team,
>
> wir nutzen in unserem Bereich verschiedene Leistungskennzahlen (zum Beispiel Umsatz-, Abschluss- oder Aktivitätsdaten), um unsere Arbeit zu steuern, Ziele zu vereinbaren und Verbesserungen zu erkennen. Wichtig ist mir, dass

Sie wissen, wie wir mit diesen Daten umgehen: Die detaillierten Kennzahlen auf Mitarbeitenden-Ebene sind nur für die jeweiligen Führungskräfte und die zuständigen HR-Stellen einsehbar. Für Besprechungen im größeren Kreis verwenden wir in der Regel nur aggregierte Team- oder Bereichswerte. Einzelpersonen werden dort nicht bewertet oder „an den Pranger gestellt".

Ergebnisse aus Ziel- und Feedbackgesprächen dokumentieren wir in den dafür vorgesehenen Systemen beziehungsweise Vorlagen, nicht in privaten Listen oder Chats. Gesundheitsdaten (zum Beispiel Diagnosen, ärztliche Informationen) werden von uns nicht in Teamunterlagen oder Leistungsreports aufgenommen.

Wenn Sie Fragen dazu haben, welche Daten in Ihrem Fall genutzt oder gespeichert werden, sprechen Sie mich bitte jederzeit an. Vielen Dank für Ihre Unterstützung und Ihr Vertrauen.

Mit freundlichen Grüßen [Name] [Funktion]

Dieser Text passt zu Kapitel 5.1 und 5.2 und kann im Bereich als Standardinfo (zum Beispiel beim Onboarding neuer Mitarbeitender oder bei der Einführung neuer Reports) verwendet werden.

A2.8 Muster-Memo/E-Mail „Regeln für Geräte, Tools und mobile Arbeit im Bereich"

Verwendung: als Bereichs-Memo oder E-Mail an das Team, passend zu Kapitel 6 (insb. 6.1–6.4).

Betreff: Regeln für Geräte, Tools und mobile Arbeit in unserem Bereich

Liebes Team,

wir arbeiten im Bereich Marketing/Sales/Vertrieb häufig mobil – im Homeoffice, unterwegs und bei Kunden. Damit wir dabei sicher und auditfest mit Kundendaten, Partnerdaten und internen Informationen umgehen, legen wir für unseren Bereich folgende Grundregeln fest:

A. Dienstgeräte statt Privatgeräte

Bitte nutzen Sie für dienstliche Aufgaben grundsätzlich unsere bereitgestellten Dienstgeräte. Dienstliche E-Mails, Kundendaten, Projektunterlagen und Zugänge zu Unternehmenssystemen gehören nicht auf private Geräte, in private E-Mail-Postfächer oder in private Cloud-Speicher. Falls in Einzelfällen ein Zugriff über private Geräte zulässig ist (zum Beispiel über eine freigegebene Container-Lösung), gelten ausschließlich die von IT und Informationssicherheit vorgegebenen Rahmenbedingungen.

B. Messenger und Kollaborationstools

Für die interne Zusammenarbeit nutzen wir ausschließlich die freigegebenen Tools (zum Beispiel [Teams/Slack/Webex/etc.]). Kundendaten, Leads und andere personenbezogene Daten werden nur dort verarbeitet, wo dies vorgesehen ist (zum Beispiel CRM, Kampagnentool, Portale). Bitte speichern Sie solche Daten nicht in Chatverläufen oder privaten Messenger-Gruppen. Private Messenger (zum Beispiel WhatsApp auf Privatgeräten) sind für dienstliche Kundendaten nicht freigegeben.

C. Cloud-Speicher und Datei-Sharing

Für die Ablage und das Teilen von Dateien nutzen wir ausschließlich die freigegebenen Plattformen (zum Beispiel [SharePoint/OneDrive/...]). Dateien mit personenbezogenen Daten in private Cloud-Dienste hochzuladen oder über nicht freigegebene File-Transfer-Dienste zu teilen, ist nicht gestattet. Bei Linkfreigaben gilt: so restriktiv wie möglich (zielgruppenbezogen, befristet, kein „jeder mit dem Link“ für sensible Inhalte).

D. Screenshots, Fotos von Whiteboards und mobile Arbeit

Screenshots aus Systemen mit Personen- oder Kundendaten sind vollständige Datenkopien. Bitte fertigen Sie solche Screenshots nur an, wenn dies für Ihre Arbeit erforderlich ist und speichern Sie sie ausschließlich in freigegebenen Systemen. Fotos von Whiteboards, Flipcharts oder Bildschirmen mit personenbezogenen Daten sollten die Ausnahme sein. Wenn Sie solche Fotos machen müssen, achten Sie bitte darauf, personenbezogene Angaben möglichst vorher zu anonymisieren oder abzudecken und die Fotos nach Nutzung wieder zu löschen und sie nicht in Foto-Apps oder Chats aufzubewahren.

Bei mobiler Arbeit (zum Beispiel im Zug, Hotel, am Flughafen) sorgen Sie bitte für Bildschirmschutz, Sperrbildschirm und den Schutz physischer Unterlagen vor Einsicht durch Dritte.

E. Schatten-IT und neue Tools

Bevor Sie neue Tools, Apps oder Plattformen mit personenbezogenen Daten nutzen (zum Beispiel neue Kampagnentools, „Test-CRMs“, Datei-Sharing-Dienste), stimmen Sie dieses Vorhaben bitte kurz mit Ihrer Führungskraft ab. Ziel ist nicht, Innovation zu bremsen, sondern neue Lösungen in geordnete Bahnen zu bringen – mit Blick auf Datenschutz, Informationssicherheit und Verträge mit Anbietern.

F. Fragen und Meldungen

Bei Fragen zu den oben genannten Regeln wenden Sie sich bitte an [Name, Funktion, Kontakt]. Wenn Ihnen ein Vorfall oder ein Verdacht auffällt (zum

Beispiel verlorenes Gerät, falsche Datei-Freigabe, Screenshot oder Whiteboard-Foto im falschen Kanal), melden Sie dies bitte unverzüglich an Ihre Führungskraft und über die bekannten Meldewege im Incident-Prozess. Vielen Dank, dass Sie mithelfen, unseren Bereich auch beim mobilen Arbeiten verlässlich und datenschutzgerecht aufzustellen.

Mit freundlichen Grüßen [Name] [Funktion]

A2.9 Kurz-Hinweise für Workshops, Tools und Screenshots

Verwendung: als kurze Bausteine für Einladungen, Folien, Intranet-Seiten oder Tool-Beschreibungen.

A. Hinweistext „Whiteboards und Workshops“

Hinweis zum Umgang mit Whiteboards und Flipcharts: Bitte verwenden Sie bei unseren Workshops keine Klarnamen, E-Mail-Adressen oder anderen personenbezogenen Daten auf Whiteboards oder Flipcharts. Nutzen Sie stattdessen neutrale Bezeichnungen (zum Beispiel „Kunde A“, „Segment B“). Falls ausnahmsweise personenbezogene Daten dargestellt werden müssen, stimmen Sie Fotos oder Screenshots bitte vorher ab und löschen Sie sie nach Nutzung wieder aus Ihren Endgeräten.

B. Hinweistext „Screenshots und Fotos von Bildschirmen“

Screenshots oder Fotos von Dashboards, Kundendaten oder internen Reports sind vollständige Datenkopien. Speichern Sie solche Bilder ausschließlich in freigegebenen Systemen und nicht in privaten Foto-Apps, Messengern oder Clouds. Prüfen Sie vor jeder Weitergabe, ob die Empfänger die Daten wirklich sehen müssen.

A2.10 Mustertexte – Foto- und Video-Hinweise bei Events

Kurztext für Einladungen/Landingpages (externes Event). Foto- und Videoaufnahmen bei der Veranstaltung:

Im Rahmen der Veranstaltung [Titel/Name] am [Datum] in [Ort] werden durch [Unternehmen] beziehungsweise von uns beauftragte Dienstleister Foto- und gegebenenfalls Videoaufnahmen angefertigt.

Die Aufnahmen dienen der Dokumentation der Veranstaltung und der Öffentlichkeitsarbeit von [Unternehmen], insbesondere für Berichte auf unserer Website, in Social-Media-Kanälen (zum Beispiel LinkedIn, Instagram) sowie gegebenenfalls in Printmedien. Rechtsgrundlage ist unser berechtigtes Interesse gemäß Art. 6 Abs. 1 lit. f DSGVO an der Außendarstellung und Kommunikation unserer Aktivitäten.

Wenn Sie nicht aufgenommen werden möchten, sprechen Sie bitte vor Ort unser Event-Team an oder wenden Sie sich vorab an [Kontakt, E-Mail]. Weitere Informationen zum Datenschutz, insbesondere zu Ihren Rechten (zum Beispiel Widerspruch), finden Sie unter [Link zur Datenschutzerklärung].

Aushang vor Ort (Eingang/Registrierung). Hinweis: Foto- und Videoaufnahmen:

Während dieser Veranstaltung werden Foto- und gegebenenfalls Videoaufnahmen durch [Unternehmen] beziehungsweise beauftragte Dienstleister erstellt. Die Aufnahmen nutzen wir zur Berichterstattung über die Veranstaltung und zur Öffentlichkeitsarbeit (zum Beispiel Website, Social Media, Print). Rechtsgrundlage ist unser berechtigtes Interesse gemäß Art. 6 Abs. 1 lit. f DSGVO. Wenn Sie nicht aufgenommen werden möchten oder eine bereits veröffentlichte Aufnahme von Ihnen entfernt werden soll, sprechen Sie bitte unser Event-Team an oder kontaktieren Sie uns unter [Kontakt, E-Mail].

Weitere Informationen zur Datenverarbeitung und zu Ihren Rechten (insbesondere Widerspruchsrecht nach Art. 21 DSGVO) finden Sie unter [Link zur Datenschutzerklärung].

A2.11 Muster-Einwilligung für Mitarbeitenden-Fotos

Musterformular „Einwilligung in die Verwendung von Foto-/Videoaufnahmen (Mitarbeitende)“:

A. Verantwortlicher: Verantwortlich für die Verarbeitung Ihrer personenbezogenen Daten ist: [Unternehmen/Organisation, Anschrift, Kontakt, E-Mail Datenschutz].

B. Zweck der Aufnahmen: Es sollen Foto- und gegebenenfalls Videoaufnahmen von Ihnen für folgende Zwecke erstellt und genutzt werden: Interne Kommunikation (zum Beispiel Intranet, interne Newsletter, Präsentationen)/Externe Kommunikation und Öffentlichkeitsarbeit (zum Beispiel Website, Social Media, Broschüren, Pressearbeit).

C. Rechtsgrundlage: Die Verarbeitung erfolgt auf Grundlage Ihrer Einwilligung gemäß Art. 6 Abs. 1 lit. a DSGVO und – im Beschäftigungskontext – § 26 Abs. 2 BDSG. Die Erteilung der Einwilligung ist freiwillig. Aus einer Nichterteilung oder einem Widerruf entstehen Ihnen keine Nachteile.

D. Widerruf der Einwilligung: Sie können Ihre Einwilligung jederzeit mit Wirkung für die Zukunft ohne Angabe von Gründen widerrufen, zum Beispiel per

E-Mail an [Kontakt]. Im Falle eines Widerrufs werden wir Ihre Aufnahmen künftig nicht mehr verwenden und – soweit möglich – bereits veröffentlichte Inhalte nach unseren technischen und organisatorischen Möglichkeiten entfernen.

E. Speicherdauer: Die Aufnahmen werden grundsätzlich für einen Zeitraum von [zum Beispiel 3/5 Jahren] oder bis zu einem Widerruf Ihrer Einwilligung genutzt und anschließend nach dem geltenden Löschkonzept gelöscht oder anonymisiert.

F. Hinweise zu Veröffentlichungen: Bei einer Veröffentlichung in Online-Medien (zum Beispiel Website, Social Media) kann nicht ausgeschlossen werden, dass Dritte die Inhalte kopieren oder an anderer Stelle weiterverwenden.

G. Ihre Rechte: Sie haben das Recht auf Auskunft, Berichtigung, Löschung, Einschränkung der Verarbeitung sowie Datenübertragbarkeit nach Maßgabe der DSGVO sowie ein Beschwerderecht bei einer Aufsichtsbehörde.

H. Einverständniserklärung

☐ Ich willige ein, dass Foto- und/oder Videoaufnahmen von mir zu den oben beschriebenen Zwecken verarbeitet und veröffentlicht werden dürfen.

(optional zur Differenzierung)

☐ interne Nutzung (zum Beispiel Intranet, interne Newsletter).

☐ externe Nutzung (zum Beispiel Website, Social Media, Broschüren, Presse).

Ort, Datum: ______________________________

Name Mitarbeitenden: ______________________

Unterschrift Mitarbeitenden: __________________

A2.12 Standard-Hinweise für Social-Media-Guidelines

Baustein 1 – Grundsatzpassage für Social-Media-Guidelines. Datenschutz bei Social Media

Bei allen Social-Media-Aktivitäten von [Unternehmen] hat der Schutz personenbezogener Daten höchste Priorität. Mitarbeitende, die Inhalte auf offiziellen Kanälen erstellen oder freigeben, beachten insbesondere folgende Grundsätze: Veröffentlichen Sie keine personenbezogenen Daten (zum Beispiel Namen, Kontaktdaten, Kunden-IDs) ohne klar erkennbare Rechtsgrundlage (vertraglich erforderlich, gesetzlich vorgeschrieben, berechtigtes Interesse, Einwilligung).

Verzichten Sie auf die Veröffentlichung sensibler Daten (zum Beispiel Gesundheitsdaten, religiöse Überzeugungen) – auch dann, wenn Betroffene scheinbar „freiwillig“ Informationen teilen. Prüfen Sie bei Bildern und Videos stets, ob abgebildete Personen erkennbar sind und ob eine zulässige Rechtsgrundlage (berechtigtes Interesse, Einwilligung, arbeitsvertragliche Regelung) vorliegt.

Beachten Sie Widerspruchs- und Löschbegehren zu Social-Media-Inhalten unverzüglich und informieren Sie [zuständige Stelle, zum Beispiel Kommunikation/Datenschutz].

Baustein 2 – Kurztext für Onboarding/Schulungsunterlagen

Wenn Sie Inhalte für unsere offiziellen Social-Media-Kanäle erstellen oder teilen, klären Sie vorab, ob Fotos/Videos von Mitarbeitenden oder Dritten veröffentlicht werden dürfen, verwenden Sie bevorzugt freigegebenes Bildmaterial aus unseren offiziellen Bildpools und stimmen Sie im Zweifel mit [Kommunikation] und/oder [Datenschutz] ab, bevor Sie Beiträge veröffentlichen. Bitte beachten Sie: Ein „Like“ oder ein Kommentar von Betroffenen ersetzt keine datenschutzrechtlich wirksame Einwilligung.

A2.13 Muster-Memo/E-Mail „Grundsätze für den Einsatz von Dienstleistern und Agenturen“

Verwendung als Bereichs-Memo oder E-Mail an das Team, passend zu Kapitel 8 (Dienstleister und Agenturen).

Mustertext:

Betreff: Einsatz von Dienstleistern und Agenturen in unserem Bereich

Liebes Team,

wir arbeiten im Bereich Marketing, Sales und Vertrieb mit verschiedenen externen Partnern zusammen – etwa Agenturen, Plattformbetreibern und Dienstleistern für Kampagnen, CRM-Erweiterungen und Analyse. Damit wir dabei verantwortungsvoll mit Kundendaten, Partnerdaten und Beschäftigtendaten umgehen, gelten für unseren Bereich folgende Grundsätze: Bevor wir personenbezogene Daten mit einem Dienstleister teilen oder ihm Systemzugänge einrichten, klären wir die Rolle (Auftragsverarbeitung, gemeinsame Verantwortlichkeit oder eigene Verantwortung des Dienstleisters) und den Zweck der Verarbeitung. Die datenschutzrechtliche Einordnung wird mit [Datenschutzkontakt/Legal] abgestimmt.

Kundendaten, Leads, Reportingdaten und Beschäftigtendaten werden nur über die dafür vorgesehenen Prozesse und Systeme an Dienstleister weitergegeben. Eigene Exporte „auf Zuruf“, private Exceltabellen oder Uploads in nicht freigegebene Tools sind unzulässig.

Vor Start eines Projekts mit personenbezogenen Daten müssen der Hauptvertrag und – falls erforderlich – eine Vereinbarung zur Auftragsverarbeitung oder zur gemeinsamen Verantwortlichkeit abgeschlossen und freigegeben sein. Ohne diese Freigaben starten wir keine Maßnahmen mit personenbezogenen Daten. Dienstleister und Agenturen erhalten ausschließlich personalisierte Zugänge zu unseren Systemen. Sammel-Logins („Agentur-Account") werden nicht verwendet. Zugänge werden bei Projektende oder Rollenwechsel zeitnah gesperrt.

Wenn Ihnen bei der Zusammenarbeit mit Dienstleistern ein Fehler, eine Auffälligkeit oder ein möglicher Datenschutzvorfall auffällt (zum Beispiel falsche Zielgruppen, unberechtigte Zugriffe, ungesicherte Dateien), informieren Sie bitte unmittelbar Ihre Führungskraft und melden den Vorfall über [Incident-Adresse/Prozess]. Bei Fragen zum Einsatz von Dienstleistern oder zur datenschutzrechtlichen Einordnung wenden Sie sich bitte an [Name/Funktion] oder an [Name/Funktion]. Vielen Dank für Ihre Unterstützung und Ihren sorgfältigen Umgang mit externen Partnern.

Mit freundlichen Grüßen [Name] [Funktion]

A2.14 Muster – Kurz-Check „Dienstleister/Agentur" (intern)

Verwendung als einseitiger Kurz-Check vor Beauftragung oder wesentlicher Änderung eines Dienstleisters/Agentur-Setups. Der ausgefüllte Kurz-Check kann in der Akte „Dienstleister und Agenturen" abgelegt werden (vgl. A1.10).

Kurz-Check Dienstleister/Agentur – [Name des Dienstleisters/der Agentur]

A. Projekt und Zweck

- Projekt/Titel: ________________
- Kurzbeschreibung (1–3 Sätze): ________________
- Hauptzweck(e) der Verarbeitung:
  ☐ Kampagne ☐ CRM/Customer Care ☐ Analytics/BI ☐ Call-Center/Service ☐ Loyalty/Programmsteuerung ☐ Sonstiges: ________________

B. Rollenklärung und Daten

- Voraussichtliche Rolle des Dienstleisters:
  ☐ Auftragsverarbeiter (Art. 28 DSGVO)
  ☐ Gemeinsam Verantwortliche (Art. 26 DSGVO)
  ☐ Eigener Verantwortlicher (zum Beispiel Plattformbetreiber)

- Betroffene Personengruppen:
  ☐ Kunden ☐ Leads/Interessenten ☐ B2B-Kontakte ☐ Mitarbeitende
- Datenarten (Stichworte):
  ☐ Stammdaten ☐ Kontakt-/Kommunikationsdaten ☐ Vertrags-/Buchungsdaten ☐ Nutzungs-/Trackingdaten ☐ besondere Kategorien (nur ausnahmsweise)

C. Standorte und Transfers

- Verarbeitungsstandorte des Dienstleisters/Subunternehmer:
  ☐ EU/EWR ☐ UK ☐ Sonstige Drittländer: ________________
- Falls Drittländer: liegen Standardvertragsklauseln/TIAs vor?
  ☐ ja ☐ nein ☐ in Abstimmung mit Datenschutz/Legal

D. Verträge und TOMs

- Hauptvertrag/SoW vorhanden? ☐ ja ☐ nein (geplant bis: ___________)
- AV-Vertrag (Art. 28)/JC-Vereinbarung (Art. 26) vorhanden?
  ☐ ja ☐ nein ☐ in Erstellung
- TOMs des Dienstleisters geprüft (zum Beispiel ISO, SOC, Sicherheitsfragebogen)?
  ☐ ja ☐ nein

E. Freigaben

- Fachliche Freigabe durch [Name/Funktion]: Datum: _______________
- Datenschutz/Legal eingebunden? ☐ ja ☐ nein
  – Ansprechpartner: _______________
- Besondere Risiken oder Auflagen (Stichworte): _______________

A2.15 Musterklausel „Datenschutz und Vertraulichkeit" für Leistungsbeschreibungen mit Dienstleistern/Agenturen

Diese Klausel ersetzt keinen vollständigen Vertrag zur Auftragsverarbeitung oder gemeinsamen Verantwortlichkeit. Sie kann als ergänzender Textbaustein in Leistungsbeschreibungen, Projektsteckbriefen oder Statements of Work genutzt werden und sollte an die jeweils gültigen Unternehmensvorlagen angepasst werden.

Mustertext (zur Verwendung in Leistungsbeschreibung/SoW; Platzhalter anpassen)

> Datenschutz und Vertraulichkeit
>
> Der Dienstleister verarbeitet personenbezogene Daten ausschließlich im Rahmen dieses Projekts und nur nach dokumentierten Weisungen des Auftraggebers. Eine Verarbeitung zu eigenen Zwecken des Dienstleisters ist ausgeschlossen, soweit nicht ausdrücklich und schriftlich etwas anderes vereinbart ist.
>
> Die Parteien schließen – soweit eine Auftragsverarbeitung im Sinne von Art. 28 DSGVO vorliegt – eine gesonderte Vereinbarung zur Auftragsverarbeitung. Soweit die Parteien gemeinsam über Zwecke und Mittel der Verarbeitung entscheiden, wird eine Vereinbarung über die gemeinsame Verantwortlichkeit gemäß Art. 26 DSGVO geschlossen. Auf diese Vereinbarungen wird hier Bezug genommen.
>
> Der Dienstleister stellt sicher, dass nur solche Mitarbeitenden und Unterauftragnehmer Zugriff auf personenbezogene Daten erhalten, die einer geeigneten Vertraulichkeitsverpflichtung unterliegen und für die Leistungserbringung erforderlich sind.
>
> Der Dienstleister ergreift geeignete technische und organisatorische Maßnahmen zum Schutz personenbezogener Daten entsprechend Art. 32 DSGVO. Auf Anforderung stellt der Dienstleister dem Auftraggeber geeignete Nachweise zur Verfügung (zum Beispiel Beschreibungen der TOMs, Zertifizierungen, Auditberichte).
>
> Der Einsatz von Unterauftragnehmern, die Zugriff auf personenbezogene Daten erhalten, bedarf der vorherigen Information des Auftraggebers und erfolgt nur im Rahmen der jeweils vereinbarten datenschutzrechtlichen Vorgaben (einschließlich gegebenenfalls erforderlicher Vereinbarungen zu internationalen Datentransfers).
>
> Nach Beendigung der vertraglichen Leistungen löscht oder gibt der Dienstleister sämtliche personenbezogenen Daten entsprechend den vereinbarten Fristen und Nachweisen zurück, soweit keine gesetzlichen Aufbewahrungspflichten entgegenstehen.

A2.16 Muster – Kurzmeldung bei Verdacht auf Datenpanne (E-Mail/Chat)

Verwendung: Kurzmeldung aus dem Team an Führungskraft oder zentrale Meldestelle/DSB bei Verdacht auf einen Datenschutzvorfall. Passt zu Kapitel 9.2 und 9.4 sowie zum 60-Minuten-Plan in Kapitel 10.

Mustertext (E-Mail oder Chat-Nachricht)

> Betreff: Verdacht auf Datenschutzvorfall – [kurze Beschreibung]
>
> Hallo [Name/Funktionsadresse],
>
> ich möchte einen möglichen Datenschutzvorfall melden. Was ist passiert? [Kurze Beschreibung des Vorfalls in 2–3 Sätzen]. Wann? [Datum, Uhrzeit, gegebenenfalls Zeitzone]. Wer ist betroffen? [interne/externe Personen, geschätzte Anzahl, zum Beispiel Kunden, Mitarbeitende, Geschäftspartner]
>
> Welche und wie viele Daten? [Hauptkategorien, zum Beispiel Name, E-Mail-Adresse, Buchungsdaten, Segmente/Tags]. Welches System/welcher Kanal? [zum Beispiel CRM-System, Kampagnentool, Portal, Social-Media-Kanal, Agentur-Tool]. Was habe ich bereits getan? [zum Beispiel Versand gestoppt, Link deaktiviert, Datei aus Ordner entfernt, noch keine Maßnahmen]
>
> Wenn nötig, kann ich Screenshots oder weitere Informationen nachliefern. Bitte sagt mir kurz Bescheid, falls noch Angaben fehlen oder ich etwas zusätzlich veranlassen soll.
>
> Viele Grüße, [Name] [Funktion/Bereich] [Telefon/E-Mail]

A2.17 Musterformular – Incident-Log (Kurzprotokoll, „60-Minuten-tauglich“)

Verwendung: Starten Sie dieses Log sofort. Es genügt zunächst als Kurzprotokoll; Details ergänzen Sie fortlaufend.

> Incident-ID: ________________
>
> Datum/Uhrzeit Ersthinweis (Zeitzone): ________________
>
> Meldekanal: ☐ E-Mail ☐ Ticket ☐ Telefon ☐ Chat
> ☐ sonst: ________________
>
> Incident-Lead (fachlich): ________________
>
> IT-Security-Lead: ________________
>
> DSB/Legal: ________________
>
> Kurzbeschreibung (2–3 Sätze):
>
> Sofortmaßnahmen (mit Uhrzeit):
>
> - Stopp (zum Beispiel Versand/Link/Zugriff): ______________ um ______
> - Sicherung (zum Beispiel Screenshots/Export/Logs angefordert): ______________ um ______
> - Sonstiges: ____

Betroffenheit (Stand, Uhrzeit):

- Betroffenengruppen: ____________________
- Geschätzter Umfang und Quelle: ____________________
- Datenkategorien: ____________________
- Art. 9 DSGVO betroffen? ☐ ja ☐ nein (kurz): ____________________

Zugriffslage/Daten-Missbrauch:

☐ rein intern ☐ extern möglich ☐ extern bestätigt ☐ öffentlich erreichbar

Hinweise auf Daten-Missbrauch: ☐ nein ☐ ja (welche): ______________

Vorläufige Risikoindikator-Bewertung

Begründung (3 Stichworte): ____________________

Eskalation/Kommunikation (wer/wann/wie):

- DSB/Legal informiert: ____________________ um ______ via ______
- IT-Security informiert: ____________________ um ______ via ______
- Management informiert: ____________________ um ______ via ______
- Dienstleister/Agentur eingebunden: ____________ um ______ via ______

Offene Punkte und Fristen (bis wann klären):

- ______________________________________ bis ______ um ______
- ______________________________________ bis ______ um ______

Meldelogik (fortlaufend):

- Art. 33 (Aufsicht): ☐ offen ☐ nein ☐ ja – Begründung/Stand: _______
- Art. 34 (Betroffene): ☐ offen ☐ nein ☐ ja – Begründung/Stand: _______

Abschluss:

- Stabilisierung/Fix umgesetzt am ____ um ____ (Change/Beleg: ________)
- Lessons Learned am ____ (Dokument/Link: ________)
- Closure-Freigabe durch ________ am ____ um ____

A2.18 Mustertext – Kurzstatus (Erstmeldung/Update, intern)

A. Kurzstatus an DSB/Legal/IT-Security (Erstmeldung, intern)

- Betreff: Verdacht Datenschutzvorfall – [System/Prozess] – Stand: [TT.MM.JJJJ, HH:MM].
- Kurzbeschreibung: [1–2 Sätze, was beobachtet wurde].

- Betroffen (Scope, vorläufig):
  ☐ Betroffenengruppe: [z. B. Kunden/Mitarbeitende/Leads].
  ☐ Datenarten: [z. B. Kontaktdaten/Nutzungsdaten].
  ☐ Umfang/Zeitraum: [geschätzt … Datensätze; Zeitraum … bis …].
  ☐ Empfängerkreis/Weitergabe: [intern/extern; Dienstleister; Kanäle].
- Erste Maßnahmen: [Stopp/Sicherung] um [HH:MM].
- Risikoindikator-Bewertung (vorläufig):
- Begründung: [2–3 Stichworte].
- Offene Punkte bis: [TT.MM.JJJJ, HH:MM] [Scope/Logs/Empfängerkreis].
- Nächster Sync: [TT.MM.JJJJ, HH:MM] (Format:[Call/Chat]).
- Incident-Log gestartet: [Ablage/Link].

B. Kurzstatus an Management (ohne Panik, ohne Entwarnung)

- Stand: Verdachtsfall Datenschutzvorfall in [Bereich/System].
- Wir haben [Stopp/Sicherung] veranlasst und klären bis [TT.MM.JJJJ, HH:MM] den Umfang.
- Datenschutz/Legal/IT sind eingebunden.
  Nächstes Update [TT.MM.JJJJ, HH:MM].

C. Hinweis an das eigene Team (Beweise sichern, Folgeschäden)

Bitte bis auf Weiteres keine Änderungen/Löschungen an [Tool/Folder/Kampagne] vornehmen. Sichern Sie relevante Belege (Screenshots, Versandlogs, Konfigurationen) und legen Sie alles in [Ablage/Link] ab. Rückfragen/Beobachtungen bitte ausschließlich an [Incident-Lead/Funktionsadresse].

A2.19 Mustertext – Kampagnen-Freigabevermerk „Consent und Audience“ (auditfest, 1 Seite)

Titel: Kampagnen-Freigabevermerk – Consent-/Opt-out-Nachweis und Zielgruppe

Kampagne/Projekt: ______________________________

Datum/Uhrzeit Freigabe: _________________________

Verantwortliche Person (Fach): ___________________

Tool/Plattform: ________________________________

Segment-/Audience-ID: __________________________

A. Zweck und Kanal

- Zweck (1 Satz): ______________________
- Kanal(e): ☐ E-Mail ☐ Telefon ☐ SMS ☐ Push
  ☐ Sonstiges: ______________________

B. Zielgruppe (Herkunft und Logik)

- Quelle/System: ______________________
- Kriterien (Stichworte): ______________________
- Länder/Regionen/Marken: ______________________
- Ausschlüsse aktiv: ☐ Opt-out/Widerspruch ☐ Sperrlisten ☐ Testadressen ☐ Sonstiges: ______________________

C. Rechtsgrundlage/Nachweisweg

☐ Einwilligung liegt vor (Consent-ID/Version): ______________________

☐ Nachweis: ☐ DOI-Log ☐ Event-ID ☐ Ticket

☐ Sonstiges: ______________________

☐ Bestandskundenprivileg (Art. 13 Abs. 2 ePrivacy/§ 7 Abs. 3 UWG) – Voraussetzungen geprüft:

☐ Kundenbeziehung ☐ ähnliche Leistung ☐ Opt-out-Hinweis bei Erhebung ☐ Opt-out in jeder Nachricht ☐ kein Widerspruch

☐ Sonstige Grundlage (kurz): ______________________

D. Technik- und Link-Check

- Versand/Go-Live über freigegebenes System: ☐ ja ☐ nein (wenn nein: STOPP)
- Links/Assets geprüft: ☐ Auth ☐ Ablauf ☐ Rollen
  ☐ Takedown-Owner: ______________________
- URL-Parameter ohne personenbezogene Daten: ☐ ja ☐ nein (wenn nein: STOPP)______________________

E. Risikoindikator-Bewertung (vor Versand)

☐ OK ☑ ☐ PRÜFEN ▽ ☐ STOP ⛔

Begründung (max. 2 Stichworte): ______________________

F. Freigaben

- Fachfreigabe (Name/Unterschrift): ______________________

Bei PRÜFEN ▽ / STOP ⛔: DSB/Legal eingebunden: ☐ ja ☐ nein

Name/Datum: ______________________

Ablageort (Link/Pfad): ______________________

A2.20 Muster – Eingangsbestätigung Betroffenenanfrage (Auskunft, Löschung, Widerspruch)

Betreff: Ihre Anfrage zu personenbezogenen Daten – Eingangsbestätigung (Ticket-Nr.)

Sehr geehrte/r [Name],

vielen Dank für Ihre Nachricht vom XX. Wir haben Ihre Anfrage erhalten und unter der Ticketnummer XX erfasst. Damit wir Ihre Anfrage korrekt bearbeiten und Ihre Daten vor unberechtigtem Zugriff schützen, benötigen wir eine angemessene Bestätigung Ihrer Identität. Bitte übermitteln Sie uns hierzu [geeigneter Nachweis, zum Beispiel Bestätigung über das Kundenkonto/Antwort von der hinterlegten E-Mail-Adresse/weitere risikobasierte Angaben].

Nach Ihrer Nachricht geht es um ☐ Auskunft ☐ Löschung ☐ Widerspruch gegen Direktwerbung ☐ Sonstiges: […].

Wir beantworten Anfragen grundsätzlich innerhalb eines Monats ab Eingang der vollständigen Informationen. Sollte eine Verlängerung erforderlich sein, informieren wir Sie rechtzeitig mit Begründung.

Für Rückfragen erreichen Sie uns unter [Kontakt/Funktionsadresse/Telefon].

Mit freundlichen Grüßen, [Funktion/Team]

A2.21 Muster – Bestätigung Widerspruch gegen Direktwerbung (Art. 21 Abs. 2 DSGVO)

Betreff: Bestätigung Ihres Widerspruchs gegen Direktwerbung (Ticket)

Sehr geehrte/r [Name],

Sie haben der Verarbeitung Ihrer personenbezogenen Daten zu Zwecken der Direktwerbung widersprochen. Wir bestätigen Ihnen: Wir werden Ihre Daten ab sofort nicht mehr für Direktwerbung verwenden. Was wir technisch tun:

Wir haben Ihren Widerspruch am im führenden System erfasst und in unsere Sperr-/Suppression-Logik übernommen, damit Sie künftig nicht versehentlich erneut angeschrieben werden. Wichtiger Hinweis: Um Ihren Widerspruch dauerhaft zu respektieren und nachweisen zu können, speichern wir einen minimalen Sperrvermerk (zum Beispiel E-Mail-Adresse/Identifier und Datum und Kanal). Dieser Sperrvermerk wird nicht für Werbezwecke genutzt. Wenn Sie möchten, teilen Sie uns bitte mit, auf welche Kanäle sich der Widerspruch bezieht: ☐ E-Mail ☐ Telefon ☐ Post ☐ Sonstige: […].

Mit freundlichen Grüßen, [Funktion/Team]

A2.22 Muster – Antwort auf Beschwerde nach einer Panne (kurz, belastbar, ohne Vorfestlegung)

Betreff: Ihre Beschwerde vom [TT.MM.JJ.] – Rückmeldung und weiteres Vorgehen (Ticket)

Sehr geehrte/r [Name],

vielen Dank für Ihre Nachricht. Wir verstehen, dass der Vorgang für Sie ärgerlich und verunsichernd ist. Wir prüfen den Sachverhalt derzeit strukturiert und mit Priorität. Unmittelbare Sicherungsmaßnahmen wurden bereits veranlasst (zum Beispiel Zugriff/Versand gestoppt, technische Prüfung angestoßen, interne Eskalation). Sobald wir belastbare Ergebnisse haben, informieren wir Sie über die für Sie relevanten Punkte.

Wenn Sie uns zur eindeutigen Zuordnung helfen möchten, nennen Sie bitte: [Kundennummer/Account-ID/konkreter Bezug]. Für Datenschutzanliegen können Sie sich auch an unseren Datenschutzbeauftragten wenden: [Kontakt Datenschutzbeauftragter/Funktionsadresse].

Zudem steht es Ihnen frei, sich bei einer Datenschutzaufsichtsbehörde zu beschweren.

Mit freundlichen Grüßen, [Funktion/Team]

A2.23 Muster – Faktenabfrage an ausländische Konzerngesellschaft oder Dienstleister im Incident-Fall

Betreff: Datenschutzvorfall – Bitte um Facts/Logs bis [Uhrzeit, Zeitzone] – Ticket [ID]

Hallo [Name/Team],

wir haben seit [Datum/Uhrzeit, Zeitzone] einen Verdacht auf einen Datenschutzvorfall in Bezug auf [System/Prozess]. Bitte unterstützen Sie uns sofort mit folgenden Informationen – und sichern Sie Belege (bitte keine Löschungen/Änderungen an Logs oder Konfigurationen, bis wir grünes Licht geben):

- Was ist passiert? (Kurzbeschreibung, Auslöser, erste Hypothese)
- Zeitachse (erste Auffälligkeit, Eindämmungsmaßnahmen, Status jetzt)
- Betroffene Systeme/Umgebungen (Prod/Test, Regionen, Mandanten)
- Betroffene Datenarten (zum Beispiel Kontaktdaten, Vertragsdaten, IDs, Tracking-IDs)
- Betroffene Personengruppen (Kunden/Leads/Mitarbeitende/Partner)

- Betroffener Umfang (Schätzung und Methode; wie viele Datensätze/Accounts)
- Zugriff/Exfiltration: Gibt es Hinweise auf unbefugten Zugriff oder Abfluss?
- Empfänger/Offenlegung: Wurden Daten Dritten sichtbar/zugänglich (auch temporär)?
- Logs/Belege: Bitte liefern/konservieren: relevante Logs, Audit-Trail, Konfig-Export, Screenshots, Alerts.
- Ihre Sofortmaßnahmen: Was wurde gestoppt/isoliert/gepatcht – und was ist noch offen?

Kontakt für Rückfragen (24/7): [Name, Telefon, E-Mail, Zeitzone]

Bitte senden Sie ein erstes Update bis [Uhrzeit] und anschließend Updates alle [x] Stunden oder bei neuen Erkenntnissen sofort.

Vielen Dank und freundliche Grüße, [Name/Funktion]

A2.24 Muster – Kurzvermerk „Rollen- und Transfer-Check" (Art. 26/28 und Kapitel V DSGVO) – 1 Seite

A. Aktendeckel

Vorgang/Projekt: ______________________________

Datum/Version: ______________________________

Beteiligte Parteien (Gesellschaften/Dienstleister) ______________________

System/Tool: ______________________________

Zweck: ______________________________

B. Rollenentscheidung

- Wer entscheidet über die Zwecke? ______________
- Wer entscheidet über die Mittel (Tool/Parameter/Empfänger)? __________
  Ergebnis: ☐ Verantwortlicher ☐ Auftragsverarbeiter ☐ gemeinsame Verantwortliche
- Begründung (max. 6 Sätze): ______________________________
- Erforderliche Dokumente:
  ☐ Art. 28-DPA/AVV inklusive TOM ☐ Art. 26-Vereinbarung (Kernpunkte) ☐ interne RACI/Owner-Liste
- Ablageort: ______________________________
- Freigabe (Name/Datum): ______________________

C. Drittlandtransfer-Check (Kapitel V DSGVO)

- Findet ein Drittlandtransfer statt? ☐ nein ☐ ja
  → Land/Region: ____________________
- Auch Remote-Admin/Support betroffen? ☐ nein ☐ ja (Details): ________
  Mechanismus: ☐ Angemessenheitsbeschluss ☐ SCC ☐ BCR
  ☐ Art. 49-Ausnahme (begründet)
- TIA-Light erforderlich? ☐ nein ☐ ja → Datum/Link: ____________
- Zusatzmaßnahmen (falls nötig): ☐ Verschlüsselung ☐ Pseudonymisierung ☐ Zugriffskontrolle ☐ Logging ☐ Sonstiges: ____________
- Entscheidung: ☐ Go ☐ Go mit Auflagen ☐ Stop/Nacharbeit
- Auflagen/To-dos (max. 5 Stichworte): ____________________
- DSB/Legal eingebunden: ☐ ja ☐ nein Name/Datum: ____________

A2.25 Mustertext – Team-Ansage „Selbst-Audit in 30 Tagen" (E-Mail/Teams-Post)

Betreff: Kurzer Selbst-Audit Datenschutz – pragmatisch, ohne Zusatzaufwand

Guten Tag,

wir werden in den nächsten 30 Tagen einen kurzen Selbst-Audit zu unseren Datenflüssen in Marketing/Sales/Vertrieb durchführen. Ziel ist nicht „Kontrolle um der Kontrolle willen", sondern Sicherheit der Kundendaten im Alltag: Wir wollen schnell zeigen können, was wir tun, warum wir es tun – und wie wir es im Griff haben. Was passiert konkret?

Wir schauen uns stichprobenartig ein paar aktuelle Vorgänge an (Kampagne, Zielgruppe, Tool, Dienstleister). Wir sammeln die wichtigsten Nachweise in einem Ordner (Freigaben, Segment-Logik, Consent/Opt-out-Check, Exporte). Wir halten die Befunde kurz fest und leiten umsetzbare Maßnahmen ab. Was ich von Ihnen brauche:

Benennen Sie bitte je Kernsystem einen Ansprechpartner (Owner). Legen Sie Unterlagen zu Ihren letzten 1–2 Vorgängen bereit (Briefing, Freigaben, Export-Nachweis). Wenn etwas unklar ist: bitte früh melden – lieber sauber klären als später erklären.

Das ist ein Team-Projekt. Es geht um Routine, die uns Tempo und Ruhe gibt – gerade wenn intern oder extern Fragen gestellt werden.

Vielen Dank! [Name/Rolle]

A2.26 Mustertext – Erstreaktion an interne Revision oder Aufsichtsbehörde

Betreff: [Prüfung/Anfrage] – Ansprechpartner, Scope und Nachweise

Sehr geehrte Damen und Herren,

vielen Dank für Ihre Nachricht vom [Datum]. Für die Koordination im Bereich [Marketing/Sales/Vertrieb] benennen wir als Ansprechpartner:

Kontakt: [Name, Funktion, E-Mail, Telefon], Vertretung: [Name, Funktion]

Nach unserem Verständnis betrifft Ihre Anfrage/Prüfung: [Thema/Prozess/System] im Zeitraum [Zeitraum]. Sofern Sie den Scope erweitern oder präzisieren möchten, geben Sie uns bitte einen Hinweis. Wir haben die interne Sichtung gestartet und stellen die relevanten Nachweise strukturiert zusammen (Systemliste, Datenflüsse, Freigaben, Consent/Opt-out-Nachweise, Rollen/Rechte, Löschlogik). Einen ersten gebündelten Stand liefern wir bis [Datum]. Wir können insbesondere bereitstellen:

Auszüge aus dem Verzeichnis von Verarbeitungstätigkeiten (VVT) zum geprüften Prozess, Rollen-/Rechtekonzept (Zugriffe) und relevante Protokolle/Logs im erforderlichen Umfang, Nachweise zu Einwilligung/Opt-out und zur technischen Umsetzung (Synchronisation, Sperrlogik), dokumentierte Stichprobenergebnisse und einen Maßnahmenplan. Wir stimmen die Kommunikation und etwaige rechtliche Bewertungen mit unserem Datenschutzbeauftragtem/Legal ab und kommen danach umgehend auf Sie zurück.

Mit freundlichen Grüßen, [Name] [Funktion/Bereich]

Anhang 3 – Glossar der wichtigsten Begriffe für Führungskräfte

Dieses Glossar wurde für Personen geschrieben, die keine Datenschutz- oder IT-Fachleute sind, aber in einem Unternehmen Verantwortung für Kundendaten tragen.

Es ist ein lebendiges Dokument. Wenn neue Begriffe auftauchen oder bestehende Definitionen verwirrend sind, passen Sie sie an die Bedürfnisse Ihres Teams an.

A/B-Testing
Verfahren, bei dem zwei Varianten (zum Beispiel von E-Mail-Betreffzeilen, Landingpages oder Buttons) an Teilgruppen getestet werden, um herauszufinden, welche Variante besser performt (höhere Conversion). Datenschutzrechtlich relevant, da oft Cookies oder Tracking-Pixel eingesetzt werden und Nutzerverhalten analysiert wird. Benötigt meist eine Einwilligung (Consent).

Verwandt mit: Tracking, Cookies, Einwilligung, Conversion-Optimierung

Accountability/ Rechenschaftspflicht
Die Pflicht, die Einhaltung der Datenschutzregeln nicht nur umzusetzen, sondern auch nachweisen zu können (Art. 5 Abs. 2 DSGVO). Das ist der Grund, warum Sie Checklisten führen, Entscheidungen dokumentieren und Protokolle speichern.

Verwandt mit: Dokumentation, Prüffestigkeit, Nachweis

AdTech (Werbetechnologie)
Das technische Ökosystem rund um Online-Werbung. Dazu gehören Tools, die Anzeigen schalten, Zielgruppen tracken, Gebote in Echtzeit-Auktionen abgeben und den Erfolg messen. Datenschutz-Risiko: Viel Tracking, viele Daten, viele Akteure.

Verwandt mit: Tracking, Pixel, Targeting, Cookies

AI
Artificial Intelligence (engl. für Künstliche Intelligenz; im Text unter anderem in „AI Literacy“).

Verwandt mit: Automatisierte Entscheidungsfindung, Profiling, LLM, Trainingsdaten

Anonymisierung
Anonymisierung liegt vor, wenn eine Person nicht (mehr) identifizierbar ist und eine Re-Identifizierung nach allgemeinem Ermessen nicht wahrscheinlich ist (ErwG 26 DSGVO). Dann ist die DSGVO grundsätzlich nicht mehr

anwendbar. Achtung: Das ist keine Einmal-Entscheidung. Stand der Technik, Datenzuschnitte und Zusatzwissen im Ökosystem können die Bewertung verändern.

Verwandt mit: Pseudonymisierung (unterschied: Pseudonyme können rückgängig gemacht werden)

Auditfest Bezeichnung für Prozesse, Dokumentationen oder Zustände in einem Bereich, die einer behördlichen (Aufsichtsbehörde) oder internen (Revision) Prüfung standhalten. Bedeutet konkret: Eine Entscheidung ist nicht nur getroffen, sondern nachvollziehbar hergeleitet, dokumentiert, aktuell und belegbar (Rechenschaftspflicht nach Art. 5 Abs. 2 DSGVO).

Verwandt mit: Rechenschaftspflicht, Dokumentation, Nachweisbarkeit, Compliance

Aufsichtsbehörde Eine unabhängige Datenschutzbehörde, die die Anwendung der Vorschriften der DSGVO überwacht. Sie schützen Grundrechte und -freiheiten natürlicher Personen bei der Verarbeitung personenbezogener Daten und erleichtern den freien Datenverkehr in der EU, vgl. Art. 51 DSGVO.

Verwandt mit: DSGVO, Bußgeld, Beschwerde, Meldepflicht

Auftragsverarbeitung (AV) Ein Dienstleister verarbeitet personenbezogene Daten weisungsgebunden, also nicht auf eigene Rechnung oder für eigene Ziele, sondern nach den genauen Vorgaben und Anweisungen des Verantwortlichen (Art. 28 DSGVO). Klassisch: Versanddienstleister, Hosting, Callcenter „im Auftrag".

Verwandt mit: AV-Vertrag, Dienstleister, Verantwortlicher

AV-Vertrag (Auftragsverarbeiter-Vertrag)/ DPA (Data Processing Agreement) Pflicht-Vertrag mit einem Dienstleister nach Art. 28 DSGVO, der unter anderem Zweck, Dauer, Kategorien, TOM, Subunternehmer und Kontrollrechte regelt. Der Vertrag regelt klare Spielregeln, unter anderem: Was darf der Dienstleister mit den Daten tun? Wie lange? Wie werden Sicherheit und Schutz der Daten geregelt?

Verwandt mit: Auftragsverarbeitung, Dienstleister-Management

B2B-Daten Auch im Geschäftskundenumfeld sind viele Daten personenbezogen (zum Beispiel Name, dienstliche E-Mail, Direktdurchwahl). „B2B" ist keine Ausnahme von der DSGVO; sie unterscheidet nicht zwischen privat und beruflich, sondern nur danach, ob es um eine natürliche Person geht.

Verwandt mit: Personenbezogene Daten, Geschäftskunden

Backup/Sicherungskopie Eine Kopie Ihrer Daten, die Sie im Notfall nutzen können, wenn die Original-Daten verloren gehen (z. B. bei Ransomware oder Hardwarefehlern). Löschpflichten müssen auch im Backup-Konzept beachtet werden.

Verwandt mit: Verfügbarkeit, Ransomware, Löschkonzept, Wiederherstellung

BCC (Blindkopie) Eine E-Mail-Funktion, bei der die Empfänger einander nicht sehen können- die Adressenliste bleibt im Gegensatz zur Cc Funktion privat. Standardmaßnahme zur Vermeidung von „Verteilerpannen".

Verwandt mit: Datenpanne, Newsletter, E-Mail-Versand

Behavioral Targeting Ausspielung von Werbung anhand des beobachteten Nutzerverhaltens (zum Beispiel Klickhistorie, besuchte Seiten, Suchbegriffe). Im Gegensatz zum kontextuellen Targeting (Werbung passend zum Artikel) werden hier Nutzerprofile erstellt. Datenschutzrechtlich zulässig nur mit gültiger Einwilligung oder (selten) strenger Interessenabwägung.

Berechtigtes Interesse Eine der Rechtsgrundlagen aus Art. 6 DSGVO. Sie erlaubt, personenbezogene Daten zu verarbeiten, auch ohne ausdrückliche Erlaubnis der betroffenen Person. Beispiel: Sie können Geschäftskunden postalisch kontaktieren, weil Sie ein berechtigtes wirtschaftliches Interesse (Kundenakquise) haben. Doch Sie müssen nachweisen können, dass Ihr Interesse wichtiger ist als die Privatsphäre des Kunden.

Verwandt mit: Rechtsgrundlage, Interessenabwägung, Widerspruch

Bereich/ Fachbereich Eine organisatorische Einheit im Unternehmen, z.B. Marketing, Vertrieb, HR. Datenschutzrechtlich bleibt das Unternehmen der Verantwortliche, aber der Fachbereich trägt operative Pflichten: Prozesse, Nachweise, Eskalation.

Verwandt mit: Verantwortlicher, Organisation, Governance

Besondere Kategorien personenbezogener Daten Daten, die besonders schutzbedürftig sind, weil sie den Kern der privaten Lebensgestaltung betreffen (Art. 9 DSGVO). Dazu gehören Gesundheitsdaten, politische Meinungen, religiöse Überzeugungen, sexuelle Orientierung oder biometrische Daten. Die Verarbeitung ist grundsätzlich untersagt und nur unter strengen Ausnahmen (zum Beispiel ausdrückliche Einwilligung) erlaubt. Im Marketing-Kontext relevant zum Beispiel bei Event-Fotos (politische Symbole, Barrierefreiheit) oder Gesundheits-Apps.

Verwandt mit: Sensitive Daten, DSGVO, Schutzbedarf

Bestandskundenprivileg/Soft-Opt-in Ausnahmeregelung nach § 7 Abs. 3 UWG, die es Unternehmen erlaubt, an Bestandskunden Werbung für ähnliche eigene Produkte oder Dienste per E-Mail zu versenden, ohne dass eine ausdrückliche Einwilligung (Double-Opt-in) erforderlich ist. Voraussetzungen: Die E-Mail-Adresse wurde beim „Kauf" erhoben (seit EuGH-Urteil C-654/23 gilt das auch für kostenlose Nutzerkonten), die Werbung bezieht sich auf ähnliche Produkte oder Dienste und der Kunde wurde deutlich auf sein Widerspruchsrecht hingewiesen.

Verwandt mit: Werbung, Einwilligung, Opt-out

Betroffene Person Jede Person, von der Sie Daten speichern und nutzen – zum Beispiel Kunde, Interessent, Mitarbeitender oder geschäftlicher Kontakt. Die Datenschutz-Gesetze schützen diese Person in ihren Grundrechten und Grundfreiheiten, insbesondere das Recht auf Schutz personenbezogener Daten (insbesondere nach Art. 8 EU-Grundrechtecharta) sowie die DSGVO-Schutzmechanismen (Art. 12–22 DSGVO).

Verwandt mit: Betroffenenrechte, DSGVO

Betroffenenrechte Das sind die Rechte, die jede Person hat, wenn Sie ihre Daten verarbeiten, wie Auskunftsrecht, Recht auf Berichtigung, Recht auf Löschung, Widerspruchsrecht, Datenübertragbarkeit (Art. 12–22 DSGVO).

Verwandt mit: Auskunft, Löschung, Privatsphäre

CMP (Consent-Management-Plattform) Ein Tool zur Einholung und Verwaltung von Einwilligungen, z. B. Cookie-Banner auf Websites, inklusive Protokoll und Widerruf. Das CMP ist datenschutz-technisch kritisch: Es muss zuverlässig arbeiten und alle Abmeldungen technisch durchsetzen.

Verwandt mit: Cookies, Einwilligung, Tracking

Consent/ Einwilligung Eine freiwillige (nicht erzwungen oder gekoppelt an andere Leistungen), informierte, eindeutige (nicht durch Schweigen oder vorausgefüllte Kästchen) Willensbekundung einer Person, dass Sie ihre Daten verarbeiten dürfen – zu einem bestimmten Zweck (Art. 4 Nr. 11, Art. 7 DSGVO).

Verwandt mit: Einwilligung, Opt-in, Rechtsgrundlage

Cookie Ein Cookie ist eine kleine Textdatei, die ein Internet-Browser (z. B. Chrome, Firefox) auf dem Endgerät (Computer, Smartphone) speichert. Im Vertriebs- und Marketing-Kontext unterscheidet man zwei Kategorien: Technisch notwendige oder essenzielle Cookies – Sie ermöglichen die Grundfunktionen einer Website, etwa Anmeldung, Warenkorb oder Sitzungsverwaltung. Diese benötigen grundsätzlich keine Einwilligung.

Marketing-Cookies (auch: Tracking-Cookies oder Analyse-Cookies) – Sie erfassen das Nutzerverhalten im Internet, um Werbung zu personalisieren oder die Reichweite zu messen. Diese erfordern stets eine ausdrückliche, informierte vorherige Zustimmung (Opt-in) vor dem Speichern, da sie in die Privatsphäre eingreifen und unter die ePrivacy-Richtlinie sowie die DSGVO fallen.

Zusätzlich gibt es noch Funktional-Cookies (zur Verbesserung der Nutzererfahrung) und Analyse-Cookies (zur Auswertung von Nutzungsdaten), die ebenfalls einer Einwilligung bedürfen.

Verwandt mit: Tracking, CMP, Endgeräte

CRM (Customer Relationship Management) Ein Computer-System, in dem alle Kundendaten zentralisiert gespeichert sind und zur Kundenpflege (Kontakte, Historie, Kampagnen, Vertriebschancen) genutzt wird. Ein Datenschutzrisiko besteht meist bei einem Zweckwechsel (die Daten werden für neue Zwecke genutzt, ohne dass die Kunden davon wissen und zustimmen), einer Zugriffsausweitung und einer zu langen Datenspeicherung.

Verwandt mit: Datenlandkarte, Zugriffskontrolle, Löschkonzept

Dark Patterns (Deceptive Design) Manipulative Design-Elemente in Benutzeroberflächen (Websites, Apps), die Nutzer zu Entscheidungen drängen, die sie eigentlich nicht treffen wollten – etwa durch irreführende Farben, versteckte „Ablehnen"-Buttons oder künstliche Verknappung („Nur noch 5 Minuten verfügbar"). Solche Praktiken sind durch den Digital Services Act (DSA) verboten und führen oft zur Unwirksamkeit von datenschutzrechtlichen Einwilligungen.

Verwandt mit: UX-Design, Einwilligung, Digital Services Act (DSA)

Data Breach/ Datenpanne/ Datenschutzverletzung Ein Vorfall, bei dem personenbezogene Daten ungewollt oder unerlaubt offengelegt, gelöscht oder verändert werden (Art. 4 Nr. 12 DSGVO), zum Beispiel durch Fehlversand, unberechtigten Zugriff, Verlust, Ransomware).

Verwandt mit: Incident, Meldepflicht, Sicherheit

Data Clean Room/ Datenreinraum Geschützter (verschlüsselt), neutraler Datenraum (oft Cloud-basiert), in dem mindestens zwei Unternehmen ihre Kundendaten datenschutzgerecht abgleichen und analysieren können, ohne dass das jeweils andere Unternehmen Zugriff auf die Rohdaten erhält. Er dient der datenschutzfreundlichen Auswertung von Marketing-Kooperationen. Typische Anwendungen: Marketing-Attribution, Audience-Matching. Vorteil: Rohdaten werden typischerweise nicht offen geteilt. (Das ersetzt aber keine Rechtsgrundlage und macht die Daten nicht automatisch anonym – häufig bleibt es bei pseudonymisierten personenbezogenen Daten.)

Verwandt mit: Datenschutz, Kooperation, Verschlüsselung

Datenklassifikation/Datenkategorisierung Die Einordnung von Daten nach Sensibilität (zum Beispiel normal, vertraulich, besonders schutzwürdig). Sie bildet die Grundlage für Zugriffe, Verschlüsselung oder Freigaben.

Verwandt mit: Risiko, Zugriffskontrolle, Sicherheit

Datenminimierung Meint nur die Daten zu verarbeiten, die für den Zweck erforderlich sind (Art. 5 Abs. 1 lit. c DSGVO), keine anderen.

Verwandt mit: Datenschutz-Grundsatz, Speicherbegrenzung

Datenschutzbeauftragter (DSB) Person, die ein Unternehmen oder eine Behörde mit Datenschutzaufgaben betraut (Art. 37 DSGVO). Der DSB überwacht die Einhaltung der DSGVO, berät interne Stakeholder, dokumentiert Verarbeitungstätigkeiten, führt DPIAs durch und ist Anlaufstelle für betroffene Personen und Aufsichtsbehörden. Erforderlich bei öffentlichen Stellen oder wenn die Verarbeitung umfangreiche systematische Überwachung betroffener Personen umfasst. Der DSB muss unabhängig und fachlich kompetent sein. Der DSB trifft keine Geschäftsentscheidungen. Er berät, warnt, dokumentiert – aber Sie als Führungskraft entscheiden.

Verwandt mit: Governance, Compliance, Expertise

Datenschutz-Folgenabschätzung (DSFA)/Data Protection Impact Assessment (DPIA) Systematische Risikoprüfung nach Art. 35 DSGVO. Sie ist erforderlich, wenn eine Datenverarbeitung voraussichtlich ein hohes Risiko für die Rechte und Freiheiten betroffener Personen mit sich bringt. Typische Fälle: umfangreiches Profiling, automatisierte Entscheidungsfindung oder Tracking-Technologien. Die DSFA dokumentiert die Risiken, getroffene Schutzmaßnahmen und gegebenenfalls notwendige Mitigationen.

Verwandt mit: Risikomanagement, DSB, Verantwortung

Datentransfer/Drittlandtransfer Übermittlung personenbezogener Daten in Staaten außerhalb des Europäischen Wirtschaftsraums (EWR). Nach DSGVO ist das nicht automatisch zulässig, sondern erfordert zusätzliche Schutzgarantien wie Standardvertragsklauseln (SCCs, Art. 46 DSGVO), Binding Corporate Rules (BCR) oder einen EU-Angemessenheitsbeschluss (Art. 45 DSGVO). Ohne solche Garantien ist der Transfer datenschutzrechtswidrig.

Verwandt mit: DSGVO Kapitel V, SCCs, Transfer Impact Assessment

Datenübermittlung/Offenlegung
Das Weitergeben von Daten an andere Stellen (Dienstleister, Partner, Behörden). Jede Übermittlung muss eine Rechtsgrundlage haben und muss dokumentiert werden.

Verwandt mit: Empfänger, Verzeichnis, Transparenz

Digital Services Act (DSA)
EU-Verordnung (2022/2065), die neue Pflichten für digitale Dienste und Online-Plattformen festlegt – insbesondere zur Moderation von Inhalten, Transparenz von Algorithmen und Meldewegen für illegale Inhalte. Flankiert die DSGVO im Bereich der Plattform-Regulierung („Grundgesetz für das Internet“).

Verwandt mit: Digital Markets Act (DMA), Dark Patterns, Plattform-Regulierung

Double-Opt-in (Doppelte Bestätigung)
Zweistufiges Einwilligungsverfahren für E-Mail-Marketing und Newsletter: Der Nutzer trägt seine E-Mail-Adresse ein und akzeptiert die Datenschutzerklärung Im zweiten Schritt erhält er automatisch eine Bestätigungsmail mit Link, den er anklicken muss, um die Anmeldung zu vollziehen. Erst nach dieser zweiten Bestätigung erfolgt die Aufnahme in die Mailingliste. Double Opt-in ist nach DSGVO die sicherste Form, eine wirksame Einwilligung zu dokumentieren und Missbrauch (Fremdanmeldungen) auszuschließen.

Verwandt mit: Einwilligung (Consent), Newsletter, Nachweispflicht, E-Mail-Marketing

Einwilligungsnachweis
Dokumentation und Beweismittel, dass eine betroffene Person ihre informierte, freiwillige Zustimmung zur Datenverarbeitung erteilt hat (Art. 7 DSGVO). Der Verantwortliche trägt die Beweislast und muss nachweisen können, dass eine wirksame Einwilligung vorliegt. Ohne Einwilligungsnachweis gilt eine Einwilligung quasi als nicht erbracht.

Verwandt mit: Consent, Accountability, Kampagnen-Freigabe

E-Mail-Service-Provider (ESP)

Dienstleister, der Unternehmen eine technische Infrastruktur und Plattformen zum Versand von E-Mails (Newsletter, Marketing-Kampagnen, Transaktions-E-Mails) bereitstellt. Der ESP verwaltet Verteilerlisten, automatisiert den Versand, erfasst Öffnungs- und Klickraten und bietet Tracking-Funktionen. Ein ESP ist meist Auftragsverarbeiter (Art. 28 DSGVO) und unterliegt entsprechenden Vorgaben (Auftragsverarbeitungsvertrag, Datenverarbeitung nur nach Weisung, angemessene Sicherheitsmaßnahmen). Die Verantwortlichkeit für die Rechtmäßigkeit bleibt beim Auftraggeber.

Verwandt mit: Auftragsverarbeitung, AV-Vertrag, Newsletter

Empfänger

Person, Organisation oder Stelle, an die personenbezogene Daten weitergegeben oder zugänglich gemacht werden (Art. 4 Nr. 9 DSGVO). Wichtig für die Transparenz gegenüber den Kunden und für Ihr Verzeichnis der Verarbeitungstätigkeiten (ROPA).

Verwandt mit: Datenübermittlung, Transparenz, ROPA

Encryption/ Verschlüsselung

Technische Maßnahme, die personenbezogene Daten mittels Algorithmen in eine unleserliche Form umwandelt, sodass sie nur mit einem Schlüssel (Passwort, Zertifikat) wieder lesbar sind. Verschlüsselung ist eine zentrale Schutzmaßnahme nach Art. 32 DSGVO (Privacy by Design, technische und organisatorische Maßnahmen) und schützt Daten in Transit (TLS, HTTPS) und im Ruhezustand (z. B. verschlüsselte Festplatten, Datenbanken).

Verwandt mit: Sicherheit, TOM, Risiko

Endgeräte/Endgerätedaten

Geräte, die eine betroffene Person zur Kommunikation oder Datenverarbeitung nutzt – etwa Computer, Smartphone oder Tablet. Endgerätedaten sind dabei personenbezogene Daten, die auf oder über Endgeräte verarbeitet werden, insbesondere Cookie-Daten, Browser-Verlauf, Gerätekennungen (IDFA, AAID) oder Standortdaten. Der Zugriff und die Speicherung ist nicht nur DSGVO- sondern auch ePrivacy/TDDDG-relevant.

Verwandt mit: Cookies, TDDDG, Tracking

ePrivacy/TDDDG Die Richtlinie 2002/58/EG (ePrivacy-Richtlinie) und ihre nationale Umsetzung im Telekommunikation-Datenschutz-Durchführungsgesetz (TDDSG). Sie regelt den Schutz personenbezogener Daten in elektronischen Kommunikationsdiensten – etwa Cookies, Tracking, elektronische Werbung (E-Mail, SMS), Telefonmarketing. Die ePrivacy-Richtlinie ergänzt und konkretisiert die DSGVO im Bereich der Elektronischen Kommunikation.

Verwandt mit: Cookies, Tracking, Einwilligung, TDDDG

Erforderlichkeit/ Erforderlichkeitsprüfung Prüfung, ob eine geplante Datenverarbeitung rechtlich notwendig ist und im Verhältnis zu ihrem Zweck nicht über das Ziel hinausgeht (Prinzip der Datenminimierung, Art. 5 Abs. 1 c) DSGVO). Zu fragen ist: Sind die Daten für den Zweck tatsächlich nötig? Gibt es weniger eingriffsintensive Alternativen? Ist die Datenmenge angemessen? Eine Erforderlichkeitsprüfung muss vor dem Verarbeitungsbeginn durchgeführt und dokumentiert werden.

Verwandt mit: Datenminimierung, Prüfung, Legitimität

Fairness Grundprinzip der DSGVO (Art. 5 Abs. 1 a), wonach Datenverarbeitung gerecht und ohne Benachteiligung gegenüber betroffenen Personen erfolgen muss. Fairness bedeutet: keine manipulativen oder täuschenden Praktiken, keine Diskriminierung (etwa basierend auf Geschlecht oder Alter), angemessene Balance zwischen Verantwortlichem und betroffener Person. Fairness ist eng mit Transparenz und Rechtmäßigkeit verbunden und ist Grundlage für Vertrauen in Datenverarbeitung.

Verwandt mit: Transparenz, Grundsätze (Art. 5 DSGVO), Erwartungshaltung, Dark Patterns

Gemeinsame Verantwortlichkeit/ Joint Controllership Konstellation, bei der zwei oder mehr natürliche oder juristische Personen gemeinsam und im Zusammenwirken die Zwecke und Mittel der Datenverarbeitung bestimmen (Art. 26 DSGVO). Beispiele: Zwei Unternehmen führen gemeinsam eine Marketingkampagne durch; Konzernmuttergesellschaft und Tochterunternehmen teilen sich Kundendaten. Gemeinsame Verantwortliche müssen ihre gegenseitigen Verpflichtungen durch eine Vereinbarung festlegen und sind beide gegenüber betroffenen Personen und Aufsichtsbehörden haftbar.

Verwandt mit: Verantwortlicher, Fanpage, Plattformen

Geräte/Schatten-IT/Bring-Your-Own-Device (BYOD) Nutzung privater Endgeräte (Smartphones, Tablets, Laptops) durch Mitarbeitende für Arbeitszwecke ohne zentrales IT-Management oder -Kontrolle. BYOD birgt Datenschutzrisiken wegen oft unzureichender Sicherheit, Verschlüsselung oder Zugriffskontrolle. Unternehmen müssen BYOD regulieren, angemessene technische und organisatorische Maßnahmen vorgeben (Mobile Device Management, Verschlüsselung, Isolation beruflicher Daten) und die Vereinbarkeit mit Art. 32 DSGVO (Sicherheit) überprüfen.

Verwandt mit: Sicherheit, Zugriffskontrolle, Compliance

Hashing (kryptographische Hashfunktion) Kryptographisches Verfahren, das Eingabedaten (zum Beispiel Passwörter, E-Mail-Adressen, Dateien) mittels einer Hashfunktion in einen festen, deterministischen Hashwert (Fingerprint) umwandelt. Hashing wird genutzt zur Datenintegritätsprüfung (Prüfsummen/Fingerprints), zur Passwortspeicherung (mit adaptiven Passwort-Hashverfahren), sowie als pseudonymisierende Maßnahme zur Risikoreduzierung nach Art. 32 DSGVO. Beispiele: SHA-256 (allgemeine Hashfunktion), bcrypt/Argon2id (Passwort-Hashing). Gehashte Daten bleiben weiterhin personenbezogen, wenn eine Re-Identifikation möglich bleibt.

Verwandt mit: Pseudonymisierung, Verschlüsselung, Sicherheit

Incident/Sicherheitsvorfall Unerwartetes oder unerwünschtes Sicherheitsereignis, das die Verfügbarkeit, Integrität oder Vertraulichkeit personenbezogener Daten beeinträchtigt oder zu beeinträchtigen droht – etwa Malware-Befall, unbefugter Zugriff, Datenverlust, Ransomware-Angriff, Server-Ausfall. Nach Art. 33 DSGVO muss ein Sicherheitsvorfall unverzüglich der Aufsichtsbehörde gemeldet werden (Meldepflicht), wenn ein Risiko für betroffene Personen besteht; ab bestimmten Schwellenwerten auch an die betroffenen Personen selbst (Art. 34 DSGVO). Nicht jeder Incident ist eine Datenpanne, aber jede Datenpanne ist meist Folge eines Incidents.

Verwandt mit: Datenpanne, Incident-Management, Meldepflicht

Incident-Log/ Vorfallprotokoll Eine chronologische Dokumentation und Aufzeichnung aller Sicherheitsvorfälle, ihrer Ursachen, Auswirkungen, Reaktionsmaßnahmen und Ergebnisse. Das Incident-Log dient der Nachverfolgung, Analyse und kontinuierlichen Verbesserung der Sicherheit sowie als Nachweis der Compliance mit Art. 33, 34 DSGVO. Es muss zeitnah, strukturiert und mit allen relevanten Details (Zeitpunkt, betroffene Daten, ergriffene Maßnahmen, benachrichtigte Personen/Behörden) geführt werden und ist für Aufsichtsbehörden und Audits verfügbar zu halten.

Verwandt mit: Dokumentation, Nachweisführung, Audit

Informationspflichten Verpflichtung des Verantwortlichen, betroffene Personen transparent und in verständlicher Form über die Verarbeitung ihrer personenbezogenen Daten zu unterrichten (Art. 13, 14 DSGVO). Bei direkter Datenerhebung (Art. 13) muss der Verantwortliche zum Erhebungszeitpunkt informieren; bei indirekter Erhebung (Art. 14) innerhalb von vier Wochen.

Verwandt mit: Transparenz, Datenschutzerklärung, Privacy Notice

IP-Adresse Eindeutige numerische Kennung (z.B. 192.168.1.1 für IPv4), die jedem mit dem Internet verbundenen Endgerät zugewiesen ist und zur Identifikation im Netzwerk dient. Eine IP-Adresse kann ein personenbezogenes Datum sein, wenn die Zuordnung zu einer natürlichen Person mit vertretbarem Aufwand möglich ist – etwa, wenn der Internet Service Provider (ISP) oder ein anderer Dritter Zuordnungsdaten vorhält (EuGH, Urteil C-582/14 – Breyer). Dies trifft insbesondere auf dynamische IP-Adressen zu, bei denen der ISP die Zuordnung zu einem Zeitpunkt dokumentiert. Statische IP-Adressen oder reine Log-Einträge sind dagegen personenbezogen, wenn ein Bezug zu einer Person besteht.

Verwandt mit: Tracking, Personenbezug, Online-Daten

Kategorien personenbezogener Daten Unterschiedliche Arten von Informationen über betroffene Personen, die nach Datenschutzrecht unterschiedlich geschützt sind, etwa Name, Adresse, Telefon, E-Mail, oder sensible Daten, wie ethnische Herkunft, politische Meinung, Gewerkschaftszugehörigkeit, biometrische Daten (zu Identifikation), Gesundheitsdaten, die strengerem Verarbeitungsschutz unterliegen.

Verwandt mit: Personenbezogene Daten, Besondere Kategorien (Art. 9 DSGVO), Sensible Daten, Datenlandkarte

Large Language Model (LLM) KI-Modell, das auf riesigen Textmengen trainiert wurde und menschliche Sprache verstehen und generieren kann (zum Beispiel GPT 5.2, Claude, Llama). Im Unternehmenskontext datenschutzrelevant bei der Eingabe von Kundendaten (Input-Vertraulichkeit) und der Nutzung der Ergebnisse (Urheberrecht/Halluzinationen).

Verwandt mit: Künstliche Intelligenz (KI), Generative AI, Automatisierte Entscheidungsfindung, Training

Lead Ein Interessent, der dem Unternehmen seine Kontaktdaten zur Verfügung gestellt hat. Datenschutzrechtlich handelt es sich bei einem Lead – auch im B2B-Bereich – um einen Datensatz mit personenbezogenen Daten (Name, E-Mail, Telefon), für dessen Speicherung und Nutzung eine Rechtsgrundlage (zum Beispiel Einwilligung oder berechtigtes Interesse) erforderlich ist.

Verwandt mit: B2B-Daten, Einwilligung, CRM

Lookalike Audiences (Statistische Zwillinge) Targeting-Methode auf Werbeplattformen, bei der Personen gesucht werden, die den bestehenden Kunden (Custom Audience) in ihren Merkmalen ähneln. Da hierfür Kundendaten (oft gehasht) an Plattformen übermittelt werden, ist dies datenschutzrechtlich eine Verarbeitung, die in der Regel eine ausdrückliche Einwilligung der Bestandskunden erfordert.

Verwandt mit: AdTech, Profiling, Hashing

Löschen/Löschpflicht Datenschutzrechtliche Verpflichtung des Verantwortlichen, personenbezogene Daten zu löschen, wenn sie für ihren ursprünglichen Zweck nicht mehr erforderlich sind oder die betroffene Person ihr Recht auf Löschung (Art. 17 DSGVO, „Recht auf Vergessenwerden") geltend macht. Ausnahmen bestehen, wenn andere Rechtsgrundlagen die Speicherung verlangen (etwa Aufbewahrungsfristen nach Handels- oder Steuerrecht, Art. 17 Abs. 3 DSGVO). Löschen bedeutet vollständige, irreversible Vernichtung der Daten (auch in Backups, Archiven, Cloud und bei Dienstleistern), sodass keine Wiederherstellung möglich ist.

Verwandt mit: Speicherbegrenzung, Recht auf Löschung, Löschkonzept

Löschkonzept Systematische Regelung und Dokumentation, wann, wie und durch wen personenbezogene Daten gelöscht werden. Das Löschkonzept ist Bestandteil des Verarbeitungsverzeichnisses (Art. 30 DSGVO) und wird oft in einer Datenschutz-Richtlinie oder TOM-Dokumentation festgehalten. Es gewährleistet, dass Datenminimierung und Speicherbegrenzung (Art. 5 DSGVO) eingehalten werden.

Verwandt mit: Speicherbegrenzung, Governance, Datenschutz-Prozesse

Meldung an die Aufsichtsbehörde Verpflichtung des Verantwortlichen, die Aufsichtsbehörde (Datenschutzbehörde) über bestimmte datenschutzrechtliche Ereignisse zu unterrichten, etwa die Meldung eines Sicherheitsvorfalls (Art. 33 DSGVO): unverzüglich, wenn ein Risiko für betroffene Personen besteht. Verzögerungen oder Unterlassungen sind Ordnungswidrigkeiten und können zu Bußgeldern führen (Art. 83 DSGVO).

Verwandt mit: Datenpanne, Incident-Management, 72-Stunden-Frist

Mitteilung an Betroffene Verpflichtung des Verantwortlichen, betroffene Personen ohne Verzögerung über einen Sicherheitsvorfall (Datenpanne) zu unterrichten, wenn ein hohes Risiko für deren Rechte und Freiheiten besteht (Art. 34 DSGVO), z.B. Identitätsdiebstahl oder finanzielle Schäden. Wenn eine Datenverschlüsselung oder andere Schutzmaßnahmen das Risiko mindern, kann die Mitteilung unter Umständen entfallen. Die Mitteilung ist ein zentrales Element der Transparency und Vertrauenssicherung.

Verwandt mit: Datenpanne, Transparenz, Vertrauen

Need-to-know/ Kenntnisprinzip Sicherheitsprinzip, wonach Mitarbeitenden und Systeme Zugriff auf personenbezogene Daten nur erhalten, wenn dieser für ihre Aufgabe unbedingt erforderlich ist (Prinzip der Zugriffsbeschränkung, Art. 32 Abs. 1 b) DSGVO). Umsetzung: Rollenbasierte Zugangsrechte (RBAC), Authentifizierung, Logging, regelmäßige Überprüfung von Zugriffsrechten.

Verwandt mit: Zugriffskontrolle, RBAC, Sicherheit

Opt-in Aktive, ausdrückliche Zustimmung einer Person zur Verarbeitung ihrer personenbezogenen Daten oder zur Speicherung von Cookies vor der Verarbeitung (Prior Consent).

Verwandt mit: Consent, Einwilligung, Newsletter

Opt-out Möglichkeit einer Person, einer bereits eingeleiteten Datenverarbeitung oder Kommunikation zu widersprechen und sich „abzumelden" (Widerspruch). Opt-out ist schwächer als Opt-in, da die Verarbeitung zunächst erfolgt und die Person aktiv widersprechen muss.

Verwandt mit: Widerspruch, Suppression, Betroffenenrechte

Personenbezogene Daten Alle Informationen, die sich auf eine identifizierte oder identifizierbare natürliche Person beziehen (Art. 4 Nr. 1 DSGVO). Identifizierbar ist eine Person, wenn sie mit angemessenen Mitteln direkt oder indirekt mittels Identifikatoren wie Name, Nummer, Standortdaten, Online-Kennung oder besonderen Merkmalen ihrer Identität zugeordnet werden kann.

Verwandt mit: Datenarten, DSGVO-Anwendungsbereich

PII/Personally Identifiable Information Begriff aus dem anglo-amerikanischen Datenschutzrecht für Informationen, die eine natürliche Person direkt oder indirekt identifizieren können – ähnlich wie „personenbezogene Daten" nach DSGVO. PII umfasst: Name, Sozialversicherungsnummer, Finanzkonten, Biometrie,

Standort, Online-IDs. Der Begriff ist breiter als die DSGVO-Definition und wird in internationalen Standards (NIST, ISO 27001) verwendet. In europäischem Kontext wird der Begriff DSGVO-konformen „personenbezogene Daten“ vorgezogen.

Verwandt mit: Personenbezogene Daten, Datensicherheit

Privacy by Default Grundprinzip, wonach Datenschutzmaßnahmen und Schutzeinstellungen standardmäßig aktiviert sind – ohne dass die betroffene Person aktiv handeln muss (Art. 25 Abs. 2 DSGVO). Beispiele: Datensichtbarkeiten in sozialen Netzwerken sind auf privat eingestellt, Newsletter-Anmeldung ohne vorgekreuzter Checkbox. Privacy by Default ergänzt Privacy by Design und stellt sicher, dass der höchste Schutz automatisch gilt und Personen aktiv „abwählen“ müssen, um Risiken einzugehen.

Verwandt mit: Einwilligung, Transparenz, Art. 25 DSGVO

Privacy by Design Grundprinzip, wonach Datenschutz bereits in der Konzeptionsphase (Technikgestaltung) von Systemen, Prozessen und Produkten eingearbeitet wird – nicht erst nachträglich (Art. 25 DSGVO). Privacy by Design ist eine Mindestanforderung (Art. 32 DSGVO – Datensicherheit durch Technik und Verfahren) und wird durch Privacy by Default ergänzt (Schutzmaßnahmen sind standardmäßig aktiviert). Es ist ein proaktiver Ansatz zur Risikominderung und Compliance.

Verwandt mit: Systemgestaltung, Art. 25 DSGVO, TOM

Privacy Enhancing Technologies (PETs) Technologien, die den Datenschutz durch technische Maßnahmen stärken, oft indem sie den Personenbezug reduzieren, ohne den Nutzwert der Daten für Analysen komplett zu verlieren. Beispiele: Pseudonymisierung, Verschlüsselung, Differential Privacy oder Synthetische Daten.

Verwandt mit: Anonymisierung, Pseudonymisierung, Verschlüsselung, Data Clean Room

Profiling Automatisierte Verarbeitung personenbezogener Daten zur Analyse oder Prognose von Aspekten einer natürlichen Person – etwa berufliche Leistung, persönliche Vorlieben oder Verhalten (Art. 4 Nr. 11 DSGVO). Profiling umfasst Scoring, Segmentierung, Vorhersage-Modelle oder Verhaltensanalysen. Es wird häufig für Direktwerbung, Kreditvergabe oder HR-Entscheidungen genutzt. Strengere Regeln gelten bei rein automatisierter Entscheidungsfindung (Art. 22 DSGVO), die Profiling einsetzt und Rechtswirkung entfaltet.

Verwandt mit: Scoring, KI, Nachweispflicht

Pseudonymisierung Verarbeitung personenbezogener Daten auf eine Weise, dass sie ohne zusätzliche Informationen nicht mehr einer Person zugeordnet werden können (Art. 4 Nr. 5 DSGVO), etwa Verschlüsslung mit separatem Schlüssel oder Hashing mit Salt. Wichtig: Pseudonymisierte Daten bleiben personenbezogene Daten, wenn eine Re-Identifizierung (für Sie oder Dritte) nach dem Maßstab des ErwG 26 möglich beziehungsweise wahrscheinlich ist.

Verwandt mit: Anonymisierung, Sicherheit, Datenminimierung

Ransomware Eine Art von Schadsoftware (Malware), die Daten auf Systemen verschlüsselt und den Zugriff blockiert, um Lösegeld (Ransom) zu erpressen. Oft verbunden mit der Drohung, erbeutete Daten zu veröffentlichen (Double Extortion). Für Datenschutzverantwortliche fast immer ein meldepflichtiger Incident (Verlust der Verfügbarkeit und Vertraulichkeit).

Verwandt mit: Incident, Backup, Phishing

Rechtsgrundlage Eine legale Basis, auf der eine Datenverarbeitung beruht und rechtmäßig ist, etwa Art. 6 DSGVO für allgemeine Daten, Art. 10 DSGVO für Strafverfolgungsdaten und § 26 BDSG für Beschäftigtendaten. Besondere Kategorien erfordern zusätzliche Rechtsgrundlagen (Art. 9 Abs. 2). Jede Verarbeitung muss auf mindestens einer Rechtsgrundlage beruhen; ohne Rechtsgrundlage ist die Verarbeitung rechtswidrig.

Verwandt mit: DSGVO Art. 6, Legalität, Dokumentation

Records of Processing Activities (ROPA)/ Verzeichnis der Verarbeitungstätigkeiten Dokumentation aller Datenverarbeitungen einer Organisation (Art. 30 DSGVO). Das ROPA ist Nachweismittel für DSGVO-Compliance und muss der Aufsichtsbehörde auf Anfrage vorgelegt werden (Art. 30 Abs. 4 DSGVO). Es ist ein lebendiges Dokument, das kontinuierlich aktualisiert werden muss. Ohne ROPA kann der Verantwortliche nicht nachweisen, dass Verarbeitungen rechtmäßig erfolgen.

Verwandt mit: Rechenschaftspflicht (Accountability), Datenlandkarte, Art. 30 DSGVO, Dokumentation

Retargeting Werbeverfahren, bei dem Besucher einer Website auf anderen Websites markiert und erneut mit passender Werbung angesprochen werden. Da dies meist über Tracking-Cookies oder Pixel erfolgt, ist fast immer eine Einwilligung (Consent) erforderlich.

Verwandt mit: Tracking, Cookie, Einwilligung

Rollenbasierte Zugriffskontrolle/ Role-Based Access Control (RBAC) Ein Zugriffskontrollmodell, bei dem Zugriffsrechte nicht einzelnen Personen, sondern definierten Rollen zugewiesen werden (z. B. „Vertriebsleiter“, „Key-Account-Manager“). Jede Person erhält Rechte gemäß ihrer Rolle; bei Rollenwechsel ändern sich die Rechte automatisch. RBAC setzt das Kenntnisprinzip (Need-to-Know, Art. 32 DSGVO) um und reduziert Fehler durch zu breite oder veraltete Zugriffsrechte.

Verwandt mit: Zugriffskontrolle, Governance, Need-to-know

SCC/Standardvertragsklauseln Vorgefertigte, von der EU-Kommission genehmigte Vertragsbedingungen zur Regulierung von Datentransfers in Drittländer (Art. 46 Abs. 2 c, d DSGVO). SCCs sollen das Schutzniveau der DSGVO auch außerhalb des EWR aufrechterhalten, indem sie Pflichten des Empfängers (Drittland-Unternehmen) festlegen, unter anderem in Hinsicht auf Datensicherheit, Umsetzung der Betroffenenrechte und Weitergabeverbote.

Verwandt mit: Datentransfer, Drittlandtransfer, Schrems II

Schatten-IT Hard- oder Software, die von Fachbereichen (zum Beispiel Marketing, Sales) ohne Wissen und Freigabe der offiziellen IT-Abteilung genutzt wird. Beispiele: Private WhatsApp-Gruppen für Berufliches, Nutzung von kostenlosen Online-Tools (PDF-Converter, KI-Tools) oder private Cloud-Speicher (Dropbox, Google Drive). Datenschutzrechtlich hochriskant, da keine Kontrolle über Datenabflüsse und Verträge besteht.

Verwandt mit: Geräte, Sicherheit, Governance

Schrems II Wegweisendes Urteil des EuGH vom 16.7.2020 (C-311/18), das den „EU-US Privacy Shield“ für ungültig erklärte. Seitdem müssen Datenübermittlungen in die USA und andere unsichere Drittländer auf Standardvertragsklauseln (SCC) plus zusätzliche Risikoanalysen (TIA) oder das neue Data Privacy Framework (DPF) gestützt werden.

Verwandt mit: Drittlandtransfer, SCC, TIA, USA

SDM Standard-Datenschutzmodell. Methode der Aufsichtsbehörden, die DSGVO-Pflichten über Gewährleistungsziele (Datenminimierung, Verfügbarkeit, Vertraulichkeit, Integrität, Transparenz, Intervenierbarkeit, Nichtverkettung) in konkrete TOMs übersetzt.

Security Incident Unerwartetes oder unerwünschtes Sicherheitsereignis, das die Verfügbarkeit, Integrität oder Vertraulichkeit personenbezogener Daten beeinträchtigt oder bedroht – etwa unbefugter Zugriff, Malware-Befall, Datenverlust, Ransomware, Server-Ausfall (Art. 33 DSGVO).

Verwandt mit: Incident, Datenpanne, Meldepflicht

Sensitive Daten/ Besondere Kategorien Personenbezogene Daten, die besonders schutzbedürftig sind, weil sie tiefe Einblicke in die Privatsphäre, Identität oder Würde einer Person geben (Art. 9 DSGVO). Deren Verarbeitung ist grundsätzlich verboten (Art. 9 Abs. 1 DSGVO) und nur zulässig unter strikten Bedingungen (Art. 9 Abs. 2).

Verwandt mit: DSGVO, Schutz, Datenschutz-Grundprinzipien

Speicherbegrenzung
Grundprinzip der DSGVO (Art. 5 Abs. 1 e), wonach personenbezogene Daten nur so lange gespeichert werden dürfen, wie sie für ihren Zweck erforderlich sind. Speicherbegrenzung ist eng mit der Datenminimierung verbunden und reduziert Risiken (weniger Daten = weniger Missbrauchspotenzial).

Verwandt mit: Löschen, Löschkonzept, Speicherdauer

Suppression List/ Sperrliste
Verzeichnis von E-Mail-Adressen, Telefonnummern oder anderen Kontaktdaten, zu denen keine Direktwerbung versendet werden darf – etwa, weil Personen widersprochen haben (Art. 21 DSGVO) oder nach lokalen Gegebenheiten (Robinsonliste) Werbung nicht gewollt ist. Die Suppression List wird vor jedem Versand von Marketing-Kampagnen abgeglichen, um unerwünschte Kontakte auszuschließen. Sie ist datenschutzrechtlich obligatorisch und reduziert Beschwerden und Bußgeldrisiken.

Verwandt mit: Opt-out, Widerspruch, Newsletter-Management

Takedown
Aufforderung oder Verfahren zur Entfernung illegaler oder datenschutzrechtswidriger Inhalte aus dem Internet – etwa: Löschung personenbezogener Daten aus Websites (Recht auf Vergessenwerden, Art. 17 DSGVO). Ein Takedown kann durch betroffene Personen, Aufsichtsbehörden oder Plattformbetreiber eingeleitet werden. Takedown ist ein Durchsetzungsmechanismus für Betroffenenrechte.

Verwandt mit: Incident, Sofortmaßnahmen, Governance

TDDDG (Telekommunikation-Digitale-Dienste-Datenschutz-Gesetz)
Deutsches Gesetz, das (basierend auf der ePrivacy-Richtlinie) regelt, wann auf Endgeräte (Handy, Laptop) zugegriffen werden darf. Es bestimmt, dass für das Setzen von nicht-technisch notwendigen Cookies oder das Auslesen von Informationen (Tracking) eine Einwilligung nötig ist – unabhängig davon, ob es sich um personenbezogene Daten handelt. Die DSGVO regelt dann die weitere Verarbeitung dieser Daten.

Verwandt mit: Cookie, Tracking, DSGVO

Technische und organisatorische Maßnahmen (TOM)	Sicherheitsvorkehrungen, die ein Verantwortlicher treffen muss, um personenbezogene Daten vor Verlust, Missbrauch und unbefugtem Zugriff zu schützen (Art. 32 DSGVO), etwa Verschlüsselung, Firewalls, Zugriffskontrolle (RBAC). TOMs müssen zum Stand der Technik passen, kontinuierlich überprüft und dokumentiert werden. Sie sind Bestandteil von Privacy by Design und obligatorisch für DSGVO-Compliance. Verwandt mit: Sicherheit, Risikomanagement, Art. 32 DSGVO
TIA/Transfer Impact Assessment	Risikoprüfung, ob ein Datentransfer in ein Drittland (außerhalb EWR) datenschutzrechtlich zulässig ist. Die TIA prüft: Datenschutzniveau des Drittlands, Zugriffsrechte von Behörden (insbes. Geheimdienste), Wirksamkeit von Standardvertragsklauseln (SCCs), erforderliche zusätzliche Maßnahmen (Verschlüsselung, Pseudonymisierung, Vor-Ort-Audits). Die TIA ist regelmäßg erforderlich, insbesondere bei Transfers auf Basis von Art. 46 DSGVO und bei Drittlandzugriffsszenarien. Verwandt mit: Datentransfer, DSGVO Kapitel V, SCCs
Tracking/Wiederkennung/Nutzerverfolgung	Technische Verfahren zur Erfassung und Analyse von Nutzerverhalten im Internet – etwa Cookie-Tracking oder Browsing-Historie. Tracking ermöglicht es, Nutzer wiederzuerkennen und ihr Verhalten über mehrere Websites hinweg zu verfolgen (Cross-Site-Tracking), um Profile zu erstellen oder Werbung zu personalisieren. Verwandt mit: Cookies, Pixel, Endgeräte, Profiling
Transparenz	Grundprinzip der DSGVO (Art. 5 Abs. 1 a), wonach Datenverarbeitung offen, verständlich und nachvollziehbar für betroffene Personen sein muss. Transparenz ist die Voraussetzung für eine informierte Einwilligung und informationelle Selbstbestimmung. Sie ermöglicht Betroffenen, ihre Rechte auszuüben (Auskunft, Löschung, Widerspruch). Verwandt mit: Informationspflichten, Rechtmäßigkeit, Art. 5 DSGVO

Unterlassungsanspruch Anspruch, künftige rechtswidrige Handlungen zu verhindern. Im Datenschutzkontext kann er nach nationalem Recht neben DSGVO-Rechten bestehen, etwa um Wiederholungen einer unzulässigen Offenlegung zu untersagen.

Verwandt mit: Löschung (Art. 17 DSGVO), Einschränkung (Art. 18 DSGVO), Schadensersatz (Art. 82 DSGVO), einstweiliger Rechtsschutz, Beschwerde

UWG/Gesetz gegen den unlauteren Wettbewerb Deutsches Bundesgesetz, das unlautere Geschäftspraktiken regelt – etwa irreführende Werbung, aggressive Geschäftspraktiken, Spam oder unerwünschte Direktwerbung.

Verwandt mit: Werbung, E-Mail-Marketing, Bestandskundenprivileg

Verantwortlicher Natürliche oder juristische Person, die (allein oder gemeinsam mit anderen) die Zwecke und Mittel der Verarbeitung personenbezogener Daten bestimmt (Art. 4 Nr. 7 DSGVO) – typischerweise Ihr Unternehmen. Der Verantwortliche trägt die volle rechtliche Verantwortung für DSGVO-Compliance. Bei gemeinsamer Verantwortlichkeit sind beide Verantwortliche haftbar.

Verwandt mit: Rechenschaftspflicht, Verantwortung, DSGVO

Verarbeitung/ Processing Jeder Vorgang, der mit personenbezogenen Daten durchgeführt wird – etwa die Erhebung, Erfassung oder Speicherung (Art. 4 Nr. 2 DSGVO). Jede Verarbeitung muss eine Rechtsgrundlage haben (Art. 6 DSGVO) und unterliegt Datenschutzpflichten. Im ROPA wird jede Verarbeitungstätigkeit dokumentiert. Die breite Definition von Verarbeitung ist zentral für den Schutzbereich der DSGVO – fast jede Tätigkeit mit personenbezogenen Daten ist eine Verarbeitung und damit reguliert.

Verwandt mit: DSGVO-Anwendungsbereich, Rechtsgrundlage

Widerspruchsrecht Das Recht einer betroffenen Person, gegen die Verarbeitung ihrer Daten Einspruch zu erheben – insbes. bei berechtigten Interessen des Verantwortlichen (Art. 21

DSGVO). Der Verantwortliche muss den Widerspruch beachten und die Verarbeitung einstellen, es sei denn, er hat zwingende Gründe oder rechtliche Verpflichtungen (z.B. Steuernachweise). Der Widerspruch muss kostenfrei und einfach möglich sein.

Verwandt mit: Betroffenenrechte, Widerspruch, DSGVO

Zero Trust	IT-Sicherheitskonzept, das dem Grundsatz folgt: „Vertraue niemandem, verifiziere alles." Es wird keinem Gerät oder Nutzerkonto vertraut, nur weil es sich im internen Netzwerk befindet. Jeder Zugriff auf Daten oder Tools wird authentifiziert und autorisiert. Verwandt mit: Zugriffskontrolle, Sicherheit, Identitätsmanagement, Mobile Arbeit
Zugriffskontrolle/ Access Control	Technische und organisatorische Maßnahme, die regelt, wer Zugriff auf welche personenbezogenen Daten hat (Art. 32 DSGVO). Zugriffskontrolle setzt das Kenntnisprinzip (Need-to-Know) um und reduziert u.a. die Risiken von Missbrauch, Datenpannen und internem Datendiebstahl. Verwandt mit: TOM, Sicherheit, Need-to-know
Zweckbindung/ Zweckänderung	Die Zweckbindung ist ein Grundprinzip der DSGVO (Art. 5 Abs. 1 b), wonach personenbezogene Daten nur für festgelegte, eindeutige und legitime Zwecke erhoben und verarbeitet werden. Zweckänderung: Wenn der Verantwortliche Daten für einen neuen, anderen Zweck nutzen möchte, ist gegebenenfalls eine neue Rechtsgrundlage (Art. 6 DSGVO). Verwandt mit: Rechtsgrundlage, Transparenz, Datenminimierung

Anhang 4 – Abkürzungsverzeichnis

AAID	Android Advertising ID (Werbe-Kennung auf Android-Geräten)
Abs.	Absatz
AGB	Allgemeine Geschäftsbedingungen
AI	Artificial Intelligence (engl. für Künstliche Intelligenz)
API	Application Programming Interface (Programmierschnittstelle)
Art.	Artikel
AV	Auftragsverarbeitung (Art. 28 DSGVO) beziehungsweise Auftragsverarbeiter (je nach Kontext)
AVV	Auftragsverarbeitungsvertrag (Art. 28 DSGVO)
BAG	Bundesarbeitsgericht
BCC	Blind Carbon Copy (verdeckte Empfänger in E-Mails)
BCR	Binding Corporate Rules (verbindliche interne Datenschutzvorschriften für Konzerntransfers)
BDSG	Bundesdatenschutzgesetz
BI	Business Intelligence (Datenanalyse/Reporting)
BYOD	Bring Your Own Device (Nutzung privater Endgeräte für dienstliche Zwecke)
CC	Carbon Copy (sichtbare Kopie in E-Mails)
CC/BCC	Carbon Copy/Blind Carbon Copy (sichtbare/verdeckte Empfänger)
CDP	Customer Data Platform (Plattform zur Zusammenführung/Activation von Kundendaten)
CEF	Coordinated Enforcement Framework (koordinierter Durchsetzungsrahmen des Europäischen Datenschutzausschusses)
CISO	Chief Information Security Officer (Leitung Informationssicherheit)
CMP	Consent Management Platform (Einwilligungs-/Consent-Management-Tool)

CRM	Customer Relationship Management (Kundenbeziehungsmanagement; System/Prozess)
CRM/BI	CRM- und BI-Kontext (im Text: Systemlandschaft/Schnittstellen)
CRM/CDP	CRM-/CDP-Kontext (im Text: Kernsysteme und Datenflüsse)
CSV	Comma-Separated Values (Dateiformat, häufig für Exporte)
DLP	Data Loss Prevention (Maßnahmen/Tools zur Verhinderung von Datenabfluss)
DMS	Document Management System (Dokumentenmanagement-System)
DOI	Double-Opt-In (Einwilligungsnachweisverfahren, v. a. für E-Mail-Marketing)
DPA	Data Processing Agreement/Data Processing Addendum (Datenverarbeitungsvertrag; oft Art. 28-Kontext)
DPF	EU-US Data Privacy Framework (Transfergrundlage/Angemessenheitsrahmen für Datentransfers in die USA)
DPIA	Data Protection Impact Assessment (Datenschutz-Folgenabschätzung; engl.; siehe DSFA)
DS	Datenschutz (im Text zum Beispiel „DS-Funktion“)
DSA	Digital Services Act (Verordnung (EU) 2022/2065)
DSB	Datenschutzbeauftragter
DSB/IT	Datenschutzbeauftragter/IT (im Text: Abstimmungskreis/Beteiligte)
DSFA	Datenschutz-Folgenabschätzung (Art. 35 DSGVO)
DSFA/TIA	Datenschutz-Folgenabschätzung/Transfer Impact Assessment (kombinierter Prüfkontext)
DSGVO	Datenschutz-Grundverordnung (Verordnung (EU) 2016/679)
DSK	Datenschutzkonferenz (Gremium der unabhängigen deutschen Datenschutzaufsichtsbehörden des Bundes und der Länder)

DWH/BI	Data Warehouse/Business Intelligence (Datenplattform und Reporting)
EDPB	European Data Protection Board (Europäischer Datenschutzausschuss; dt. häufig „EDSA“
EG	Europäische Gemeinschaft (zum Beispiel in der Bezeichnung „Richtlinie …/EG“)
ENISA	European Union Agency for Cybersecurity (EU-Agentur für Cybersicherheit)
ErwG	Erwägungsgrund der DSGVO, Auslegungshilfe zum Gesetzestext
ESP	E-Mail Service Provider (Newsletter-/Versand-Tool)
EU	Europäische Union
EU/EEA	Europäische Union/European Economic Area (Europäischer Wirtschaftsraum)
EU/EWR	Europäische Union/Europäischer Wirtschaftsraum (dt.)
EUR	Euro
EWR	Europäischer Wirtschaftsraum
FAQ	Frequently Asked Questions (Fragen-und-Antworten-Sammlung)
GDPR	General Data Protection Regulation (engl. Bezeichnung der DSGVO)
ggf.	gegebenenfalls
HR	Human Resources (Personalbereich)
HR/IT	HR/IT (im Text: Abstimmungskreis/Beteiligte)
HTTPS	Hypertext Transfer Protocol Secure (verschlüsseltes Web-Protokoll)
i.V.m.	in Verbindung mit
IAB	Interactive Advertising Bureau (Branchenverband im Online-Advertising)
ICD	International Classification of Diseases (Klassifikation von Diagnosen)
ICO	Information Commissioner’s Office (britische Datenschutzaufsichtsbehörde)

ID	Identifier/Kennung (zum Beispiel Kundennummer, Consent-ID)
IDFA	Identifier for Advertisers (Werbe-ID auf Apple-Geräten)
IP	Internet Protocol; IP-Adresse
ISMS	Information Security Management System (Informationssicherheits-Managementsystem)
ISO	International Organization for Standardization; im Kontext oft ISO/IEC-Normen (zum Beispiel 27001)
ISP	Internet Service Provider (Internetzugangsanbieter)
IT	Information Technology (IT)
IT/CRM	IT/CRM (im Text: Schnittstellen/Abstimmung)
IT/DSB	IT/Datenschutzbeauftragter (im Text: Schnittstellen/Abstimmung)
IT/HR	IT/HR (im Text: Schnittstellen/Abstimmung)
JC	Joint Controllership/Joint Controller (gemeinsame Verantwortlichkeit, Art. 26 DSGVO)
KI	Künstliche Intelligenz
KPI	Key Performance Indicator (Leistungskennzahl)
KUG	Kunsturhebergesetz (Recht am eigenen Bild; Schnittstelle zur DSGVO)
LIA	Legitimate Interest Assessment (Interessenabwägung nach Art. 6 Abs. 1 lit. f DSGVO; Dokumentationsnachweis)
lit.	Buchstabe
MDM	Mobile Device Management (Geräteverwaltung)
MFA	Multi-Factor Authentication (Mehrfaktor-Authentifizierung)
NIST	National Institute of Standards and Technology (US-Standardsetter; unter anderem Cybersecurity Framework)
Nr.	Nummer
OK	„OK“ (im Text: ohne Befund/freigegeben, zum Beispiel in Stichproben-Dokumentation)
PDCA	Plan-Do-Check-Act (Zyklus des kontinuierlichen Verbesserungsprozesses)

PDF	Portable Document Format
PII	Personally Identifiable Information (personenbezogene Informationen; engl.)
PR	Public Relations (Unternehmenskommunikation)
QA	Quality Assurance (Qualitätssicherung, zum Beispiel Tests/Abnahmen)
RACI	Responsible/Accountable/Consulted/Informed (Rollen-/Zuständigkeitsmatrix)
RBAC	Role-Based Access Control (rollenbasierte Zugriffskontrolle)
ROI	Return on Investment (wirtschaftliche Kennzahl: „Rendite" einer Maßnahme)
ROPA	Record of Processing Activities (Verzeichnis von Verarbeitungstätigkeiten; Art. 30 DSGVO)
SCC	Standard Contractual Clauses (EU-Standardvertragsklauseln)
SCC/TIA	Standardvertragsklauseln/Transfer Impact Assessment (kombinierter Transfer-Prüfkontext)
SHA-256	Secure Hash Algorithm 256-bit (Hash-Verfahren)
SIM	Subscriber Identity Module (SIM-Karte)
SLA	Service Level Agreement (Service-Level-Vereinbarung)
SMS	Short Message Service
SOC	Security Operations Center
SOC/ISO	Security Operations Center/ISO-(beziehungsweise ISMS-)Kontext (im Text: Sicherheitsbetrieb/Standards)
sog.	sogenannt(e/r/s)
SOW	Statement of Work (Leistungsbeschreibung, v. a. bei Dienstleistern/Agenturen)
STOPP	Stopp-Kriterium in Checklisten („wenn nein: STOPP")
T0/T15/T30/T60	Zeitmarken im „Incident in 60 Minuten"-Zeitstrahl (Minuten/Time ab Start, zum Beispiel T15 = 15 Minuten)
TC	Transparency & Consent (zum Beispiel „TC String" als maschinenlesbarer Consent-Status)

TDDDG	Telekommunikation-Digitale-Dienste-Datenschutz-Gesetz (Deutschland)
TDDSG	Telekommunikation-Telemedien-Datenschutz-Gesetz (bis 14.5.2024); seit der Umbenennung: TDDDG
TIA	Transfer Impact Assessment (Transfer-Risikoabschätzung)
TIA/SCC	Transfer Impact Assessment/Standardvertragsklauseln (kombinierter Transfer-Prüfkontext)
TLS	Transport Layer Security (Verschlüsselungsprotokoll)
TOM	Technische und organisatorische Maßnahmen (Art. 32 DSGVO)
TÜV	Technischer Überwachungsverein (zum Beispiel Zertifizierungen/Schulungen)
u.a.	unter anderem
UI	User Interface (Benutzeroberfläche)
UK	United Kingdom (Vereinigtes Königreich)
URL	Uniform Resource Locator (Web-Adresse)
US	United States (Vereinigte Staaten)
USA	United States of America (Vereinigte Staaten von Amerika)
USB	Universal Serial Bus
USP	Unique Selling Proposition (Alleinstellungsmerkmal)
UTM	Urchin Tracking Module (URL-Parameter zur Kampagnenmessung)
UWG	Gesetz gegen den unlauteren Wettbewerb
UX	User Experience (Nutzererlebnis/Usability)
VIP	Very Important Person (zum Beispiel besonders schützenswerte/aufmerksamkeitsstarke Fälle)
VPN	Virtual Private Network
VVT	Verzeichnis von Verarbeitungstätigkeiten (Art. 30 DSGVO)
XY	Platzhalter/Beispielangabe in Mustern (zum Beispiel „Firma XY")
z.B.	zum Beispiel

Anhang 5 – „Die zwölf Quellen, die Sie im Stress wirklich brauchen“

Diese zwölf Quellen reichen in 90 % der Praxisfälle in Marketing, Sales und Vertrieb – und sie sind prüffest, weil sie amtlich beziehungsweise behördlich oder als Standard anerkannt sind.

1. DSGVO (EU) 2016/679 – Ihre Hauptquelle: Rechtsgrundlagen, Transparenz, Betroffenenrechte, TOM, Dienstleister, Meldepflichten.
2. ePrivacy-Richtlinie 2002/58/EG – Direktwerbung/Kommunikation; wichtig als „Sonderrecht“ neben der DSGVO.
3. TDDDG (DE), v. a. § 25 – Cookies, Tracking, Endgerätezugriff (das frühere TTDSG wurde umbenannt).
4. UWG, v. a. § 7 – Werberechtliche „Stoppschilder“ für E-Mail, Telefon, Messenger.
5. BDSG, v. a. § 26 – Beschäftigtendaten (relevant, sobald Marketing/Vertrieb mit HR-Daten „koppelt“).
6. EDPB Leitlinien 05/2020 (Einwilligung) – Wenn Sie „Consent“ sagen, ist das Ihre Referenz.
7. EDPB Leitlinien 07/2020 (Rollen: Verantwortlicher/Auftragsverarbeiter/Gemeinsam) – Für Joint-Control-Fallen und Dienstleister-Setup.
8. EDPB Leitlinien Datenpannen (Guidelines 9/2022) – Für 72-Stunden-Logik, Risikoabwägung, Betroffenenbenachrichtigung.
9. EDPB Empfehlungen 01/2020 (Drittlandtransfer & ergänzende Maßnahmen) – Wenn Daten „irgendwo außerhalb EU/EWR“ landen könnten.
10. DSK Orientierungshilfe Telemedien (OH Telemedien 2021, Version 1.1) – Deutsche Aufsichtssicht für Websites, Tracking, Consent-Banner & Co.
11. Amtliche Fassungen: EUR-Lex (EU-Recht) und Gesetze-im-Internet (Bundesrecht) – nur daraus zitieren.
12. Incident-Referenzen für Management & Risiko: NIST CSF (Struktur), ENISA Threat Landscape (EU-Bedrohungslage), IBM Cost of a Data Breach und Verizon DBIR (Zahlen, Muster, Argumente).

Anhang 6 – Literatur- und Quellenverzeichnis (Stand: 10.2.2026)

Dieses Verzeichnis bündelt die wichtigsten Fundstellen, die Sie für Entscheidungen im Bereich Marketing, Sales und Vertrieb typischerweise brauchen: Gesetze, Leitlinien, Rechtsprechung, Standards und verlässliche Reports. Es ist bewusst kompakt gehalten: lieber die „Top-Quellen", die für die Praxis zählen – statt einer akademischen Vollständigkeit.

A. Gesetze und zentrale Rechtsquellen (EU/Deutschland)

- DSGVO – Verordnung (EU) 2016/679 (Datenschutz-Grundverordnung), insbesondere Art. 5, 6, 12–15, 24, 25, 28, 32–34, 82–83.
- ePrivacy-Richtlinie – Richtlinie 2002/58/EG (Datenschutz in der elektronischen Kommunikation), insbesondere Art. 13 (Direktwerbung).
- TDDDG – Telekommunikation-Telemedien-Datenschutz-Gesetz (insb. Endgerätezugriff/Cookies, Einwilligung und Ausnahmen), insbesondere § 25 (Schutz der Privatsphäre bei Endeinrichtungen).
- UWG – Gesetz gegen den unlauteren Wettbewerb, insbesondere § 7 UWG (unzumutbare Belästigung; Werbung per E-Mail/Telefon).
- BDSG – Bundesdatenschutzgesetz, insbesondere § 26 BDSG (Beschäftigtendaten) sowie ergänzende nationale Regeln.

B. Leitlinien und Orientierungshilfen (für „prüffeste" Praxis)

Europäischer Datenschutzausschuss (EDPB, vormals WP29):

- Leitlinien zu Einwilligung, Transparenz/Information, Rechtsgrundlagen & Interessenabwägung, Auftragsverarbeitung, Datenpannen (Art. 33/34), Betroffenenrechten sowie zu Drittlandtransfers (inkl. Empfehlungen zu ergänzenden Maßnahmen).

Deutschland (Auswahl):

- DSK (Datenschutzkonferenz): Orientierungshilfen u. a. zu Tracking/Cookies, Telemedien, Direktwerbung, Beschäftigtendaten (je nach Themenstand).
- BfDI/Landesaufsichten: Praxishilfen zur Umsetzung von Rechenschaftspflicht, TOM (Art. 32), Datenpannen-Management und Prüf-/Meldeprozessen.

C. Technische und organisatorische Standards (für Security, Audit, Incident)

- ISO/IEC 27001 (ISMS – Informationssicherheits-Managementsystem).
- ISO/IEC 27701 (Privacy Information Management als Erweiterung zu ISO 27001).

- NIST Cybersecurity Framework (CSF) als strukturierter Referenzrahmen für Risiko-, Maßnahmen- und Reifegradlogik (besonders hilfreich für „Incident in 60 Minuten“ und die Nachweisführung).

D. Rechtsprechung (Auswahl, praxisrelevant für Marketing/Sales/Vertrieb)

Direktwerbung/ePrivacy/Verhältnis DSGVO – ePrivacy

- EuGH, Urt. v. 13.11.2025 – C-654/23 (Inteligo Media SA): Direktwerbung per E-Mail; Verhältnis ePrivacy/DSGVO; Anforderungen an zulässige Newsletter-Kommunikation.

Tracking/Cookies/Online-Identifier

- EuGH, Urt. v. 19.10.2016 – C-582/14 (Breyer): Dynamische IP-Adressen können personenbezogene Daten sein (Kontext: Online-Tracking/Logfiles).

Gemeinsame Verantwortlichkeit/Rollen

- EuGH, Urt. v. 5.6.2018 – C-210/16 (Wirtschaftsakademie Schleswig-Holstein): Mitverantwortung bei Fanpages/Plattformkonstellationen.
- EuGH, Urt. v. 29.7.2019 – C-40/17 (Fashion ID): Gemeinsame Verantwortlichkeit bei Einbindung von Drittinhalten/Plugins (Datenabfluss, Mitsteuerung).

Schadensersatz/Durchsetzung

- EuGH, Urt. v. 4.5.2023 – C-300/21 (Österreichische Post): Voraussetzungen immaterieller Schaden, Maßstäbe für Art. 82 DSGVO.
- (Ergänzend je nach Kapitelbezug: weitere EuGH-Linie zu Art. 82/Verfahrensfragen/Behördenspielraum.)

Beschäftigtendaten/Kollektivvereinbarungen

- EuGH-Rechtsprechung zur Einbettung nationaler Beschäftigtendatenregeln (Art. 88 DSGVO) und zu Grenzen kollektivrechtlicher Regelungen (für Kapitel „Beschäftigtendaten im Team“ besonders relevant).

E. Kommentare und Handbücher (für eine Vertiefung – praxistauglich)

- Kühling/Buchner: DSGVO/BDSG, Kommentar.
- Gola/Heckmann: DSGVO/BDSG, Kommentar.
- Paal/Pauly: DSGVO/BDSG, Kommentar.
- Plath: DSGVO/BDSG, Kommentar.
- Taeger/Gabel: DSGVO/BDSG/TDDDG, Kommentar.
- Simitis/Hornung/Spiecker gen. Döhmann: Datenschutzrecht (wissenschaftlich stark, für Grundsatzfragen).

Spezialtitel Marketing/Online

- Sebastian Pils: Datenschutz im Marketing (Praxisfokus).
- Thomas Schwenke: Recht für Online-Marketing und KI (Praxis, verständlich, toolnah).

F. Praxisreports und Benchmarks (für Management-Argumente)

- Cisco: Data Privacy Benchmark Study (jährlich; Management- und Investitionsargumente).
- IBM (mit Partnern): Cost of a Data Breach Report (jährlich; Kosten-/Incident-Argumente).
- Verizon: Data Breach Investigations Report (DBIR) (jährlich; Angriffsmuster/Fehlerbilder).
- ENISA: Threat Landscape/Security-Reports (jährlich; EU-Perspektive).

G. Verlässliche Aktualisierungsquellen (ohne „Blog-Rauschen")

- EUR-Lex (amtliche EU-Rechtsquellen).
- EDPB (Leitlinien, Empfehlungen, Stellungnahmen).
- DSK/BfDI/Landesaufsichten (Orientierungshilfen, Tätigkeitsberichte, Schwerpunktprüfungen).
- ENISA/NIST/ISO (Standards und Referenzrahmen für Security und Governance).

Hinweis zur Nutzung: Wenn Sie in einer Prüfung argumentieren, arbeiten Sie in der Reihenfolge Gesetz → Leitlinie → Rechtsprechung → Standard/Report. Das reicht in der Praxis fast immer für eine belastbare Entscheidung und eine saubere Akte.